DADA

Sperren Sie endlich Ihren Kopf auf!

DADA als politische Kunst

Unlock your heads at last!

DADA as political art

HIRMER
Zentrum für verfolgte Künste

INHALT
CONTENTS

„Let's do it a Dada"

Dada entstand aus den Zerfallsprodukten jener bürgerlichen Kultur, die im Maschinenkrieg und den Schützengräben des Ersten Weltkriegs europaweit ihre eigenen Ideale von Freiheit, Gleichheit und Menschlichkeit zerstörte. Vor diesem Hintergrund präsentiert die von Katharina Günther kuratierte Ausstellung *Sperren Sie endlich Ihren Kopf auf!* Dada nicht als flüchtiges Kuriosum der Avantgarde, sondern als künstlerischen Seismografen der Zeit vom Ersten Weltkrieg bis zum Ende der Weimarer Republik und den frühen Jahren des nationalsozialistischen Terrorregimes.

Am 5. Februar 1916, mitten im Krieg, wird Dada röhrend und schreiend im Cabaret Voltaire in Zürich geboren. Tristan Tzara, Hans Arp, Hugo Ball, Emmy Hennings, Sophie Taeuber und Richard Huelsenbeck tanzen, singen und stampfen „Dada". Gegenöffentlichkeit, Performance, Stimme, Rhythmus, Krach – eine künstlerische Form, die sich der Bürgerlichkeit entzieht und gerade dadurch sichtbar macht, wie sehr diese Ordnung von Autorität und falschen Wahrheiten lebt. Auch ein Gedicht von Else Lasker-Schüler ist an diesem Samstagabend im Cabaret Voltaire mit dabei: „El fidda alba hire / Wa wisuri – elbanaff!" Im Namen der Dichterin riefen 78 Jahre später, geschockt von den mörderischen Ereignissen der Nachwendezeit, engagierte Menschen, Schriftstellerinnen und Schriftsteller zur Gründung des Zentrums für verfolgte Künste auf.

Dada ist weder tröstlich noch harmonisierend. Dada ist Störung, Montage, Laut, Collage, Bruch, Persiflage, Übertreibung, Decollage, Unfug als Methode, manchmal auch Blamage. Die Methode ist nicht Flucht aus der Wirklichkeit, sondern ein Angriff auf das System, das den Krieg möglich machte. Dada zeigt: Wenn die Welt mit Befehlen und Parolen organisiert wird, muss man diese zerlegen, damit das Gesagte hörbar wird. Wenn Bilder zu Werkzeugen der Macht werden, muss man sie umfunktionieren, zerschneiden, umkleben, konterkarieren.

"Let's do it a Dada"

Dada emerged from the wreckage of a bourgeois culture that throughout Europe, in technological warfare and the trenches of World War I, had destroyed its own ideals of freedom, equality and humanity. With this in mind, the exhibition curated by Katharina Günther entitled *Sperren Sie endlich Ihren Kopf auf!* [(Will you) finally unlock your head!], rather than interpreting Dada as an ephemeral curiosity of the avant-garde, frames it as an art seismograph of its time, from the first World War until the end of the Weimar Republic and the onset of Nazi terror.

On 5 February 1916, at the height of the war, Dada is born roaring and screaming in Zurich. Tristan Tzara, Hans Arp, Hugo Ball, Emmy Hennings, Sophie Taeuber and Richard Huelsenbeck dance, sing and stomp "Dada". Counter-publicity, performance, vocalisation, rhythm, and noise: this art form defies bourgeois values and, in so doing, exposes the extent to which this social order relies upon authority and manufactured truths. That Saturday night at the Cabaret Voltaire also features a poem by Else Lasker-Schüler: "El fidda alba hire / Wa wisuri – elbanaff!" 78 years later, committed individuals and writers, shocked by murderous events during the post-reunification period, in this poet's name call for the foundation of the Center for Persecuted Arts.

Dada brings neither harmony nor comfort. Dada is disturbance, montage, phoneme, collage, rupture, pastiche, exaggeration, décollage, mischief as method, sometimes also disgrace. This approach is not an escape from reality, it is an attack on the system that made the war possible. Dada shows that when the world is organised by commands and slogans, these must be dismantled in order to hear what is being said. When images become tools of power, they have to be repurposed, cut up, covered up, undermined.

Der politische Ernst von Dada wird 1920 in Berlin sichtbar. Die *Erste Internationale Dada-Messe* in der Galerie Dr. Otto Burchard ist nicht einfach eine Schau einzelner Werke, sondern eine demonstrativ überfüllte künstlerische Attacke: Formate überlappen, Plakate und Drucksachen hängen ohne Hierarchie neben Originalen, aus Parolen werden bildhafte Befehle: „Nehmen Sie DADA ernst, es lohnt sich!" Kurt Tucholsky nennt die Messe einen „putzigen Kramladen", in dem versucht wird, „in anderer Leute Heiligtümer zu spucken". Es ist ein Raum, der sich jeder Kontemplation verweigert und das Publikum mit Reiz und Polemik überfordert. Gerade darin liegt die Pointe. Nicht nur, was gezeigt wird, ist Angriff, sondern auch, wie es gezeigt wird: voll auf die Zwölf. Die Messe inszeniert eine Kampfzone, einen Ort, an dem die Zeichenordnung der Republik, Militarismus, Moral, Klassenhass und nationalistisches Pathos, zersetzt wird.

Die ikonische Verdichtung dieses Prinzips ist der *Preußische Erzengel* von John Heartfield und Rudolf Schlichter. Diese groteske Figur in Uniform mit Schweinsnase ist eine aggressive Parodie auf den preußischen Gehorsamsstaat, ein Anti-Heiligenbild des Militarismus, das im Ausstellungssaal an der Decke wie eine moralische Übermacht über den Köpfen schwebt. Der Erzengel wirkt bis heute nach. Simon Wachsmuth belebte ihn 2022 mit *From Heaven Above (After Prussian Archangel, John Heartfield and Rudolf Schlichter, Dada Salon, Berlin 1920)* neu.

An den Abbruchkanten vom Krieg zur Republik, von der Republik zur Diktatur offenbart sich die Urgewalt von Dada im Aufdecken von Strukturen. Wo sich das Sagbare verschiebt, wo sich Menschenverachtung normalisiert, wo Autoritarismus als „Lösung" erscheint, wo Staatsfeinde in Parlamenten sitzen, braucht es Dada – als Kunst, die die Komplizenschaft von Bild und Macht nicht hinnimmt und uns schonungslos aus der Komfortzone des interessenlosen Wohlgefallens herausreißt.

Die Nationalsozialisten brandmarken Dada als „entartet". Diese radikale politische Kunst greift die Grundlagen ihrer autoritären Politik an: Angst, Lüge, Fake News, einfache Wahrheiten für komplexe Situationen, den Kult des Eindeutigen, die Erziehung zur Gefolgschaft. Dada ist für unser Museum nicht lediglich ein Kapitel der Moderne, sondern Teil einer größeren Genealogie der Widerständigkeit – einer Geschichte, in der Kunst immer wieder dort wichtig wird, wo demokratische Grundwerte bedroht sind.

Von hier aus öffnet sich eine Traditionslinie von Dada zu Neo-Dada, zu NO!art und Fluxus der 1960er-Jahre. Diese radikalen Avantgarden – in unterschiedlichen Kontexten, mit unterschiedlichen ästhetischen Mitteln und politischen Zuspitzungen – speisen sich aus einer verwandten, fundamentalen Empörung. Sie teilen das Misstrauen gegenüber den großen, beruhigenden Erzählungen, die nach 1945 so schnell wieder Normalität versprachen. Sie reagieren auf Gewaltgeschichte, auf Verdrängung, auf die „Reparatur" der Öffentlichkeit durch Routine. Nicht als harmonische Versöhnung, sondern als Konfliktfeld, in dem Kunst ein-

The political seriousness of Dada surfaces in Berlin in 1920. The First International Dada Fair in Dr. Otto Burchard's gallery is not just a show of individual works, but a pointedly overloaded art attack: formats overlap, posters and prints are hung next to original works without any hierarchy, slogans turn into visual injunctions: "Take DADA seriously, it's worth it!" Kurt Tucholsky calls the Fair a "charming junk shop" attempting to "spit on what is sacred to others". It is a space that rejects all contemplation and overwhelms the public with stimuli and polemics. This is precisely the point. Not just *what* is shown is an attack, but also *how*: it's a blow to the face. The Fair is a battle zone, a place where the semiotic order of the Republic – militarism, morals, class hatred and nationalist sentiment [or: pathos] – crumbles.

The archetypal embodiment of this principle is the artwork *Preußischer Erzengel [Prussian Archangel]* by John Heartfield and Rudolf Schlichter. This grotesque uniformed figure with a pig's nose is an aggressive parody of the Prussian nation-of-obedience, an anti-hagiographic image of militarism, looming over visitors' heads on the ceiling of the exhibition space like a moral force of dominance. The archangel reverberates to this day. In 2022, Simon Wachsmuth gave it new life in his work *From Heaven Above (After Prussian Archangel, John Heartfield and Rudolf Schlichter, Dada Salon, Berlin 1920)*.

The successive ruptures of war and Republic, of Republic and dictatorship, reveal the primal violence inherent in Dada's exposure of structures. When the sayable shifts, when contempt for humanity is normalised, when authoritarianism presents itself as a "solution", when enemies of the state are found in parliament, Dada is needed – art that will not accept the complicity of image and power and brutally tears us out of the safe space of detached pleasure.

The Nazis denounce Dada as "entartet". This radical political art attacks the very foundations of their authoritarian politics: fear, lies, fake news, simple truths for complex situations, the cult of the unambiguous, the pedagogy of obedience. Dada to our museum is not simply a chapter in modernism, but part of a larger genealogy of resistance – of a narrative that assumes renewed relevance whenever basic democratic values are under threat.

This perspective reveals a lineage from Dada to Neo-Dada, to NO!art and Fluxus in the 1960's. These radical avant-gardes – in varying contexts, using varying aesthetic means and with varying political radicalisations – feed off a similar fundamental outrage. They share a distrust towards larger, comforting narratives promising a quick return to normality after the Second World War. They react to histories of violence, to repression, to "repairs" of the public sphere through routine. Not by offering harmonious reconciliation, but rather by treating these issues as a field of conflict where art needs to intervene. Such art, like Dada, intends to expose ills. And this often entails screaming at the public to jolt it from passivity. The attack is not directed at any particular

greifen muss. Diese Kunst will wie Dada Missstände sichtbar machen – und das heißt häufig: die Öffentlichkeit anschreien, damit sie aufwacht. Der Angriff richtet sich nicht gegen den einzelnen Menschen, sondern gegen die Mechanismen, mit denen gesellschaftliche Konflikte ästhetisch neutralisiert werden: gegen das glatte Bild, gegen die pathetische Pose, gegen die moralische Beruhigung.

Dada ist auch heute nicht „vorbei". Dada hat nach NO!art und Fluxus im Untergrund und vor allem in der Musik überlebt. Dada existiert im absichtsvollen Anti-Sound weiter, im Spiel mit Nonsens, im performativen Angriff aus dem Katzenklo. Ob in der radikalen Energie von Einstürzende Neubauten, im absurden Witz von Acht Eimer Hühnerherzen oder in Scheiße by Schamoni. Überall dort lebt Dada weiter, wo Sprache kippt, Rhythmus stolpert, Bedeutung aufreißt, damit etwas anderes hörbar wird. Dada ist da, wo ein Ton nicht schön sein will, sondern wahr, wo ein Satz nicht passt, sondern trifft. Dada ist keine Beruhigungstablette. Dada ist eine Aufforderung, die Mechanismen der Macht im Bild, im Satz, im Reflex zu erkennen. „Kopf auf" heißt nicht, mehr Information. Es bedeutet, fang endlich an zu denken – und handle, damit unsere Demokratie nicht untergeht.

Dass diese Ausstellung möglich wurde, verdanken wir der Idee und dem großen Engagement unserer Kuratorin Dr. Katharina Günther, dem Wohlwollen der Leihgeberinnen und Leihgeber aus Museen, Archiven, Sammlungen und privaten Beständen, den Autorinnen sowie den Kolleginnen und Kollegen in Registratur, Restaurierung und Technik, die die Bedingungen schaffen, unter denen diese Werke und Dokumente verantwortungsvoll gezeigt werden können. Ebenso danken wir unseren Gesellschaftern, Förderern, Sponsoren und Kooperationspartnerinnen, die dazu beitragen, dass die Ausstellung nicht nur sichtbar, sondern wirksam wird.

Ihnen allen gilt unser Dank – und die Einladung, Dada nicht als Kapitel der Kunstgeschichte zu lesen, sondern als Haltung, die wir heute mehr denn je ernst nehmen sollten.

Dr. Jürgen Joseph Kaumkötter
Direktor Zentrum für verfolgte Künste

individual, but at the mechanisms used to aesthetically neutralise social conflicts: at the polished image, at the pathetic pose, at moral appeasement.

Dada is currently not "over". Dada has, after NO!art and Fluxus, survived in the underground scene and above all in the music scene. Dada continues to exist as intentional anti-sound, as playing with nonsense, as performative scatological attacks. Whether that be in the radical energy of the Einstürzende Neubauten, in the absurdist wit of Acht Eimer Hühnerherzen or in Scheiße by Schamoni. Dada lives on wherever language collapses, rhythm stumbles, meaning ruptures, so something else can be heard. Dada is when a tone refuses to be beautiful, yet is true – when a sentence refuses to fit in, but strikes home. Dada is not a sedative. Dada is a summons to recognise the mechanics of power in images, sentences, reflexes. "Open your head" does not mean more information. It urges you to finally start thinking – and to act accordingly to prevent the collapse of democracy.

This exhibition was made possible by our curator Katharina Günther's idea and her great dedication; by the generosity of lenders from museums, archives and private collections; by the authors; and by our colleagues in collection management, restoration and technical departments who create the conditions in which these works and documents can be presented responsibly. We would also like to thank our associates, patrons, sponsors and co-operation partners, whose support allows this exhibition not only to be seen but to have a lasting impact.

Our thanks go to all of them – as does our invitation not to read Dada as a chapter in art history, but rather as an approach that we should take seriously, now more than ever.

Dr. Jürgen Joseph Kaumkötter
Director of the Center for Persecuted Arts

Katharina Günther

„Sperren Sie endlich Ihren Kopf auf!“

Dada als politische Kunst zwischen den Weltkriegen

„Sperren Sie endlich Ihren Kopf auf! Machen Sie ihn frei für die Forderungen der Zeit!“, stand auf einem Plakat, das 1920 bei der *Ersten Internationalen Dada-Messe* in Berlin zu sehen war. (Abb. 1) Die Zeit Dadas war in der Tat fordernd. Die Bewegung wurde 1916, mitten im Ersten Weltkrieg, im Züricher Cabaret Voltaire als Protest gegen das millionenfache Morden und die Dynamiken, die es zugelassen hatten, gegründet. Als der Krieg 1918 endete, war die Welt aus den Fugen geraten. In der neuen Weimarer Republik verhinderten alte politische und gesellschaftliche Strukturen echten Fortschritt. Die Reparationsforderungen erdrückten die junge Nation. Einige wenige profitierten, doch viele litten unter der eskalierenden Hyperinflation und hohen Arbeitslosigkeit. Politische Morde, Aufstände und Umsturzversuche waren Ausdruck einer gespaltenen Gesellschaft und einer zunehmend radikalisierten politischen Landschaft.

Auftritt Dada: Laut, bunt, mit provokanten Bühnenstücken und öffentlichen Störaktionen, ungehörigen Kunstwerken, Gedichten, Romanen und musikalischen Kompositionen forderten die Dadaist:innen ihr Publikum nachdrücklich zum Hinsehen, Reflektieren und Verstehen auf. Bald bildeten sich Dada-Gruppen in Berlin, Dresden, Köln, Paris, New York und den Niederlanden, die sich untereinander über Zeitschriften wie die Kölner *Die Schammade* vernetzten.[1] Dada war medial und inhaltlich heterogen, entwickelte sich über die Zeit und die verschiedenen Standorte hinweg weiter. Verbindend für die Bewegung war die

"Unlock your heads at last!"

Dada as political art between World Wars

"Unlock your heads at last! Free it for the challenges of the times!" reads a poster at the *First International Dada Fair* in Berlin in 1920. (fig. 1) Dada's times were indeed challenging. The movement was founded in 1916, in the middle of the First World War, at the Cabaret Voltaire in Zurich – as a protest against the murdering of millions and the dynamics that allowed this to happen. When the war ended in 1918, the world was out of kilter. In the new Weimar Republic, old political and social structures impeded real progress. Reparation claims were crushing the fledgling nation. A few were profiting, but many were suffering under escalating hyperinflation and high unemployment. Political assassinations, uprisings, and coup attempts reflected both a divided society and a progressively radicalised political climate.

In comes Dada: loud and colourful, with provocative theatrical pieces, destabilising public actions, unruly artworks, poetry, novels, and musical compositions, the Dadaists insistently challenged their audiences to look, reflect, and understand. Dada groups soon formed in Berlin, Dresden, Cologne, Paris, New York and the Netherlands, interconnected through magazines like *Die Schammade* in Cologne.[1] In terms of both media and content, Dada was heterogeneous and continued to evolve over time and across its various geographical contexts. Common threads within the movement included a love of experimentation, an interest in chance as a compositional principle, a preference for absurdity and humour, and a desire to shock and provoke. One important common denominator found expression in a sentence seen at the *First International Dada Fair*: "Dada is political." Political and social critique ran like a common thread through all Dadaist art, though its intensity and manifestations varied considerably across different groups and individuals.

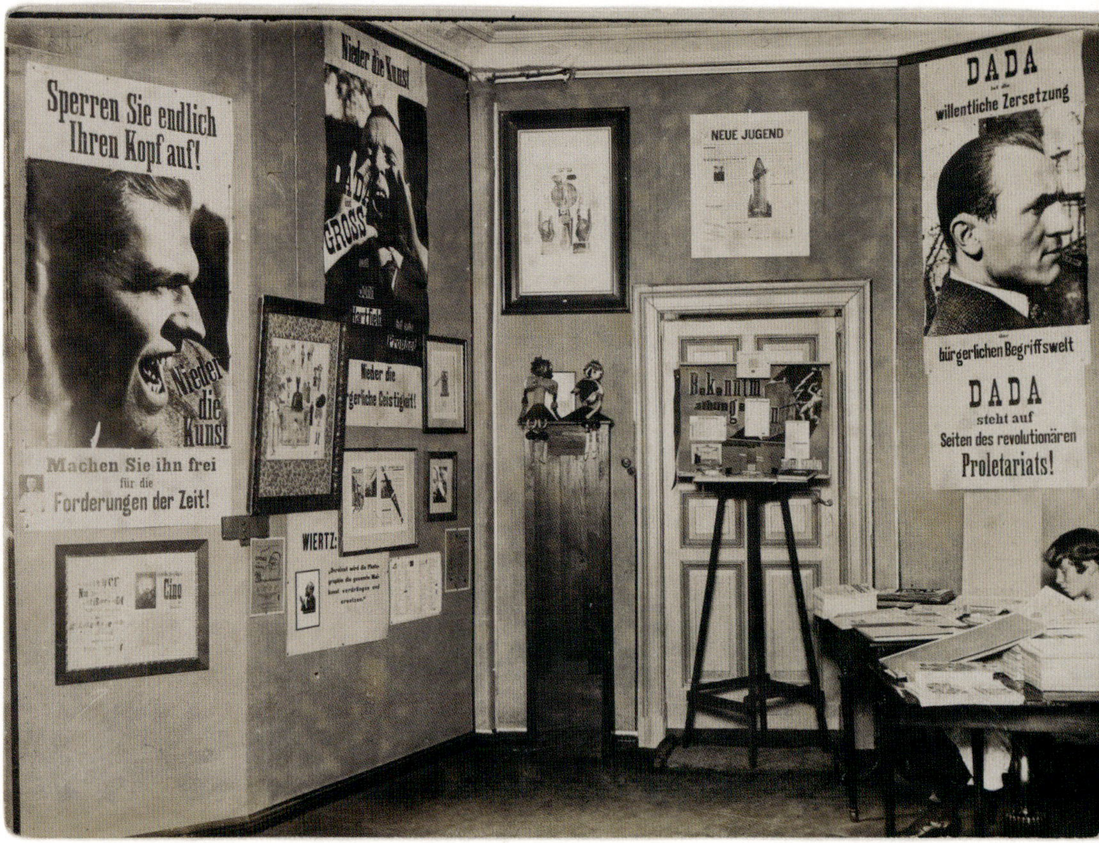

Experimentierfreude, das Interesse am Zufall als gestalterischem Element, eine Vorliebe für Absurdität und Humor als Stilmittel sowie die Lust zu schockieren und zu provozieren. Ein wichtiger gemeinsamer Nenner wurde von einer Sentenz benannt, die ebenfalls bei der *Ersten Internationalen Dada-Messe* vorgestellt wurde: „Dada ist politisch." Die politische und gesellschaftskritische Meinungsäußerung zog sich wie ein roter Faden durch die dadaistische Kunst, auch wenn Intensität und Erscheinungsformen zwischen den Gruppen und Mitgliedern stark divergierten.

Die politische Überzeugung und das Engagement der Dadaist:innen außerhalb der Kunst variierten ebenso deutlich. Hugo Ball setzte sich in den Kriegsjahren intensiv mit dem Anarchismus auseinander; Erwin Schulhoff war bekennender Kommunist.[2] Manche waren Mitglieder einschlägiger Parteien. 1918 trat Johannes Theodor Baargeld in die USPD ein; John Heartfield, Wieland Herzfelde, George Grosz und Erwin Piscator waren ab 1919 in der KPD und Otto Griebel ab 1920 kurzzeitig in der radikalen KAPD.[3] Innerhalb von Dada setzte man sich lebhaft mit Politik auseinander. Kurt Schwitters war einigen der Berliner Dadaisten, vor allem Richard Huelsenbeck und Walter Serner, nicht politisch radikal genug und zu bürgerlich.[4] Er revanchierte sich mit seiner Abwertung der „Huelsendadaisten" als talentlose Erschaffer „proletarischer Kunst".[5]

Abb./fig. 1
Robert Sennecke, Ohne Titel / untitled (*Erste Internationale Dada-Messe*), Berlin 1920, Fotopapiermaße / photographic paper size: 11,9 × 16,5 cm, BG-FS 077/94,3

The political convictions of the Dadaists, as well as their involvement beyond the realm of art, also varied widely. Hugo Ball was deeply involved in anarchism during the war; Erwin Schulhoff was an avowed communist.[2] Some were members of relevant parties: Johannes Theodor Baargeld joined the USPD in 1918 ; John Heartfield, Wieland Herzfelde, George Grosz and Erwin Piscator from 1919 onward were part of the KPD (Communist Party of Germany) and in 1920 Otto Griebel briefly joined the radical KAPD (Communist Workers' Party of Germany).[3] Politics was a topic of lively debate within Dada. Kurt Schwitters was regarded by some Berlin Dadaists, particularly Richard Huelsenbeck and Walter Serner, as insufficiently radical politically and too bourgeois.[4] In retaliation, he disparaged the "Huelsendadaists" as talentless producers of "proletarian art".[5]

The Dadaists used manifestos, magazines, flyers and other writings to define themselves, to provoke the public – and to proclaim their political views. In the *Opening Manifesto* of the first Dada Evening in Zurich, Ball denounces war propaganda in barely disguised terms: "This wretched language, tainted like broker's hands that have fingered coins."[6] In 1918, in the magazine *Die freie Strasse*, Baader held the German clergy partly responsible for the war, and in "Was ist der Dadaismus und was will er in Deutschland?" [What is Dadaism and what does it want in Germany?"] Raoul Hausmann, Huelsenbeck and Jefim Golyscheff, in 1919, called for the "introduction of the simultaneist poem as *a communist state prayer"*.[7] The Berlin pamphlet *Dadaisten gegen Weimar [Dadaists Against Weimar]* bluntly proclaimed: "We will blow up Weimar." (fig. 2) The following text will describe how Dada – at times subliminally and in unexpected ways – expressed itself politically in artworks, literature, performances and musical compositions.

The First World War

The world was rumbling well before the official start of the war. An arms race had been underway for years and relations among the leading powers, influenced in part by colonial rivalries, were tense.[8] The June 1914 assassination of the Habsburg heir in Sarajevo was the tipping point. Purportedly in retaliation,

Abb./fig. 2
Dadaisten gegen Weimar, 06.02.1919,
Papier, gedruckt / paper, printed,
23,5 × 20,5 cm, BG-HHC D 600/79

Scan: Anja Elisabeth Witte, Berlinische Galerie –
Landesmuseum für Moderne Kunst, Fotografie und Architektur

Die Dadaist:innen nutzten Manifeste, Zeitschriften, Flugblätter und andere Schriftstücke, um sich selbst zu definieren, die Öffentlichkeit zu provozieren – und um ihre politischen Standpunkte kundzutun. Im *Eroeffnungs-Manifest* des 1. Dada-Abends in Zürich klagt Ball kaum verhohlen die Kriegspropaganda an: „Diese vermaledeite Sprache, an der Schmutz klebt wie von Maklerhaenden, die die Muenzen abgegriffen haben."[6] 1918 gab Baader in der Zeitschrift *Die freie Strasse* dem deutschen Klerus eine Mitschuld am Krieg, und in „Was ist der Dadaismus und was will er in Deutschland?" verlangten Raoul Hausmann, Huelsenbeck und Jefim Golyscheff 1919 die „Einführung des simultanistischen Gedichtes als kommunistisches Staatsgebet".[7] Das Berliner Flugblatt *Dadaisten gegen Weimar* proklamierte wenig subtil: „Wir werden Weimar in die Luft sprengen." (Abb. 2) Wie sich Dada in seinen Kunstwerken, in der Literatur, mit Performances und Musikstücken – manchmal unterschwellig und auf unerwartete Weise – politisch äußerte, wird im Folgenden gezeigt.

Der Erste Weltkrieg

Die Welt brodelte bereits vor dem offiziellen Kriegsbeginn. Schon Jahre zuvor war das Wettrüsten im Gang und das Verhältnis der Großmächte, etwa aufgrund kolonialer Rivalitäten, angespannt.[8] Die Ermordung des Habsburger Thronfolgers in Sarajewo im Juni 1914 brachte das Fass zum Überlaufen. Vorgeblich zur Vergeltung griff am 28. Juli Österreich Serbien an. Aufgrund der geltenden Bündniskonstellationen war innerhalb kürzester Zeit der gesamte Kontinent miteinander im Krieg.[9] Neueste Technologien wie Panzer und Maschinengewehre kamen zum Einsatz, doch in den Schützengräben saß man mit knurrendem Magen, „umgeben von Leichen, Ratten, Läusen und Schlamm".[10] Erst im Dezember 1918 endete der Krieg für Deutschland mit einem Waffenstillstand, dem 1919 die Unterzeichnung des Versailler Friedensvertrags folgte. Insgesamt forderte der Krieg mehr als zwanzig Millionen Tote.[11]

Die späteren Dadaisten waren auf unterschiedliche Weise in das Kriegsgeschehen involviert. Heartfield leistete 1914 Militärdienst in Berlin, wurde aber – angeblich wegen einer simulierten Nervenkrankheit – im Jahr darauf wieder entlassen.[12] Otto Dix diente über die volle Länge des Krieges.[13] In der Zeichnung

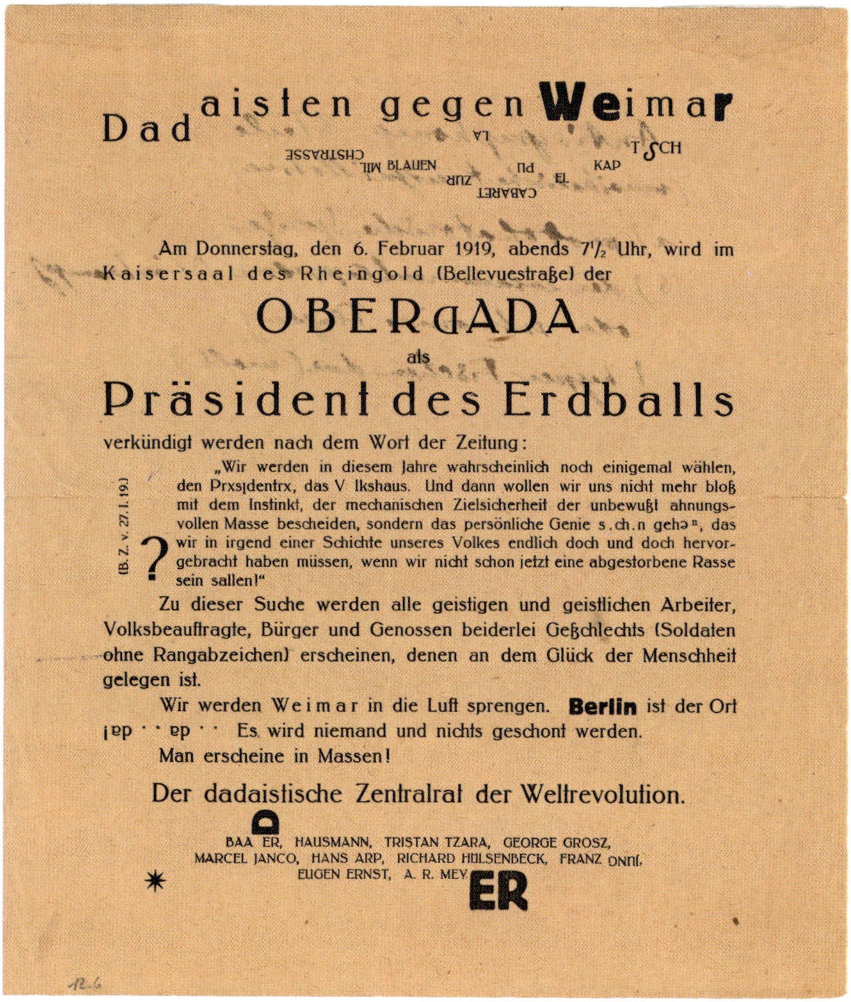

Dadaisten gegen Weimar

Am Donnerstag, den 6. Februar 1919, abends 7½ Uhr, wird im Kaisersaal des Rheingold (Bellevuestraße) der

OBERdADA

als

Präsident des Erdballs

verkündigt werden nach dem Wort der Zeitung:

„Wir werden in diesem Jahre wahrscheinlich noch einigemal wählen, den Prxsjdentrx, das V lkshaus. Und dann wollen wir uns nicht mehr bloß mit dem Instinkt, der mechanischen Zielsicherheit der unbewußt ahnungsvollen Masse bescheiden, sondern das persönliche Genie s.ch.n geh, das wir in irgend einer Schichte unseres Volkes endlich doch und doch hervorgebracht haben müssen, wenn wir nicht schon jetzt eine abgestorbene Rasse sein sallen!" (B. Z. v. 27. I. 19.) ?

Zu dieser Suche werden alle geistigen und geistlichen Arbeiter, Volksbeauftragte, Bürger und Genossen beiderlei Geschlechts (Soldaten ohne Rangabzeichen) erscheinen, denen an dem Glück der Menschheit gelegen ist.

Wir werden Weimar in die Luft sprengen. **Berlin** ist der Ort . . da . . da! Es wird niemand und nichts geschont werden.

Man erscheine in Massen!

Der dadaistische Zentralrat der Weltrevolution.

BAADER, HAUSMANN, TRISTAN TZARA, GEORGE GROSZ, MARCEL JANCO, HANS ARP, RICHARD HÜLSENBECK, FRANZ JUNG, EUGEN ERNST, A. R. MEYER

Austria launched an attack on Serbia on 28 July. Owing to the alliances in force at the time, the entire continent was swiftly engulfed in war.[9] The latest technologies, such as tanks and machine guns, were used; those in the trenches, however, were hungry, "surrounded by corpses, rats, lice and mud".[10] Germany's involvement in the war only ended in 1918 with a ceasefire, followed by the war's formal conclusion in 1919 through the signing of the Treaty of Versailles. The war left more than twenty million dead.[11]

Those who were later to become Dadaists were involved in the war in various ways. Heartfield was drafted in 1914 in Berlin, but was released the following year – allegedly because he simulated a nervous disorder.[12] Otto Dix served in the military for the entire duration of the war.[13] In the drawing *Selbstbildnis im Unterstand [Self-Portrait in a Foxhole]* on a field postcard from March 1916, the exhausted artist faces the viewer, resting his head

Selbstbildnis im Unterstand auf einer Feldpostkarte vom März 1916 schaut uns der Künstler, seinen Kopf mit der Hand gestützt, erschöpft an. (Abb. 3) Die Zeichnung *Laufgraben* auf einer weiteren Karte zeigt seine düstere Realität aus Stacheldraht, in Trümmern liegenden Gebäuden, kahlen Bäumen und der vom Krieg produzierten apokalyptischen Ödlandschaft. Nicht weniger eindrücklich sind Grosz' Zeichnungen *Schlachtfeld (Rückzugstrasse)* und *Tote,* beide von 1915. In diesem Jahr wurde er wahrscheinlich an die Front transportiert, erkrankte dort aber und wurde ohne Einsatz nach Berlin zurückgeschickt.[14] Was er von dieser Reise festhielt, sind „humanistische Manifestationen" mit Empathie für die Toten, unabhängig von ihrer Nationalität.[15] Ball und Tzara entzogen sich mit der Emigration in die neutrale Schweiz dem Kriegsdienst und gründeten dort mit Emmy Hennings, Hans Arp und Marcel Janco Dada. Sie waren sich einig, dass der Krieg „von den einzelnen Regierungen aus den plattesten materialistischen Kabinettsgründen angezettelt worden war".[16]

Das Cabaret Voltaire bot einen offenen Diskursraum – auch das Publikum durfte auf die Bühne –, in dem besonders auch der Krieg thematisiert wurde.[17] Hennings, die zentrale Bühnenpräsenz des Zürcher Dada, trug unter anderem das von Ball satirisch umgedichtete Militärlied *Totentanz* von 1916 vor[18] und erinnerte sich, dass der Krieg auch implizit stets präsent war: „Es wurde in unheimlich wirkenden Larven und Panzern getanzt, die an Tanks und Gasmasken erinnerten, an die furchtbare Ausrüstung des Krieges, wie die wilde Zeit überhaupt auf die Kunst abfärbte."[19]

Für die Dadaist:innen, ob sie sich nun schon 1916 als solche bezeichneten oder erst später, war der Krieg ein grausamer künstlerischer – und politischer – Weckruf, eine Aufforderung, die Verhältnisse der Zeit nicht oder zumindest nicht unkommentiert hinzunehmen. Er schärfte ihren Blick und radikalisierte sie zu den Kunst- und Wertesystemsprenger:innen, ätzenden Satiriker:innen und politischen Agitator:innen, die sie waren.

Dada auf der Bühne des Lebens

Zu Dada gehörten Bühnenstücke, Tanz, Puppen- und Marionettentheater wie Sophie Taeuber-Arps Neuinterpretation des *König Hirsch* (1918), öffentliche Inszenierungen und Störaktionen. Dada wollte Kunst nicht mehr als abgehoben und vom Alltag losgelöst, sondern als Einheit mit der Lebensrealität begreifen.[20] So hinterfragten die Dadaist:innen auch in ihrer Kleidung und ihrem Auftreten gesellschaftliche Regeln und bürgerliche Normen. Der öffentliche Auftritt war dabei nicht immer von einem performativen künstlerischen Akt zu unterscheiden. Hellmuth Herzfeld und Georg Groß nannten sich ab 1916 John Heartfield beziehungsweise George Grosz.[21] Hannah Höch erklärte, ein „englisches oder amerikanisches Pseudonym zu wählen, [...] galt den Nationalisten schon als Provokation".[22] Mit Grosz' Monokel, der Shag-Pfeife, seinen englischen „Mode-

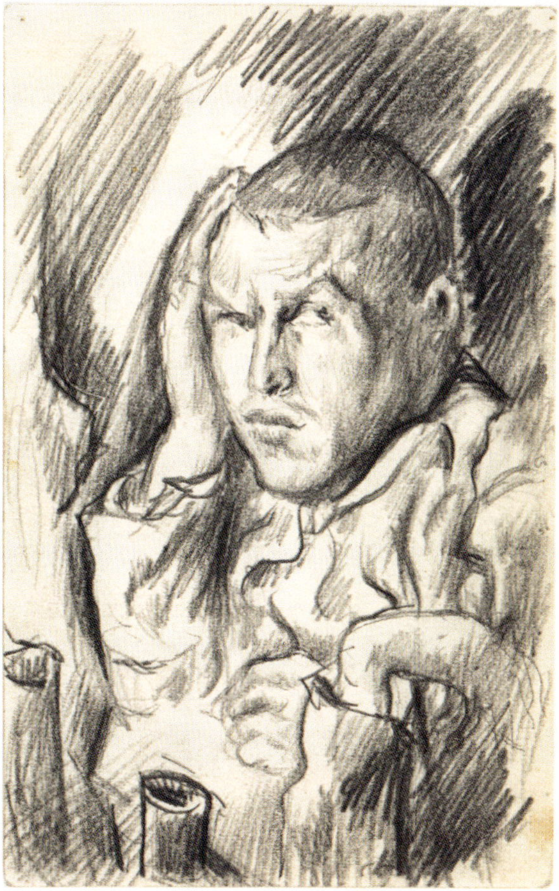

Abb./fig. 3
Otto Dix, *Selbstbildnis im Unterstand*, 1916 (20.03.1916), Bleistift auf Feldpostkarte / pencil on field postcard, 14,2 × 9,2 cm, verso datiert / dated on the back: 20.III.; von fremder Hand / by someone else: 1917?; bezeichnet von / inscribed by Helene Jakob: Selbst, Lorenz: WK 1.0.30

Kunstsammlung Gera

on his hand. (fig. 3) The drawing *Laufgraben [Trench]* on another postcard depicts his grim reality of barbed wire, ruined buildings, naked trees and the apocalyptic wasteland produced by the war. No less impressive are Grosz's drawings *Schlachtfeld (Rückzugstrasse) [Battle Field (Retreat Road)]* and *Tote [The Dead]*, both from 1915. During this year he was probably transported to the front, but fell ill there and was sent back to Berlin without seeing combat.[14] This stint he transcribed in "humanist manifestations" full of empathy for the dead, irrespective of their nationality.[15] Ball and Tzara evaded military service by emigrating to neutral Switzerland, where they – alongside Emmy Hennings, Hans Arp and Marcel Janco – founded Dada. They all agreed that the war "had been started by each individual government for the basest of materialist cabinet reasons."[16]

The Cabaret Voltaire provided a discursive space that was open – the audience was also allowed onto the stage – where the war in particular was addressed.[17] Hennings, a commanding performer central to Dada Zurich, recited the satirically re-rhymed military ditty *Totentanz [Danse Macabre]* from 1916[18], among other things, and remembered how, implicitly, the war was present at all times: "Dances were performed in uncanny masks and armour, reminiscent of tanks and gas masks, of the frightful paraphernalia of war, the way those wild times generally left their mark on art."[19]

For Dadaists, whether they already called themselves such in 1916 or only did so later, the war was a cruel artistic and political wake-up call, a summons

kraftworte[n]“ sowie den amerikanischen Schuhen, die Höch zur Eröffnung der *Ersten Internationalen Dada-Messe* mit einem eleganten Spazierstock kombinierte, referierten sie auf den amerikanischen Dandy als weltmännisches Gegenbild zum „provinziellen deutschen Spießer“.[23]

A Dozen Cocktails Please

Dadaistische Kunst zersetzte schonungslos die Körper- und Rollenbilder der Zeit. Das Interbellum war in Deutschland von einer obsessiven Auseinandersetzung mit dem Körper geprägt, der im Krieg grausam instrumentalisiert worden und jetzt in den neuen Massenmedien als „idealer“, „natürlicher“ und „anderer“ Körper hyperpräsent war.[24] Trotz des vielversprechenden Titels traut man den deformierten und unproportionierten Protagonisten in Hannah Höchs Collage *Ertüchtigung* (1925) keine großen sportlichen Erfolge zu: Ein Kleinkindkopf mit Beinen und eine Chimäre mit männlichem Unter-, weiblichem Oberkörper und dem Kopf eines bärtigen Greises scheinen sich mehr schlecht als recht an dünnen Gestängen abzumühen. (Abb. 4) Höch untergräbt hier ironisch das militaristische Körperideal des gestählten, wehrfähigen Bürgers und scheint gleichzeitig „die ideologische Vereinnahmung der Körper in den 1930er-Jahren vorwegzunehmen“.[25]

Hanne Bergius sieht in Dada-Werken wie Grosz’ *Der neue Mensch* (1920), der aus abstrakten geometrischen Volumina zusammengesetzt ist, „metamechanische Konstruktionen“, die der Künstler wie ein Ingenieur, die neue technische Arbeitswelt reflektierend, reduziere und abstrahiere und die in ihrer Erscheinung „Planrissen und Konstruktionszeichnungen entlehnt“ scheinen.[26] Auch wenn Heinrich Hoerle sich zu diesem Zeitpunkt längst von Dada abgewandt hatte, meint man in seiner großformatigen Bleistiftzeichnung ‚Krüppel‘ (1931/32) Reminiszenzen zur dadaistischen Metamechanik zu entdecken – allerdings mit einer grausamen Note. Der Künstler zeigt den Körper als mechanisches Konstrukt, doch nicht nur in der Darstellungsweise: Wie bei so vielen in dieser Zeit ist die fehlende Hand des Kriegsversehrten durch eine technische Prothese ersetzt worden.

Die Dadaist:innen in New York durchbrachen gezielt Geschlechteridentitäten.[27] Die gebürtige Deutsche Elsa von Freytag-Loringhoven lebte ab 1913 in Manhattan und entwickelte sich dort zu einer der kompromisslosesten Figuren des New Yorker Dada.[28] Mit unzähligen Gedichten, Skulpturen aus dem Müll der Großstadt und ihrem extravaganten Auftreten wandte sie sich gegen den Kommerz und vertrat einen Kunstbegriff, der sich gegen die bürgerliche Rationalität wendete.[29] Von Freytag-Loringhoven machte sich selbst zum Kunstwerk und untergrub das gängige Frauenbild mit androgyn „kahl rasiertem und lackiertem Kopf“ und ihrem peitschenartigen *Limbswish* (1918).[30] Ihre Gedichte sind viszeral, böse, blasphemisch und obszön. Sie lenken die Aufmerksamkeit auf die weibliche Sexualität, etwa in der Forderung nach einem Orgasmus.[31] In *A Dozen*

to refuse the conditions of their time, or at least to not accept them without comment. It put things into sharp focus and radicalised them, making them into the art and value system crashers, the biting satirists and political agitators they were.

Dada on the Stage of Life

Stage plays, dance, puppet and marionette theatre, as Sophie Taeuber-Arp's reinterpretation of *König Hirsch [The Stag King]* (1918), public performances and destabilising acts were all part of Dada. It rejected the notion of art as elevated and detached from everyday life and instead conceived of it as inseparable from lived realities.[20] In their clothing and manners, Dadaists also questioned social rules and bourgeois norms. As a result, their appearances in public often proved difficult to distinguish from performative artistic acts. Hellmuth Herzfeld and Georg Groß as of 1916 called themselves John Heartfield and George Grosz.[21] Hannah Höch explained that "choosing an English or American pseudonym [...] the nationalists already saw as a provocation".[22] Grosz's monocle, his shag pipe, his British "modish profanities" and the American shoes Höch combined with an elegant walking cane at the opening of the *First International Dada Fair*, referred to the american dandy as the sophisticated antithesis to the "provincial German philistine".[23]

A Dozen Cocktails Please

Dadaist art mercilessly distorted contemporary body-image and gender roles. In Germany between the wars, the body was the focus of obsessive attention. Having been instrumentalised during the war, it now appeared hyper-present in mass media as the "ideal," the "natural," and the "other" body.[24] In spite of its promising title, one does not expect athletic success from the deformed and ill-proportioned protagonists in Hannah Höch's collage *Ertüchtigung [Exercise]* (1925): A toddler's head with legs and a chimaera with a male lower and a female upper body and the head of a bearded old man, it seems, are ineffectually wearing themselves down on flimsy exercise rods. (fig. 4) Höch here ironically subverts the militarist physical ideal of the steeled, able-bodied citizen and seems to "foretell the ideological appropriation of the body in the 1930s".[25]

Hanne Bergius describes Dada works like Grosz's *Der neue Mensch [The New Man]* (1920), composed of abstract geometrical volumes, as "metamechanical constructions": reduced and abstracted by the artist like an engineer, they reflect the new technical world of work and appear as if "derived from blueprints and construction plans".[26] Even though Heinrich Hoerle at this

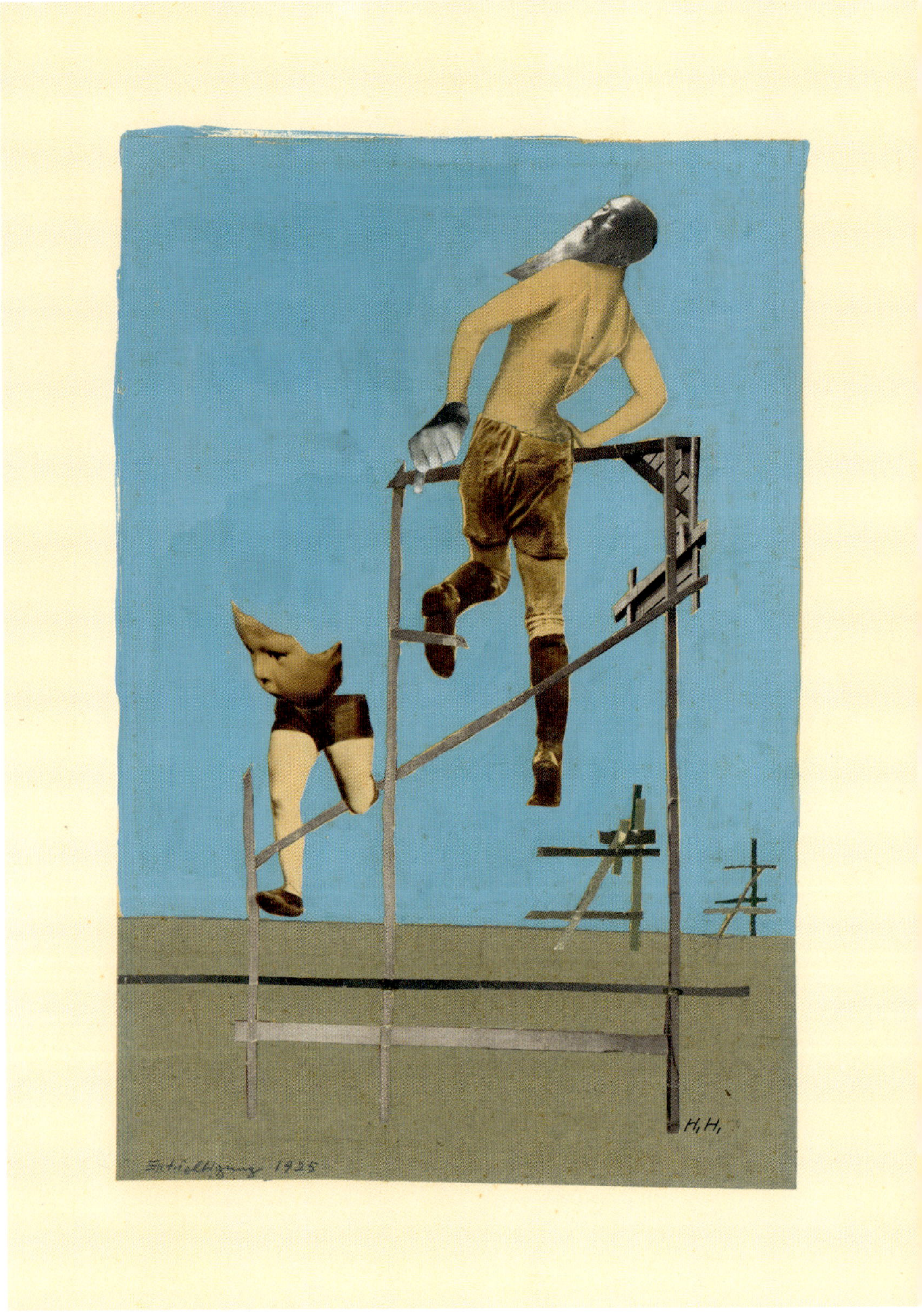
H.H.
Ertüchtigung 1925

point had long distanced himself from Dada, his large pencil drawing *Krüppel [Cripple]* (1931/32) seems reminiscent of Dadaist metamechanics – with a touch of the ghastly. The artist presents the body as a mechanical construct, not only in its representation: the disabled veteran's missing hand, as was the case for many at the time, has been replaced by a technical prosthesis.

Dadaists male and female in New York deliberately transgressed gender roles.[27] Elsa von Freytag-Loringhoven, born in Germany, lived in Manhattan from 1913 onward and became one of the most uncompromising figures in New York Dada.[28] Through countless poems, sculptures fashioned from metropolitan refuse, and her extravagant appearance, she opposed commercialism and embraced a conception of art that resisted bourgeois rationality.[29] Von Freytag-Loringhoven made herself into an artwork and thus – with her androgynous "shaved and lacquered head" and [other artworks such as] *Limbswish* (1918), which is reminiscent of a whip – undermined common perceptions of women.[30] Her poems are visceral, vicious, blasphemous and obscene. They direct attention to female sexuality, for instance by demanding an orgasm.[31] In *A Dozen Cocktails Please* she writes around 1923/27: "No spinsterlollypop for me – yes – we have / No bananas I got lusting palate – I / Always eat them – – – –".[32] Irene Gammel stated that "at the beginning of the 20th century, people were not used to poetry so erotically charged, especially not written by a woman".[33]

Cologne-based 'Dada Angelika', Angelika Fick-Hoerle addressed feminist themes with equal urgency, if perhaps in slightly less strident terms.[34] Her drawing *Reiterin [Equestrienne]* (1919) invoked the Amazons of mythology, who, according to legend, removed one of their breasts to fight more effectively.[35] Fick-Hoerle's Amazon – being three-breasted – could hardly be more pacifist. In the drawing *Akt [Nude]* (1922) she depicts a self-assured woman without the constraints of corset and boots.[36]

Political Form

Political engagement and the expression of personal views were woven into the very structure of Dada art. The facial features in Sophie Taeuber-Arp's wood sculpture *Tête Dada* (1920) have been abstracted into geometric ornaments. Many works by her husband Hans Arp, consist of organic shapes, yet are entirely non-representational. Abstraction in Dada was a political statement. At the Cabaret Voltaire, according to Huelsenbeck, it was still seen as

Abb./fig. 4
Hannah Höch, *Ertüchtigung*, 1925, Collage, signiert, datiert, bezeichnet / collage, signed, dated, titled, 28 × 18,7 cm

Sammlung Karsch/Nierendorf

Cocktails Please schreibt sie ca. 1923/27: „No spinsterlollypop for me – yes – we have / No bananas I got lusting palate – I / Always eat them – – – –".[32] Irene Gammel betonte, eine „derart erotisch aufgeladene Dichtung war man zu Beginn des 20. Jahrhunderts nicht gewohnt, schon gar nicht von einer Frau".[33]

Nur wenig zahmer im Ausdruck und ebenso ernst gemeint beschäftigte sich die Kölner „Dada Angelika", Angelika Fick-Hoerle, mit feministischen Themen.[34] Ihre Zeichnung *Reiterin* (1919) bezog sich auf die mythologischen Amazonen, die sich der Legende nach eine Brust entfernten, um besser kämpfen zu können.[35] Fick-Hoerles Amazone könnte – dreibrüstig – kaum pazifistischer sein. In der Zeichnung *Akt* (1922) zeigt sie eine selbstbewusste Frau ohne die Zwänge von Korsett und Stiefeln.[36]

Abb./fig. 5
Otto Griebel, *Der Turm des Regenbogens*, 1920, Collage, 33,5 × 22,8 cm
Galerie Berinson, Berlin © Nachlass Otto Griebel, Dresden

Politische Form

Politische Positionierung und Meinungsäußerung durchtränkte die Dada-Kunst bis in die innerste Struktur. Die Gesichtszüge von Sophie Taeuber-Arps Holzskulptur *Tête Dada* (1920) sind zu geometrischen Ornamenten abstrahiert. Viele Arbeiten ihres Mannes Hans Arp sind aus organischen Formen aufgebaut, aber vollständig ungegenständlich. Abstraktion war innerhalb Dadas ein Politikum. Im Cabaret Voltaire wurde sie laut Huelsenbeck noch als „unbedingte Ehrlichkeit" verstanden, wohingegen „Naturalismus [...] psychologisches Eingehen auf die Motive des Bürgers [war], in dem wir unseren Todfeind sahen".[37] 1920 allerdings bewertete er die Abstraktion der Pariser Dada-Gruppe als zahnlose Stagnation.[38] Otto Griebel hatte 1920 noch als Pendant zu Erwin Schulhoffs Komposition *Zehn Themen* zehn abstrakte Lithografien gestaltet, doch mit seiner Hinwendung zu Dada im selben Jahr verschrieb er sich der dadaistischen „realistisch-politisch akzentuierten" Montagetechnik.[39] Seine Assemblage *Der Turm des Regenbogens* (1920) scheint ein Zwischenstadium zu verkörpern. (Abb. 5) Unter anderem aus farbigem Staniolpapier und einem Uhrzeiger auf Karton aufgebaut, ist das titelgebende Naturereignis in eine stark abstrahierte Kulisse aus nur angedeuteten Gebäuden eingebettet.

Die Knappheit künstlerischer Materialien während und nach dem Krieg leistete der Entwicklung der Montage und Assemblage aus Alltagsmaterial und somit der Anti-Kunst Dadas Vorschub.[40] Schon vor Dada verarbeitete Höch bereits Abfallprodukte ihrer Arbeit mit Druckschablonen beim Ullstein Verlag zu Collagen, und *Weiße Wolke* (1916) schuf sie vermutlich aus Überresten ihres Unterrichts in der Fachklasse Buchkunst und Graphik an der Lehranstalt des Kunstgewerbemuseums Berlin unter Emil Orlik.[41] Man mag in dem Werk, das mitten im Krieg entstand, „melancholische Trümmer" entdecken; gemeinhin gilt die Arbeit als abstrakt.[42]

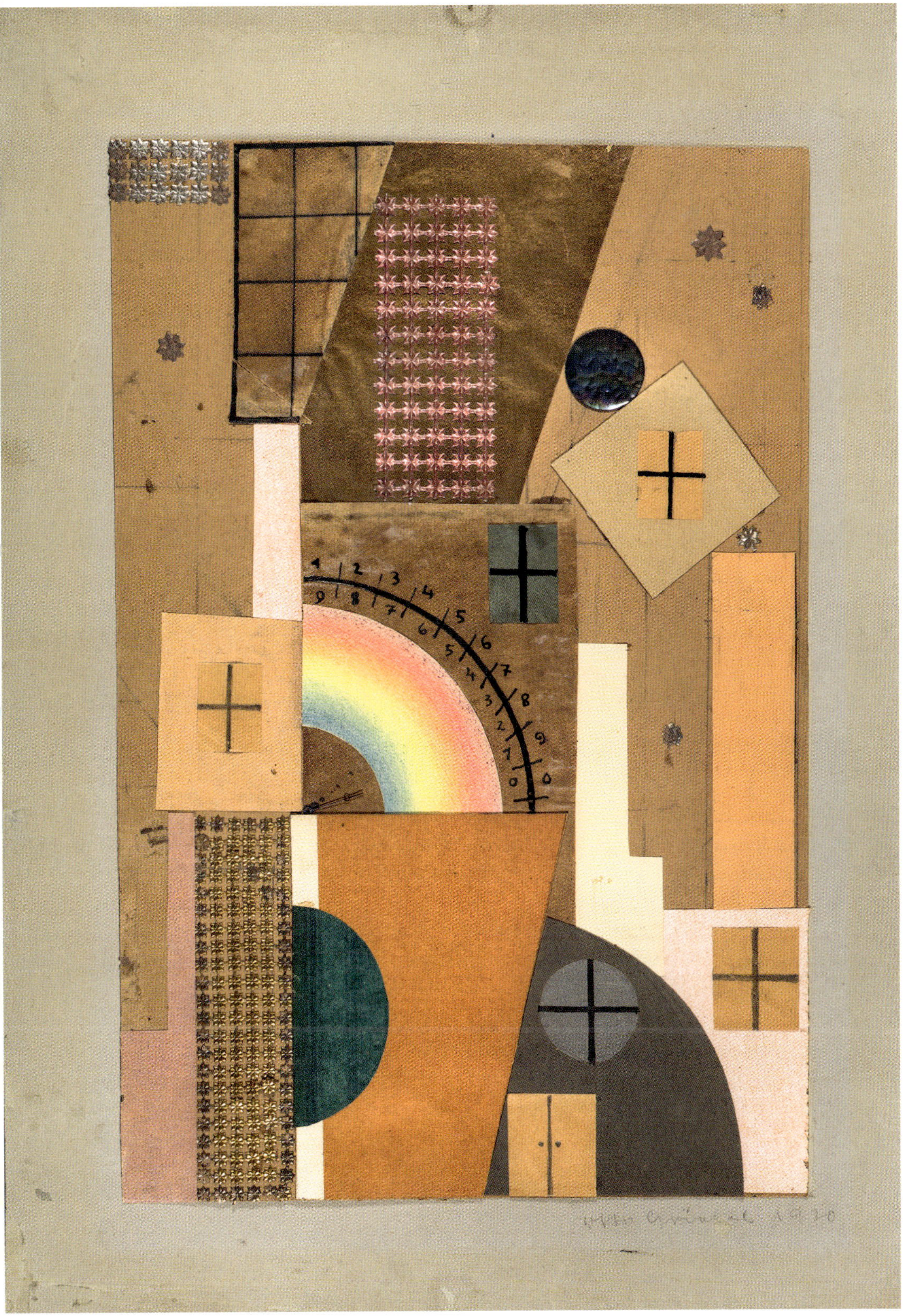

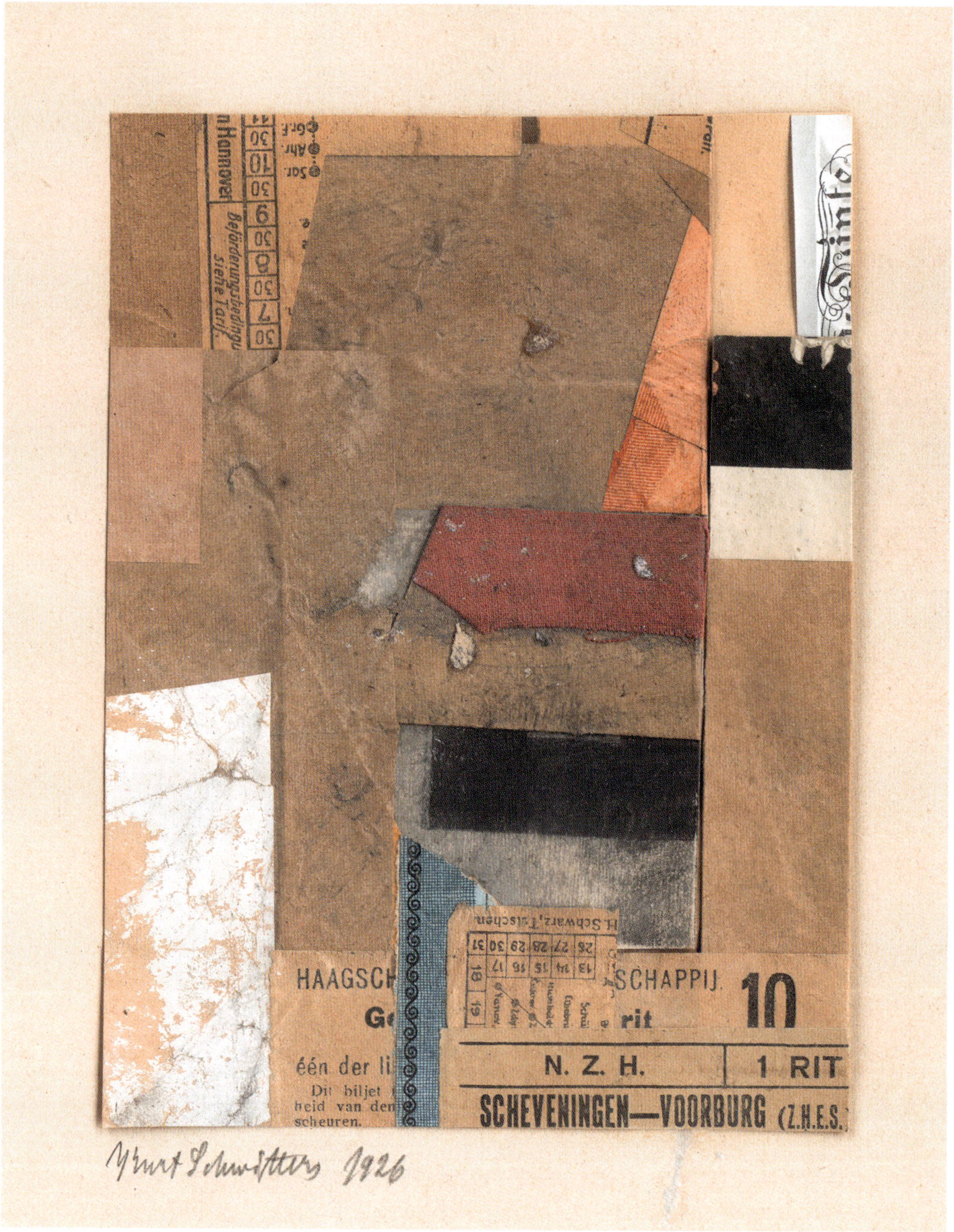

Abb./fig. 6
Kurt Schwitters, Ohne Titel / untitled (Scheveningen-Voorburg), 1926, Merzzeichnung, Collage, verschiedene Papiere und Stoff auf leichtem Karton, auf Unterlagekarton montiert / Merz drawing, collage, various papers and fabric on light cardboard, mounted on backing cardboard, 14,7 × 11,2 cm, unten links auf dem Unterlagekarton mit Bleistift signiert und datiert / signed and dated in pencil lower left on the backing cardboard

Antiquariat Günter Linke, Berlin

"absolute honesty", whereas "naturalism [...] [was] compliance with the designs of the bourgeois, who we saw as our arch enemy".[37] By 1920, however, he saw abstraction within Parisian Dada as toothless stagnation.[38] In 1920, Otto Griebel designed ten abstract lithographies as a companion piece to Erwin Schulhoffs composition *Zehn Themen [Ten themes]*, but when he turned to Dada that same year, he subscribed to Dadaist montage techniques that were "realist-politically accentuated", as he called it.[39] His assemblage *Turm des Regenbogens [Tower of the Rainbow]* (1920) apparently represents an intermediate stage. (fig. 5) Composed, among other things, of tinfoil and a clock hand on cardboard, the natural phenomenon in the artwork's title appears against a highly abstract backdrop of buildings, indicated only in outline.

The scarcity of artists' materials during and after the war contributed to the advancement of montage and assemblage from day-to-day materials, and thus to Dada's anti-art.[40] Höch processed waste products of her print template work at the Ullstein Verlag and made them into collages even before Dada, and she probably created *Weiße Wolke [White Cloud]* (1916) from refuse from her teaching at the Book Art and Graphic Arts class, at the college of the Museum of Applied Arts in Berlin under Emil Orlik.[41] Although the work, made in the middle of the war, may suggest "melancholy ruins" to some, it is generally classified as abstract.[42]

In Dada, however, far more was involved than just constraints in terms of material. From its inception, the movement was driven by a desire to eliminate the separation between art and life. Now life entered art in the shape of newspaper cut-outs, train tickets, advertisements, light bulbs and buttons. Schwitters, an obsessive collector of discarded and disused urban detritus, drew upon the physical reality around him as his working material.[43] The "city as body that continuously transgresses its boundaries, breaks up and reproduces itself" left its sediments in his Merz-collages.[44] In this sense his collage *Ohne Titel (Scheveningen-Voorburg) [Untitled (Scheveningen-Voorburg)]* made in 1926, constructed from German and Dutch train tickets, although on a formal level non-representational, was nevertheless simultaneously hyper concrete. (fig. 6) In such works, Schwitters critiqued commercialism, by exposing the bourgeois as prisoners of the system, as heteronomous "passengers, restaurant guests, bus passengers, [and] consumers in amusement halls and movie palaces".[45] At the extreme end of working with found objects in art are Marcel Duchamp's readymades, such as *Roue de bicyclette (1913), a bicycle wheel mounted on a stool, which he declared to be art.*

The Berlin Dadaist Manifesto from 1918 states: "Life appears to be a simultaneous confusion of sound, colours and mental rhythms ...".[46] The colourful collage-picture-puzzles of Dadaism like Hannah Höch's *Schnitt mit dem Küchenmesser Dada durch die letzte Weimarer Bierbauchkulturepo-*

Es ging bei Dada jedoch um ungleich mehr als reinen Materialzwang. Die Aufhebung der Trennung zwischen Kunst und Leben war von Anfang an eine Triebfeder der Bewegung gewesen. Nun trat das Leben selbst in Form von Zeitungsausschnitten, Zugtickets, Werbung, Glühbirnen und Knöpfen in die Kunst ein. Als obsessivem Sammler entsorgter und unbrauchbar gewordener Hinterlassenschaften des urbanen Lebens war für Schwitters die physische, ihn umgebende Wirklichkeit sein Werkstoff.[43] Die „Stadt als ein sich entgrenzender, zerstückelnder, ständig neu reproduzierender Körper" lagerte sich in seinen Merzcollagen ab.[44] In diesem Sinne ist seine aus deutschen und niederländischen Zugtickets konstruierte Collage *Ohne Titel (Scheveningen-Voorburg)* von 1926 zwar formal ungegenständlich, gleichzeitig jedoch hyperkonkret. (Abb. 6) In solchen Werken äußerte Schwitters seine Kommerzkritik, indem er den Bürger als Gefangenen des Systems, als fremdbestimmten „Fahrgast, Gast in Restaurants, als Omnibusbenutzer, als Konsument in Vergnügungs- und Kinopalästen" erkennbar macht.[45] Extrempunkte der künstlerischen Arbeit mit gefundenen Alltagsgegenständen sind Marcel Duchamps Readymades wie *Roue de bicyclette* (1913), ein auf einen Hocker montiertes Fahrradrad, das er zu Kunst erklärte.

Im Berliner dadaistischen Manifest heißt es 1918: „Das Leben erscheint als ein simultanes Gewirr von Geräuschen, Farben und geistigen Rhythmen …"[46] Die bunten Collage-Wimmelbilder des Dadaismus wie Hannah Höchs *Schnitt mit dem Küchenmesser Dada durch die letzte Weimarer Bierbauchkulturepoche Deutschlands* (1919) setzten diese Wahrnehmung in ihrer Gestaltung um. Bilder aus Zeitungen, Magazinen, Büchern oder Werbematerialien wurden ihrem ursprünglichen Kontext entrissen und gewinnen in der Kombination überraschende neue Bedeutung. Doch nicht nur das bunte Gewirr der modernen Lebenswelt hallt in der Collage wider. Charlotte Stokes schreibt über die Kölner Dada-Collagen, wie Bildelemente gegeneinander verdreht wurden, zu groß oder klein für ihre Gegenstücke oder aus dem falschen Winkel zu sehen waren und so das Gefühl, dass die Dinge nicht mehr zusammenpassten und ihre Verortung verloren hätten, reflektierten, das viele deutsche Künstler und Nicht-Künstler nach dem Ersten Weltkrieg verspürten.[47]

Für politische Satire war die Collage bestens geeignet. George Grosz und John Heartfield waren die ersten, die Fotomontagen veröffentlichten, so etwa auf dem Titel der Zeitschrift *Jedermann sein eigner Fußball*, bei dem Staatsoberhäupter auf einen Fächer montiert fragen: „Wer ist der Schönste?" und sich dabei selbst als „Spieler in einem Polit-Cabaret" entlarven.[48] Heartfield, überzeugter Kommunist, nutzte die Collage später auf den Titeln der *Arbeiter-Illustrierten-Zeitung* für politische Propaganda, deren Schockwirkung er mit der Retusche der Nahtstellen, mit der er den Bildern den Anschein von Tatsachen verlieh, noch erhöhte.[49] (Abb. 7)

Auch in der Dada-Lyrik waren in der Form politische Aussagen angelegt. Die rhythmischen Lautgedichte des Schweizer Dada „brachen Begriffe aus dem Alltag zu Silben und Worthülsen herunter", womit sie „auf den Lärm des modernen

che Deutschlands [Cut with the Kitchen Knife Dada Through the Last Weimar Beer-Belly-Culture-Era of Germany] (1919) in their design reflected such observations. By removing images from newspapers, magazines, books, or advertisements from their original context and recombining them, surprising new meanings emerged. Yet in collages, something beyond the colourful tumult of modern life comes through. Charlotte Stokes, in her discussion of Dada collages, noted how pictorial elements were distorted in relation to one another, mismatched in scale, or viewed from the wrong angle, thereby conveying the sense that things no longer fit together and had lost their place – a sentiment shared by many German artists and non-artists after World War One.[47]

Collages were highly suitable for political satire. George Grosz and John Heartfield were the first to publish photomontages, for example the title page of the magazine *Jedermann sein eigner Fußball [Every Man His Own Football]*, which shows heads of state mounted on a folding fan asking: "Who's the prettiest?" and, while doing so, exposing themselves as "actors in a political cabaret".[48] Heartfield, an avowed communist, later used the collage on the title page of the *Arbeiter-Illustrierten-Zeitung [Workers' Illustrated Newspaper]* for political propaganda, increasing its shock value by retouching the seams, which lent the images the semblance of fact.[49] (fig. 7)

In Dada poetry, form was also political. The rhythmic sound poetry of Swiss Dada "broke down terms from everyday life into syllables and empty words", thereby referencing "the noise of modern metropolitan life and industry, but also of war machinery and the trenches".[50] For Hugo Ball, this represented a way to cleanse language, which had been "soiled" by its exploitation in war propaganda.[51] In his sound poem *Piffalamozza (Der Stier) [Piffalamozza (The Bull)]* dated 1916/17 word-like strings of characters were arranged vertically and supplemented with ink drawings. (fig. 8) They do not make any demonstrable sense: "Piffa" may be derived from the Italian word for pipe, "mozza" is a girl, a type of cheese, a boat resembling a gondola or an ancient weight measure for fluids.[52]

Tristan Tzara's simultaneous poem *L'amiral cherche une maison à louer [The Admiral Is Looking for a House to Rent]* (1916) was declaimed at the height of the war in the three languages of the warring parties – German, English and French – simultaneously. Among the supposedly civilised major powers, both cultural exchange and rapprochement had come to an end.[53] They only met in "nonsense-creation – [the term] Dadaists [used to] denounce war propaganda".[54]

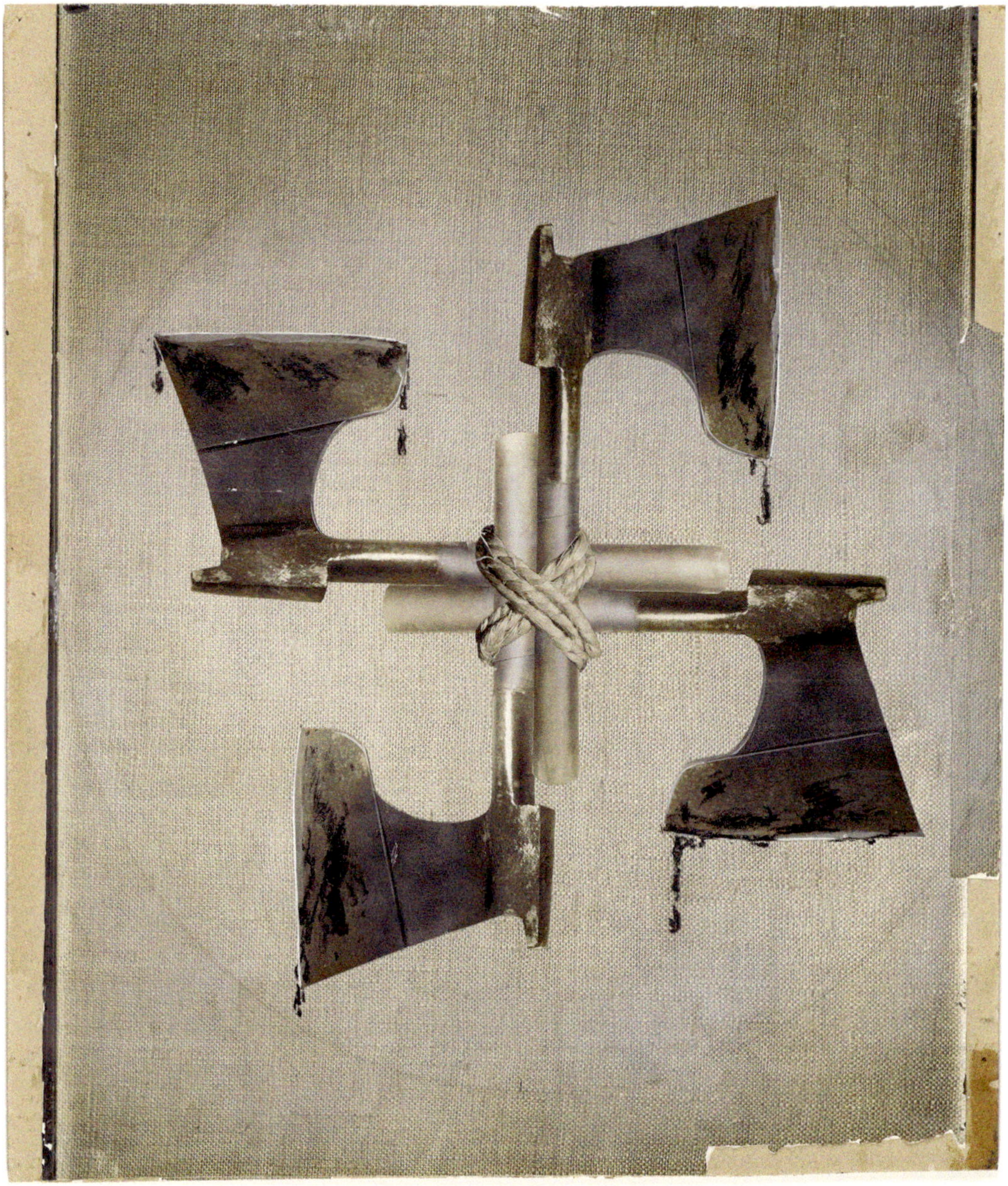

Abb. / fig. 7
John Heartfield, *Der alte Wahlspruch im „neuen" Reich: Blut und Eisen*, Originalmontage für / original montage for *Arbeiter-Illustrierte-Zeitung (AIZ)*, Jg. / Vol. XIII, Nr. / № 10, 1934, Fotomontage, Silbergelatineabzug, Spritzretusche, Pinselretusche / photomontage, silver gelatine print, spray retouching, brush retouching, 37,2 × 32,5 cm

Akademie der Künste, Berlin, Kunstsammlung, Inv. JH 504

Abb./fig. 8
Hugo Ball, *Piffalamozza (Der Stier)*, Lautgedicht / sound poem, 1916/17, 1 Blatt Typoskript mit 2 von Hugo Ball mit Tinte handgezeichneten Fähnchen und 2 handgezeichneten Halbmonden / 1 sheet of typescript with 2 flags and 2 crescents hand-drawn in ink by Hugo Ball, 21,4 × 13,7 cm

Antiquariat Günter Linke, Berlin

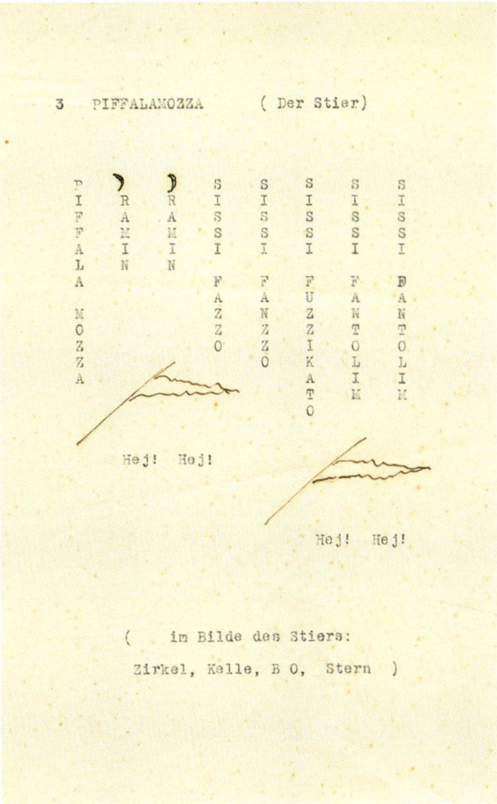
3 PIFFALAMOZZA (Der Stier)

PIFFALAMOZZA
RAMIN
RAMIN
SISSI FAZZO
SISSI FANZZO
SISSI FUZZIKATO
SISSI FANTOLIM
SISSI BANTOLIM

Hej! Hej!

Hej! Hej!

(im Bilde des Stiers:
Zirkel, Kelle, B O, Stern)

The First International Dada Fair

The *First International Dada Fair* was an overly full accumulation of 174 works of all types.[55] The exhibition was documented rather well in Robert Sennecke's photographs: paintings, collages, newspapers, book covers, graphic works, printed posters and sentences were hung very closely and eclectically on the walls of the Galerie Burchard, the *Preußische Erzengel [Prussian Archangel]* was suspended from the ceiling and assemblages and sculptures were placed in the space. Despite its appearance of chaos, the exhibition – and Dada itself – was carefully conceived, as evidenced by the fact that these were not coincidental installation views but staged photographs in which the Dadaists posed as visitors. As a parody on bourgeois art and exhibition making,[56] the public was given tongue-in-cheek usage instructions, such as "Take Dada seriously, it's worth it!". The exposure of the dire situation and vitriolic social criticism also permeated the Dada Fair. Grosz's *Brillantenschieber im Café Kaiserhof [Brilliant Peddlers at the Café Kaiserhof]* (1920) points to the flourishing black market in the economically devastated Weimar Republic, and in *Fleischerladen [Butcher's Shop]* (1920) Otto Dix critically examines his time as a soldier.[57] Georg Scholz's bitingly satirical painting *Wucherbauernfamilie [Family of Farmer Usurers]* (1920), which can also be found as a lithography, shows a degenerated farmer family. (fig. 9) Scholz experienced the lack of food at the front first hand, had heard in letters of the hunger at home and had personally experienced the arrogance, greed and stinginess of the farmers.[58] Like a caleidoscopic case study, the *First International Dada Fair* combines Dada's formal and material innovations, its desire to provoke, its delight in playing with the audience – and the political activism of the movement.

Grossstadtlebens und der Industrie, aber auch der Kriegsmaschinerie und der Schützengräben" anspielten.[50] Für Hugo Ball war dies ein Weg, die „verschmutzte" Sprache vom Missbrauch der Kriegspropaganda reinzuwaschen.[51] In seinem Lautgedicht *Piffalamozza (Der Stier)* von 1916/17 sind wortähnliche Buchstabenfolgen vertikal angeordnet und mit kleinen Tuschezeichnungen ergänzt. (Abb. 8) Einen nachvollziehbaren Sinn ergeben sie nicht: „Piffa" könnte vom italienischen Wort für Pfeife abgeleitet sein, „mozza" ist ein Mädchen, eine Käsesorte, ein gondelartiges Boot oder ein antikes Gewicht für Flüssigkeiten.[52]

Tristan Tzaras Simultangedicht *L'amiral cherche une maison à louer* (1916) wurde mitten im Krieg in den drei Sprachen der Kriegsparteien – Deutsch, Englisch und Französisch – gleichzeitig vorgetragen. Zwischen den angeblich zivilisierten Großmächten fand nun kein kultureller Austausch und keine Verständigung mehr statt.[53] Sie treffen sich nur noch in „der Unsinnbildung – wie sie Dadaisten in der Kriegspropaganda anprangern".[54]

Die Erste Internationale Dada-Messe

Die *Erste Internationale Dada-Messe* war eine übervolle Anhäufung von 174 Werken jeglicher Couleur.[55] Die Ausstellung ist durch die Fotografien von Robert Sennecke gut dokumentiert: Dicht an dicht hingen Gemälde, Collagen, Zeitungen, Buchcover, Grafiken, gedruckte Plakate und Sentenzen in eklektischer Anordnung an den Wänden der Galerie Burchard, von der Decke baumelte der *Preußische Erzengel* und im Raum waren Assemblagen und Plastiken platziert. Wie klug die Ausstellung – und wie klug Dada – trotz des scheinbar chaotischen Erscheinungsbildes durchdacht war, zeigt die Tatsache, dass es sich nicht um zufällige Installationsansichten handelt, sondern dass die Dadaist:innen selbst als Besuchende posierten. Als Parodie des bürgerlichen Kunst- und Ausstellungsbetriebs[56] präsentierte man dem Publikum mit einem Augenzwinkern Gebrauchsanweisungen wie „Nehmen Sie Dada ernst, es lohnt sich!". Doch auch das Aufzeigen der misslichen Verhältnisse und bitterböse Gesellschaftskritik durchzogen die Dada-Messe. Grosz' *Brillantenschieber (Tatlinistischer Planriß: Brillantenschieber im Café Kaiserhof)* (1920) benennt den florierenden Schwarzmarkt in der wirtschaftlich am Boden liegenden Weimarer Republik, und in *Fleischerladen* (1920) setzt sich Otto Dix selbstkritisch mit seiner Soldatenzeit auseinander.[57] Georg Scholz' ätzend-satirisches Gemälde *Wucherbauernfamilie* (1920), das verändert auch als Lithografie existiert, zeigt eine degenerierte Bauernfamilie. (Abb. 9) Aus erster Hand hatte Scholz die Nahrungsknappheit an der Front erlebt, in Briefen vom Hunger daheim gehört und nach dem Krieg persönlich die Arroganz, die Gier und den Geiz der Landwirte erlebt.[58] Die *Erste Internationale Dada-Messe* bündelt als kaleidoskopisches Fallbeispiel die formale und materiale Innovation Dadas, den Willen zur Provokation, die Lust am Spiel mit dem Publikum – und die politische Aktivität der Bewegung.

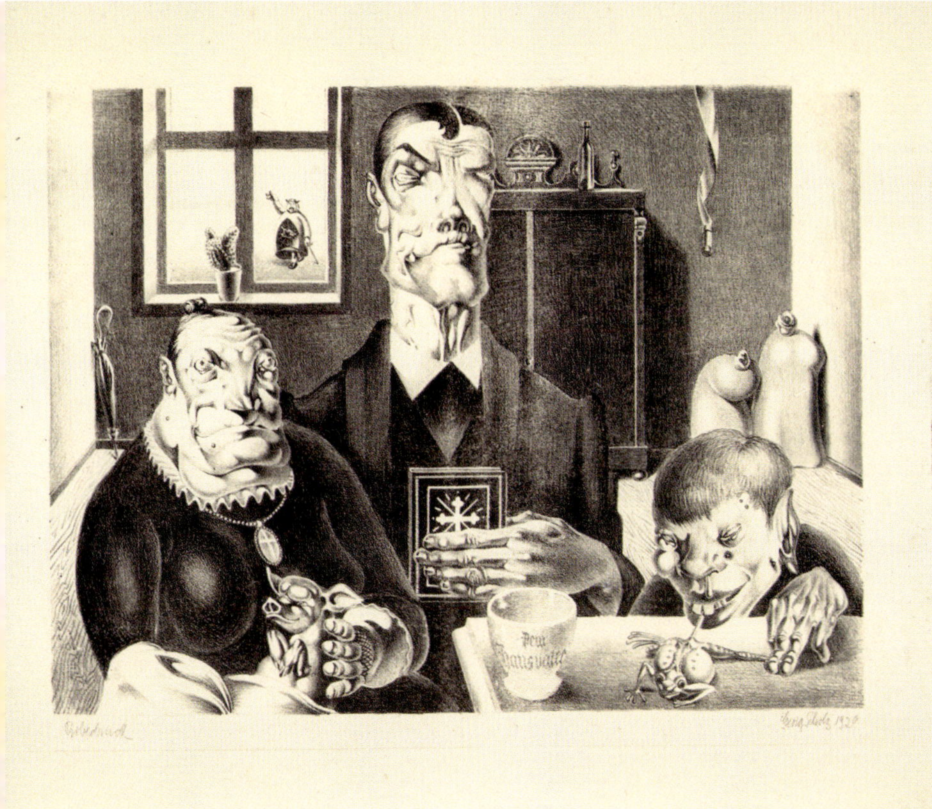

Abb./fig. 9
Georg Scholz, *Wucherbauernfamilie*, 1920, Originallithografie auf faserigem, chamoisfarbenem Bütten / original lithograph on fibrous, chamois-coloured handmade paper, Bildmaß / image: 26,8 × 36 cm, Blattmaß / sheet: 40,5 × 51,8 cm, am rechten unteren Bildrand vom Künstler voll signiert und auf 1920 datiert, links als Probedruck bezeichnet / fully signed by the artist and dated 1920 on the lower right edge of the image, marked as a proof print on the left

Antiquariat Günter Linke, Berlin

Political Iconography

The Dadaists sharp eye for the Weimar Republic's deficiencies is most readily apparent in the iconography of their works. Recurrent themes include the street as Babylonic representation of society, poverty, hunger and disabled veterans, but bogeymen like the bourgeois philistine or the colossal, fat (military) bigwig also return with some regularity. Time and again, experiences from the First World War are processed in the image.

Disabled veterans and amputees were often unable to work and only received a slim pension.[59] This was accompanied by bitterness and depression,

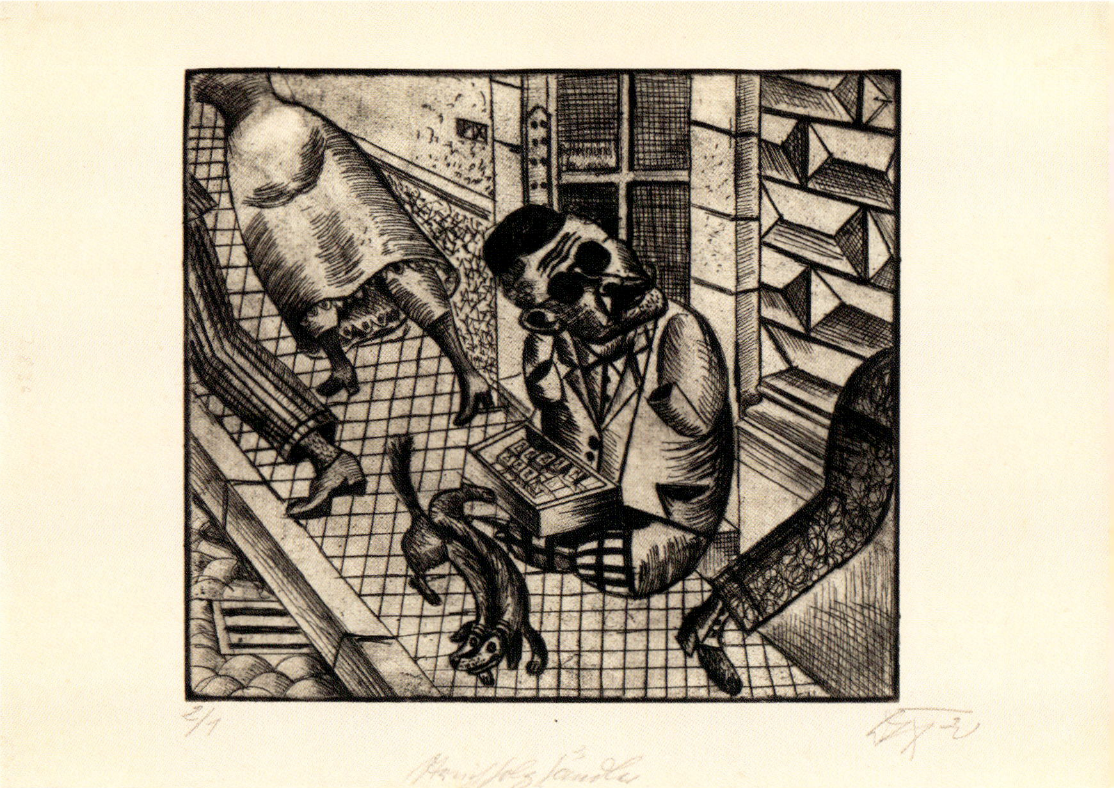

Politisches Bildprogramm

Am deutlichsten zeigt sich der scharfe Blick der Dadaist:innen auf die Missstände der Weimarer Republik im Bildprogramm ihrer Arbeiten. Einige der wiederkehrenden Themen sind die Straße als babylonisches Abbild der Gesellschaft, Armut, Hunger und Kriegsversehrte, aber auch Feindbilder wie der bürgerliche Spießer oder der satte, dicke (Militär-)Bonze kommen regelmäßig vor. Die Erlebnisse aus dem Ersten Weltkrieg werden immer wieder im Bild verarbeitet.

Kriegsverletzte und Amputierte waren oft arbeitsunfähig und bekamen nur eine schmale Rente.[59] Dazu kamen Verbitterung und Depressionen, unter denen nicht selten ihre Familien zu leiden hatten.[60] Heinrich Hoerle zeichnete in der Mappe *Helft dem Krüppel* (1920) ein einfühlsames Bild des Seelenzustands der „Kriegskrüppel". Blatt 2, *Das Ehepaar*, lässt erahnen, wie sehr der Verlust einer Gliedmaße und die damit verbundene Traumatisierung auch die Partner der Betroffenen berührt. Otto Dix' *Streichholzhändler* (1920), dem beide Unterschenkel und -arme fehlen, sitzt einsam, von den vorbeieilenden anonymen Menschen ignoriert, auf dem Gehsteig. Zu allem Überfluss uriniert ein Hund auf den Sitzenden. Wehren kann er sich nicht. (Abb. 10)

Nicht nur die Kriegsversehrten waren von Armut betroffen. Die Inflation begann schon im Krieg, der durch Staatsanleihen finanziert worden war, sodass viele deutsche Sparer bereits 1918 effektiv bankrott waren.[61] In Dix' Bei-

Abb./fig. 10
Otto Dix, *Streichholzhändler*, 1920, Radierung (KN + Ae) auf gelblichem Papier / etching (KN + Ae) on yellowish paper, Bildmaß / image: 25,9 × 30 cm, Blattmaß / sheet: 32 × 48,5 cm, nummeriert unten links / numbered lower left: 2/1; unten Mitte bezeichnet / inscribed lower centre: „Streichholzhändler"; signiert und datiert unten rechts / signed and dated lower right: „Dix 20", Karsch: 11/II

Kunstsammlung Gera - Sammlung Niescher

often unloaded on their family.[60] In the portfolio *Helft dem Krüppel [Help the Cripple]* (1920), Heinrich Hoerle drew an empathetic image of the psychological state of "war cripples". Folio 2, *Das Ehepaar [The Married Couple]*, gives an indication of just how much the loss of a limb and the connected trauma also affects the partners of those involved. Otto Dix's *Streichholzhändler [Match Vendor]* (1920), with missing lower legs and arms, sits on the pavement, lonely and ignored by the anonymous people passing by. On top of everything, a dog is urinating on the seated person. He cannot defend himself. (fig. 10)

Disabled veterans were not the only ones affected by poverty. Inflation had already started during the war, which was financed through government bonds, so by 1918 many Germans were already effectively bankrupt.[61] In Dix's contribution to the portfolio *Hunger. Hilfe von den Künstlern [Hunger. Help from Artists]* (1923), folio 1, an old woman sits on the street, begging; George Grosz, on folio 2 shows an emaciated family in front of the shop window of a grocery store – one cannot depict hunger more vividly. In *Die Räuber [The Robbers]* (1923) Grosz, in sharp satirical drawings, combined with quotes from Schiller's eponymous theatre play, exposes the capitalists profiting from the situation. Rich industrialists, often recognisable by their watch chains, fine clothing and cigars, stout and looking smug, are juxtaposed with clearly undernourished, tired, broken working class people, for instance on folio 3: "Poor hare! Thou playest but a sorry part / in this world's drama, but your worshipful lords must have hares". In the ink drawing *Sumpfblumen des Kapitalismus [Swamp Flowers of Capitalism]* (1919) Grosz had already prototypically collected the flashy peddlers, street criminals and well-fed members of the underworld on a single sheet of paper. (fig. 11)

Dadaists rejected both the so-called "bigwigs" and the glorification of militarism with equal disdain. In the print *Apotheose des Kriegervereins [Apotheosis of the Soldier's Association]* (1922) Georg Scholz caricatured three fat veterans belonging to a soldier's association, laying a wreath in remembrance of the Franco-Prussian War 1870/71 in a tranquil village.[62] Scholz criticised, that the "victors of yesteryear, in spite of a lost First World War and the economic crisis – in both villages and small cities – were unwilling to relinquish

trag zur Mappe *Hunger. Hilfe von den Künstlern* (1923), Blatt 1, sitzt eine alte Frau bettelnd auf der Straße; George Grosz zeigt in derselben Mappe auf Blatt 2 eine ausgezehrte Familie vor dem Schaufenster eines Lebensmittelgeschäfts – eindringlicher kann man den Hunger nicht darstellen. In *Die Räuber* (1923) entlarvt Grosz in spitzen satirischen Zeichnungen, kombiniert mit Zitaten aus Schillers gleichnamigem Theaterstück, die Kapitalisten, die aus der Situation Profit schlagen. Reiche Industrielle, oft zu erkennen an ihren Uhrketten, feiner Kleidung und Zigarren, beleibt und mit arrogantem Blick, stehen dem deutlich unterernährten, müden, gebrochenen Arbeiter gegenüber, so auf Blatt 3: „Es ist doch eine jämmerliche Rolle, der Hase sein zu müssen / Auf dieser Welt – Aber der gnädige Herr braucht Hasen". In der Tuschezeichnung *Sumpfblumen des Kapitalismus* (1919) hatte Grosz bereits prototypisch die halbseidenen Schieber, Straßenkriminellen und wohlgenährten Unterweltler auf einem Blatt versammelt. (Abb. 11)

Ebenso große Abneigung wie gegen den ‚Bonzen' empfanden die Dadaist:innen gegenüber der Verherrlichung des Militarismus. In der Grafik *Apotheose des Kriegervereins* (1922) hält Georg Scholz karikaturistisch drei feiste Veteranen eines Kriegervereins fest, die in Erinnerung an den Deutsch-Französischen Krieg 1870/71 in einem beschaulichen Dorf einen Kranz niederlegen.[62] Scholz kritisierte, dass die „Sieger von vorgestern trotz verlorenem 1. Weltkrieg und Wirtschaftskrise – zumal in Dörfern und Kleinstädten – nicht von der Verklärung des Kaiserreichs und seines Militärs Abschied nehmen wollten".[63] Als Protest gegen den wilhelminischen Militarismus kann man auch die in den 1920er-Jahren von diversen Künstlern hergestellten Kriegsszenen werten. 1924, zum zehnjährigen Gedenken an den Kriegsausbruch, schlossen sich Otto Dix, George Grosz, Otto Nagel, Käthe Kollwitz, Willibald Krain, Rudolf Schlichter und Heinrich Zille zur Erstellung der Mappe *Krieg* zusammen, deren Verkaufserlös laut Untertitel „für die Künstlerhilfe und die Kinderheime der I. A. H." bestimmt war. Die Darstellungen von der Front sind wenig heroisch. Im Gegenteil: Schlichters Beitrag *Schlachtfeld* (Blatt 6) zeigt tote Soldaten mit verkrampften Gliedern und dem Gesicht nach unten im Schlamm liegend, umgeben von unzähligen Totenschädeln.

Mit „anarchistischer Begeisterung"[64]

Als wahrhaft multidisziplinäre Bewegung hatte bei Dada die Musik eine zentrale Rolle. Sie stand wortwörtlich an deren Anfang: Das Poster zur Eröffnung des Cabaret Voltaire im Februar 1916 versprach zunächst nur „Musik-Vorträge und Rezitationen".[65] In Zürich blieb die Musik bis zur letzten Soirée ein Dreh- und Angelpunkt.[66] In den Niederlanden fanden Dada-Aufführungen von Musikstücken statt, ebenso in Paris, jedoch lehnte André Breton musikalische Darbietungen explizit ab.[67] Im New Yorker Dada war Musik nicht präsent.[68]

Abb./fig. 11
George Grosz, *Sumpfblumen des Kapitalismus*, 1919, Tusche auf Papier / ink on paper, 50,7 × 35,5 cm

Sammlung Judin, Berlin

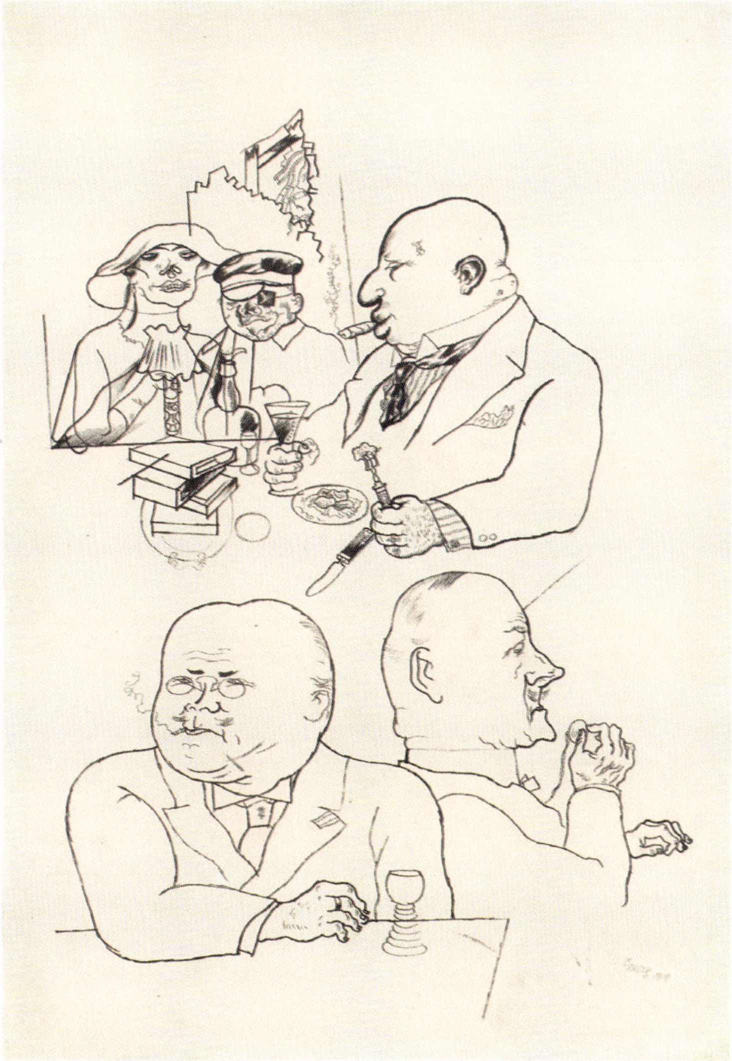

idealisations of the Empire and its military".[63] The many war scenes created by artists in the 1920s can likewise be seen as a protest against Wilhelmine militarism. In 1924, to commemorate the ten-year anniversary of the outbreak of war, Otto Dix, George Grosz, Otto Nagel, Käthe Kollwitz, Willibald Krain, Rudolf Schlichter and Heinrich Zille banded together to create the portfolio *Krieg [War]*, the proceeds of which, according to its sub-heading, would go toward "artists' help and the orphanages of the I. A. H. [Internationale Arbeiterhilfe: international worker's support]". The depictions of the front are not very heroic. To the contrary: Schlichters contribution entitled *Schlachtfeld [Battle Field]* (folio 6) depicts dead soldiers with cramped limbs and face down in the mud, surrounded by countless skulls.

Dadaistische Musik formte sich zu einer Zeit, in der analog zur bildenden Kunst etablierte Traditionen überworfen, die Grenzen zwischen Geräusch und Musik eingerissen und Melodie, Töne, tonale Verläufe oder erlernte technische Fertigkeiten nicht mehr als unbedingt notwendig angesehen wurden.[69] Amerikanischer Jazz war äußerst populär, da er, wenn auch als eurozentrisch-koloniales Klischee, die gesellschaftlichen Tabus und starren Regeln der Zivilisation der Zeit auszuhebeln schien.[70] Passend dazu formten sich in Zürich aus afrikanischer Musik, deren Dissonanzen, Atonalität und Betonung des Rhythmus man schätzte, die *Chants nègres*.[71] Insgesamt blieb die Musik im Zürcher Dada tonal und bezog sich auf klassische Kompositionen, Populär- und Volksmusik.[72] Politisch waren Musikstücke wie der *Totentanz* vor allem über ihre Texte.

In Berlin wurde die Musik in sich unbequem, laut und herausfordernd. Jefim Golyscheff produzierte „experimentelle […] Musikstudien"[73] wie die *Antisymphonie,* die Hausmann so beschrieb: „Dada siegt auch in Tönen! Meine Herrschaften, Ihre eingerosteten Ohren klingen? Lassen Sie sie durch die musikalische Kreissäge zersägen!"[74] Für den Dresdner Komponisten Erwin Schulhoff bot der Jazz, so in seinen *Fünf Pittoresken für Klavier* (1919), die passendste Grundlage, um Dada in Musik umzusetzen; mit ihm konnte er „das Konzertpublikum in dessen ehrfurchtsvollem Verhältnis zur deutschen Tradition schockieren und sich gleichzeitig selbst von dessen Fesseln befreien".[75] Der dritte Teil dieses Stücks allerdings zerstört nach Dada-Manier strukturelle Bausteine des Mediums, bedient sich zweier verschiedener Taktarten und ist mit Pausen erfüllt, von denen die erste als „Marschallpause" Grosz gewidmet ist.[76] Schulhoffs *Symphonia germanica* (1919) basiert auf dem im Ersten Weltkrieg zu Propagandazwecken genutzten Lied *Deutschland, Deutschland über alles* und ist analog zu Grosz' Karikaturen ein bitterböser Angriff „gegen die deutsche Nachkriegsgesellschaft und den weiterhin präsenten Ungeist des Militarismus".[77] Schulhoff verhöhnt hier diejenigen, die auf die Rückkehr des Kaisers hofften und sich für den „Heldentod" begeisterten.[78] Die Partitur wirkt in Teilen wenig funktional, wie ein abstraktes Kunstwerk, und die Regieanweisungen zur Interpretation der Begleitung sind dadaistischer Nonsense („mit der Nase auszuführen") oder politische Botschaft („mit anarchistischer Begeisterung").[79]

Dada gewesen

Dada existierte nur wenige Jahre. Die letzte Dada-Soirée in Zürich hat 1919 stattgefunden, und Hausmann sah im Rückblick bereits in der *Ersten Internationalen Dada-Messe* 1920 ein „letzte[s] Aufflackern" der Bewegung.[80] In Paris war Dada 1924 mit der Veröffentlichung von Bretons *Manifeste du Surréalisme* endgültig beendet.

With "anarchist enthusiasm"[64]

Since Dada was a truly multidisciplinary movement, music played a central role. It literally marked its beginning: The poster for the opening of the Cabaret Voltaire in February 1916 intially promised only "music presentations and recitations".[65] In Zurich, music remained pivotal until the final soirée.[66] In the Netherlands, as in Paris, Dada music performances took place; André Breton, however, explicitly rejected music performances.[67] Within Dada New York, music was absent.[68]

Dadaist music took shape at a time in which, analogously to visual art, traditions were overthrown, the borders between noise and music were demolished and melody, tones, tonal progressions or trained technical skills were no longer considered absolutely necessary.[69] American jazz was extremely popular, since it seemed to undermine social taboos of the times as well as its rigid rules of civilisation, even if this was based on Eurocentric colonial clichés.[70] In Zurich, the *Chants nègres* were created using African music, due to Dadaists' appreciation of its dissonances, atonality and emphasis on rhythm.[71] Overall, music within Dada Zurich remained tonal and it referenced classical pieces and popular and folk music.[72] Compositions like the *Totentanz [Danse Macabre]* were mainly political due to their text.

In Berlin, the music itself became recalcitrant, loud and confronting. Jefim Golyscheff produced "experimental [...] music studies"[73] such as the *Antisymphonie [Anti-symphony]*, described by Hausmann as follows: "Dada is also victorious in sound! Gentlemen, your rusty ears are ringing? Let them be sawed to pieces by the musical circular saw!"[74] For the Dresden composer Erwin Schulhoff, jazz provided a suitable foundation for translating Dada into music. In works such as his *Fünf Pittoresken für Klavier [Five Pittoresques for Piano]* (1919), jazz enabled him to "shock the concert audience in its reverence for German tradition", while at the same time allowing him to free himself from tradition's shackles.[75] The third part of this piece, however, after Dada fashion destroys structural building blocks of the medium, uses two different time signatures and is filled with pauses, the first of which, called the "marshall pause", is dedicated to Grosz.[76] Schulhoff's *Symphonia germanica* (1919) is based on the song *Deutschland, Deutschland über alles [Germany, Germany above all]*, which was used for propaganda purposes, and, much like Grosz's caricatures, it is a vitriolic attack "on German post-bellum society and the lingering evil spirit of militarism".[77] Schulhoff here mocks those who hoped for a return of the Kaiser and delighted in the prospect of a "heroic death".[78] The score in certain parts seems quite unfunctional, like an abstract work of art, and the cue sheet to help interpret the accompaniment consists of Dadaist nonsense ("to be executed with the nose") or of political messages ("with anarchist enthusiasm").[79]

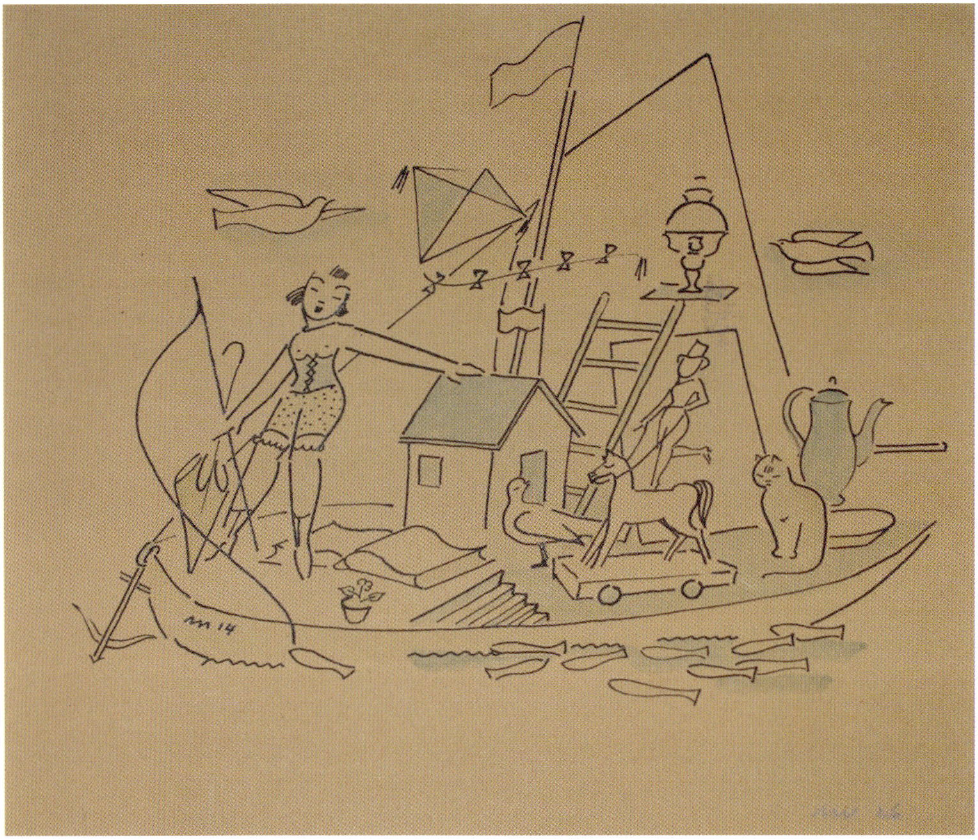

Abb./fig. 12
Marta Hegemann, *Hausboot*, 1926, Aquarell auf Tusche / watercolour on ink, 22,5 × 27 cm

Nachlass Marta Hegemann

Auch nach dem Ende der Bewegung blieben viele der beteiligten Künstler:innen politisch wach und aktiv. Unter anderem Franz Wilhelm Seiwert war Dada ohnehin nicht mehr radikal genug gewesen, um den Zielen der politischen Linken zu dienen.[81] Zusammen mit Hoerle und August Sander gründete er 1923 die Kölner „Gruppe progressiver Künstler", die sich der Utopie einer vereinten Idealgesellschaft verschrieb.[82] Die Motive und Inhalte, die die Dada-Kunst bestimmt hatten, blieben bestehen, ebenso wie die Missstände, die sie beschrieb. In zwei Tuschezeichnungen hielt Grosz 1928 das Feindbild *Der Spießbürger* fest und prangerte in *Begräbnis III. Klasse – Ein Engelchen mehr, ein Rekrut weniger* die anhaltende Armut und Militärobsession in der Weimarer Republik an. Dix verarbeitete 1924 in der Mappe *Krieg* weiter seine Fronterfahrungen. Marta Hegemann lotete das zeitgenössische Frauenbild zwischen Tradition und „neuer Frau" mit Bubikopf aus.[83] Im traumartigen Bilderrätsel *Hausboot* (1926) deutet sie weibliche Insignien wie ein Kinderspielzeug und eine Kaffeekanne in Freiheitssymbole um. Auf dem namensgebenden Boot gelagert, fährt die barbusige Kapitänin die Objekte selbstbestimmt über das Gewässer. (Abb. 12)

Dada has been

Dada only existed for a few years. The last Dada soirée in Zurich took place in 1919, and Hausmann in hindsight already considered the *First International Dada Fair* in 1920 to be the "last flare-up" of the movement.[80] In Paris, Dada ended definitively with the publication of André Breton's *Manifeste du Surréalisme [Manifesto of Surrealism]*.

After the end of the movement, many of the participating artists remained politically interested and active. Franz Wilhelm Seiwert, among others, already regarded Dada as insufficiently radical to serve the aims of the political left.[81] Together with Hoerle and August Sander, he founded the Cologne "group of progressive artists" in 1923, who subscribed to a utopian ideal society.[82] The motivations and content that had determined Dada art remained, as did the wrongs it described. In two ink drawings made in 1928, Grosz depicted the bogeyman figure of *Der Spießbürger [The Philistine]* and in *Begräbnis III. Klasse – Ein Engelchen mehr, ein Rekrut weniger [Third Class Funeral – One Little Angel More, One Recruit Less]* he excoriated the Weimar Republic's persistent poverty and obsession with the military. In 1924, Dix further processed his front-line experiences in the portfolio *Krieg [War]*. Marta Hegemann explored contemporary perceptions of women caught between tradition and the "New Woman" with a bob haircut.[83] In the dream-like picture-puzzle *Hausboot [House Boat]* (1926) she reframes female insignia, such as children's toys and a coffee pot, as symbols of freedom. A bare-breasted female captain sails the objects aboard the eponymous boat across the water, asserting her autonomy. (fig. 12)

As the NSDAP grew stronger during the late 1920s and, in 1933, the Nazis seized power, many former Dadaists took a clear stand. Max Ernst commented: "There was an atmosphere [...] of doom and violence. Only ostriches and blind men could fail to notice the danger."[84] Griebel had already worked as a pupetteer in the 1920s, and from the early 1930s onward presented ever more political pieces, targeting philistines and peddlers.[85] Simultaneously, he increasingly exhibited socially critical and politically charged artworks.[86] In 1933 the French group Abstraction-Création, co-founded by Hans Arp and Sophie Taeuber-Arp, stated: "All attempts at limiting artistic endeavours based on ethnicity, ideology or nationality, are abhorrent. This magazine nr. 2 focuses on unrelenting opposition to all forms of repression, regardless of their nature."[87]

The new Chancellor of the Reich, Adolf Hitler, as well as his team of leaders, now became targets of Post-Dadaist critique. In 1934, Walter Mehring, while in exile in Paris, published the satirical tome *Nazi-Führer sehen dich an: 33 Biographien aus dem Dritten Reich [Nazi-Leaders Are Looking At You: 33 Biographies from the Third Reich]* as a reply to Johann van Leer's 1933 diatribe *Juden sehen dich an [Jews Are Looking At You]*.[88] In the 1930s, in his collages

Das Erstarken der NSDAP in den späten 1920er-Jahren und die Machtergreifung der Nationalsozialisten 1933 veranlasste viele ehemalige Dadaist:innen, deutlich Stellung zu beziehen. Max Ernst kommentierte: „Unheil und Gewalt [...] lagen in der Luft. Nur dem Vogel Strauß und anderen Blinden konnte die Drohung entgehen."[84] Griebel hatte sich schon in den 1920er-Jahren als Puppenspieler betätigt und zeigte ab den frühen 1930er-Jahren vermehrt politische Stücke, in denen Spießbürger und Schieber aufs Korn genommen wurden.[85] Gleichzeitig stellte er vermehrt sozialkritische und politische Kunst aus.[86] 1933 stellte die französische Gruppe Abstraction-Création, die von Hans Arp und Sophie Taeuber-Arp mitbegründet worden war, klar: „Jeder Versuch, künstlerische Bestrebungen nach Kriterien von Ethnie, Ideologie oder Nationalität einzuschränken, ist abscheulich. Wir stellen dieses Heft No. 2 unter das Zeichen eines totalen Widerstands gegen jedwede Form der Unterdrückung, welcher Art sie auch immer sei."[87]

Der neue Reichskanzler Adolf Hitler und seine Führungsriege wurden jetzt Zielscheibe post-dadaistischer Kritik. Walter Mehring veröffentlichte 1934 aus dem Pariser Exil das satirische Buch *Nazi-Führer sehen dich an: 33 Biographien aus dem Dritten Reich* als Antwort auf Johann van Leers Schmähschrift *Juden sehen dich an* von 1933.[88] John Heartfield machte sich in den 1930er-Jahren in seinen Collagen für Titelseiten der *Arbeiter-Illustrierten-Zeitung* ausgiebig über die Nationalsozialisten lustig. Vielen Werken ist nun ein düsterer Unterton eingeschrieben. Für Ohne Titel (Hitler mit gotischer Schrift) überblendete Erwin Blumenfeld 1933 ein Wahlplakat Hitlers mit der Fotografie eines grausam zugerichteten Totenschädels und machte diese beschädigte Anatomie so „zu Hitlers geistigem Innenleben".[89] (Abb. 13) Grosz schließlich betitelte 1934 ein Aquarell mit der Darstellung Hitler unmissverständlich als *The Menace*, die Bedrohung. Mit wütendem Blick und geballter Faust türmt sich die Figur des Naziführers über einer in Flammen stehenden Trümmerwelt auf. Der Weltenbrand hatte begonnen.

Zensur und Verfolgung

Qua Verfassung gab es in der Weimarer Republik keine Zensur, doch wurden linke Kunst und Kultur trotzdem überdurchschnittlich oft Opfer staatlicher Repression.[90] Auch Dada fiel diesem Schicksal anheim. Die Kölner Ausstellung *Dada-Vorfrühling* wurde 1920 kurzzeitig wegen des angeblichen Zeigens von Pornografie von der Polizei geschlossen, nur um dann triumphal mit dem neuen Plakat „Dada siegt!" wiederzueröffnen.[91] 1921 mussten sich einige Berliner Dadaisten unter anderem für den *Preußischen Erzengel* aus der *Ersten Internationalen Dada-Messe* wegen Beleidigung der Reichswehr vor Gericht verantworten.[92] Ende Mai 1922 entfernte die Polizei Kunstwerke aus der *Ersten Freilicht-Dada-Ausstellung* im Großen Garten in Dresden und verhaftete einige der Veranstalter.[93] Niemand hatte sich 1928 während der gut besuchten Vorstellungen von *Die Abenteuer des braven Soldaten Schwejk* an der Berliner Piscatorbühne an Grosz' Projektionen

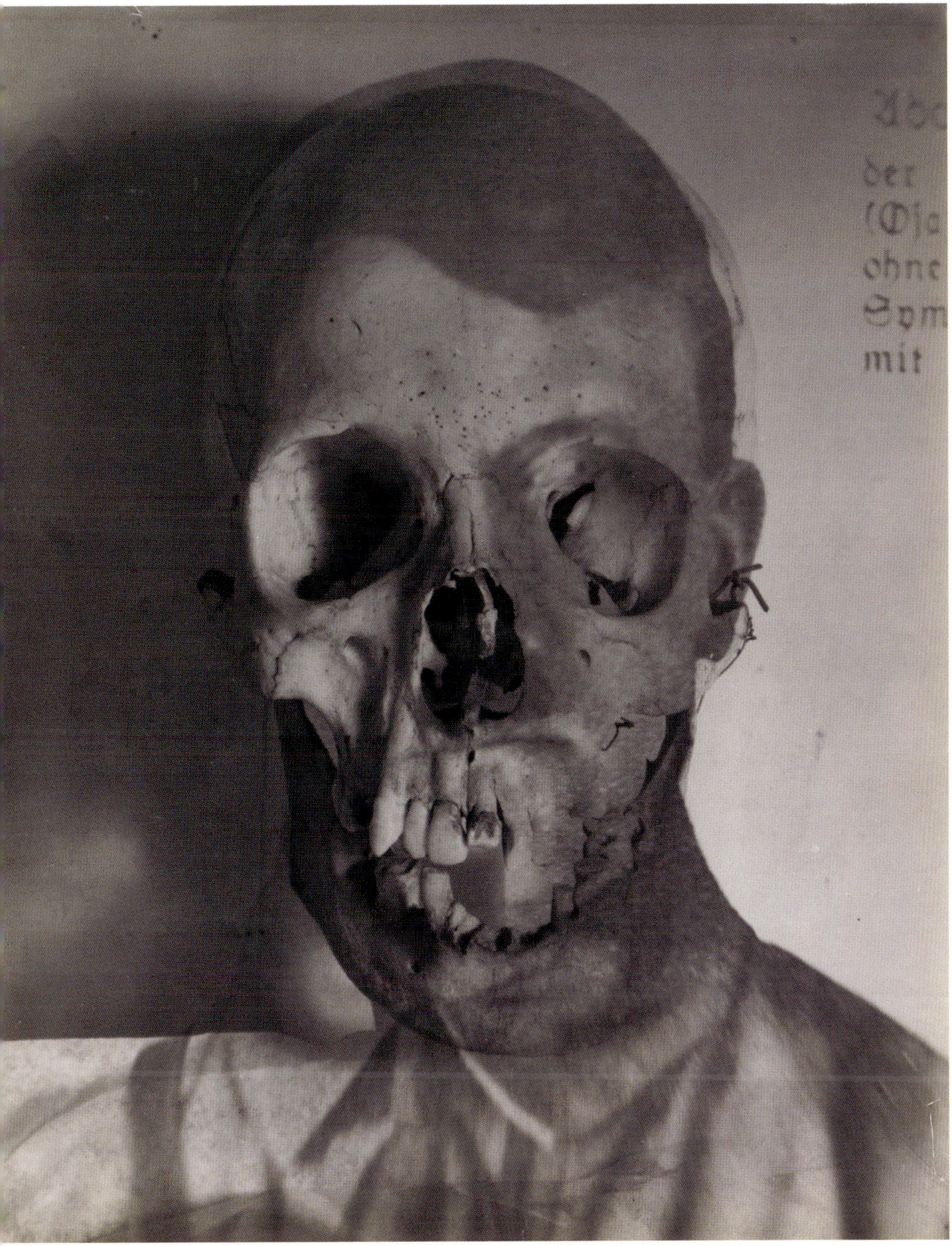

Abb./fig. 13
Erwin Blumenfeld, Ohne Titel / untitled (Hitler mit gotischer Schrift / Hitler with gothic writing), 1933, Silbergelatinepapier / silver gelatin paper, 30,5 × 24 cm, BG-FS 140/89

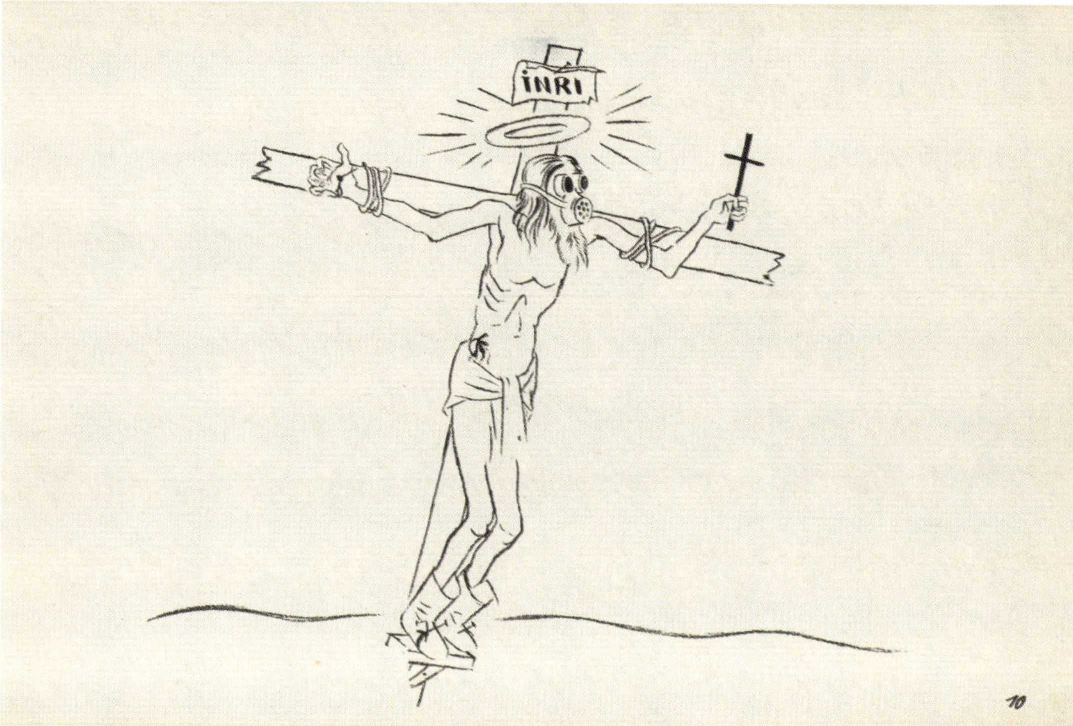

Abb./fig. 14
George Grosz, „Christus mit der Gasmaske", Tafel 10 aus / plate 10 from *Hintergrund. 17 Zeichnungen zur Aufführung des „Schwejk" in der Piscatorbühne*, Berlin 1928, 17 Tafeln / 17 plates, 17 × 26,5 cm

für das Bühnenbild gestört; erst die Veröffentlichung als Mappe im selben Jahr führte zur Anklage wegen Gotteslästerung.[94] Stein des Anstoßes war die Zeichnung eines gekreuzigten Jesus mit Gasmaske. (Abb. 14) Am Ende jahrelanger Rechtsstreitigkeiten stand der Freispruch mit der Auflage, alle Exemplare der Mappe und die Druckstöcke zu zerstören.[95]

Nach der Machtergreifung der Nationalsozialisten verschärfte sich die Lage. Adolf Hitler schrieb bereits 1925 in *Mein Kampf* von Dada-Werken als „krankhaften Auswüchsen irrsinniger und verkommener Menschen".[96] So überrascht es wenig, dass dadaistische Arbeiten in der nationalsozialistischen Schandausstellung *Entartete Kunst*, die 1937 in München eröffnete, eine eigene Wand erhielten.[97] Auch persönlich wurden die ehemaligen Dada-Künstler:innen nun angegriffen. In der Schmähschrift *Säuberung des Kunsttempels* wurde etwa Hannah Höch 1937 als „Kulturbolschewistin" verunglimpft.[98] Für diejenigen, die aufgrund ihrer Abstammung oder politischen Gesinnung ins Visier der Nationalsozialisten gerieten, wurde es zusehends gefährlich. Aus zensierten wurden verfolgte Künstler:innen. 1933 hatte die SA John Heartfields Wohnung in Berlin überfallen, woraufhin er zunächst nach Prag floh und 1938 von dort nach Eng-

for the title pages of the *Arbeiter-Illustrierten-Zeitung*, John Heartfield relentlessly lampooned the Nazis. Many works now had somber overtones. In *Hitler mit gotischer Schrift [Hitler with Gothic Script]* Erwin Blumenfeld blended a 1933 Hitler election campaign poster with a photo of a horribly mangled skull, thus making this damaged anatomy into "Hitler's inner life".[89] (fig. 13) Grosz, finally, in 1934 gave a watercolour depicting Hitler the unequivocal title *The Menace*. The figure of the Nazi Führer, eyes blazing and fist clenched, towers over a field of burning debris. The global conflagration had started.

Censorship and Persecution

Although the constitution of the Weimar Republic did not provide for censorship, leftist art and culture were nevertheless subjected to state repression with notable frequency.[90] This fate also befell Dada. The Cologne exhibition *Dada-Vorfrühling* was closed by the police in 1920, purportedly for showing pornography, only to reopen shortly after in triumph with the new poster "Dada siegt! [Dada is victorious!]".[91] Several Berlin Dadaists, in 1921 had to answer to a court, among other things for the *Preußischer Erzengel [Prussian Archangel]* from the *First International Dada Fair*, and were charged with insulting the German army.[92] At the end of May 1922 the police removed artworks from the *First Open Air Dada Exhibition* in the Großer Garten in Dresden and arrested some of the organisers.[93] Nobody was disturbed in 1928 at the highly popular performances at the Berlin Piscatorbühne of *Die Abenteuer des braven Soldaten Schwejk [The Good Soldier Švejk]* by Grosz's projections for the stage design; blasphemy charges were filed only after the works had been published as a portfolio.[94] The bone of contention was a drawing of Jesus with a gas mask. (fig. 14) Years of litigation ended in acquittal, on the condition that all copies of the portfolio, as well as the printing plates, be destroyed.[95]

After the Nazis seized power, the situation worsened. Adolf Hitler already wrote in 1925 in *Mein Kampf* about Dada artworks being the "sick excesses of insane and depraved people".[96] It comes as no surprise, then, that Dadaist works were assigned their own wall in the National Socialist exhibition of shame *Entartete Kunst [Degenerate Art]*, which opened in Munich in 1937.[97] The Dada artists were now also personally attacked. In the defamatory publication *Säuberung des Kunsttempels [Cleansing of the Temple of Art]* Hannah Höch, for instance, in 1937 was maligned as "cultural Bolshevik".[98] It became increasingly dangerous for those who, based on their descent or political views, were caught in the crosshairs of the National Socialists. Censored artists turned into persecuted artists. In 1933, the SA raided John Heartfield's apartment in Berlin, so that he initially fled to Prague and then, in 1938, escaped to England.[99] Max Ernst, after repeatedly being interned in France, in 1941

land entkam.[99] Max Ernst floh nach mehrmaliger Internierung in Frankreich 1941 in die USA.[100] Schulhoff war nicht nur Kommunist, sondern galt nach den Rassegesetzen der Nationalsozialisten als „Halbjude".[101] 1941 wurde er in der damaligen Tschechoslowakei verhaftet und im bayerischen Weißenburg interniert, wo er 1942 an Tuberkulose starb.[102] Der Jude Walter Serner versuchte noch erfolglos aus Prag nach Shanghai zu emigrieren, wurde 1942 aber zuerst nach Theresienstadt deportiert und wahrscheinlich kurz darauf in einem Wald bei Riga erschossen.[103]

Die Forderungen unserer Zeit

Gerade 110 Jahre sind vergangen, seit eine Gruppe von Exilanten in der Schweiz Dada gründete – eine Bewegung, die in den folgenden Jahren laut und unangepasst die Kunstwelt und das bürgerliche Wohlbefinden erschüttern sollte. Pazifistisch, politisch links und zutiefst humanistisch eingestellt, lehnte sie jegliche Form des Faschismus ab. Dada machte mal offenkundig, mal hintergründig, mit Empathie gegenüber den Verlierern der Weimarer Republik und gnadenlos gegenüber deren Nutznießern, intelligent und mit Ironie auf gesellschaftspolitische Missverhältnisse aufmerksam. Die Dadaist:innen scheuten dabei nicht die Ablehnung der Gesellschaft und die Auseinandersetzung mit der Obrigkeit.

Die Forderungen unserer Zeit sind andere. Doch angesichts einer zunehmend prekären geopolitischen Weltlage und global erstarkender nationalkonservativer und rechter Tendenzen möchte man auch heute so manchem laut entgegenrufen: „Sperren Sie endlich Ihren Kopf auf!" Dada kann uns dabei als Vorbild für Mut und Zivilcourage dienen, umgesetzt mit den Mitteln der Kunst. Darum: „Nehmen Sie Dada ernst! Es lohnt sich."

1 Charlotte Stokes, Rage and Liberation: Cologne Dada, in: Dada Cologne Hanover, hg. von Charlotte Stokes und Stephen C. Foster, Crisis and the Arts. The History of Dada, Serie hg. von Stephen C. Foster, Bd. 3, New York u. a. 1998, S. 3–99, hier S. 41; *Die Schammade*, hg. von Max Ernst und Johannes Baargeld, Nr. 1, Köln 1920.

2 Hugo Ball, Die Flucht aus der Zeit (München/Leipzig 1927), Luzern 1946, z.B. S. 13f, 33; Matthias Herrmann, „... bin nicht Bürger, nicht Jude, nicht Christ, – ich will Mensch sein". Erwin Schulhoff in Dresden – eine biographische Einführung, in: Überdada, Componist und Expressionist. Erwin Schulhoff in Dresden. Mit Briefen, Dokumenten und seinem Tagebuch, Dresdner Schriften zur Musik, Bd. 15, hg. von Matthias Herrmann, Baden-Baden 2023, S. 3–32, hier S. 8f., 28f.

3 Stokes 1998 (wie Anm. 1), S. 18; Johannes Schmidt, Politische Kunst, in: Otto Griebel. Verzeichnis seiner Werke, hg. von Gisbert Porstmann und Johannes Schmidt, Städtische Galerie Dresden – Kunstsammlung, Bielefeld/Berlin 2017, S. 36–45, hier S. 37; John Heartfield. Fotografie plus Dynamit, hg. von Angela Lammert, Rosa von Schulenburg und Anna Schultz, Ausst.-Kat. Akademie der Künste, Berlin 2020, S. 290.

4 Hanne Bergius, Das Lachen Dadas. Die Berliner Dadaisten und ihre Aktionen, Gießen 1989, S. 284.

5 Ebd., S. 286; Bergius zitiert Schwitters nach Werner Schmalenbach, Kurt Schwitters, Köln 1967, S. 47.

6 Hugo Ball, Eroeffnungs-Manifest, 1. Dada-Abend, Zuerich, 14. Juli 1916, Projekt Gutenberg, 1991, URL: https://projekt-gutenberg.org/authors/hugo-ball/books/hugo-ball-eroeffnungs-manifest-1-dada-abend/ [16.2.2026].

fled to the United States.[100] Schulhoff was not only a communist, according to National Socialists' race laws he was also classified as a so-called "half-Jew".[101] In 1941, he was arrested in Czechia and interned in Weißenburg in Bavaria, where he died of tuberculosis in 1942.[102] The Jew Walter Serner unsuccessfully tried to emigrate from Prague to Shanghai in the late 1930s, but was first deported to Theresienstadt in 1942 and was then probably shot in a forest near Riga shortly after.[103]

Today's Challenges

110 years have passed since a group of exiles founded Dada in Switzerland – a movement that, loud and unruly, unsettled both the art world and bourgeois complacency for years to come. Pacifist, on the political left and with a deeply humanist outlook, it rejected all forms of fascism. Dada exposed sociopolitical injustices with intelligence and irony – at times overtly, at others subliminally – sympathising with the losers of the Weimar Republic while mercilessly confronting its beneficiaries. In doing so, Dadaists did not shy away from social rejection or conflicts with the authorities.

The challenges of our times are different. In view of the increasingly precarious global geopolitical situation and growing nationalist conservative and right-wing tendencies, however, one would like to scream at some: "Unlock your heads at last!" Dada exemplifies bravery and civic courage, articulated through art. So: "Take Dada seriously! It's worth it."

1 Charlotte Stokes, Rage and Liberation: Cologne Dada, in: Dada Cologne Hanover, ed. by Charlotte Stokes and Stephen C. Foster, Crisis and the Arts. The History of Dada, series ed. by Stephen C. Foster, vol. 3, New York a. o. 1998, pp. 3–99, here p. 41; *Die Schammade*, ed. by Max Ernst and Johannes Baargeld, nr. 1, Cologne 1920.

2 Hugo Ball, Die Flucht aus der Zeit (Munich/Leipzig 1927), Lucerne 1946, p. 16: "Berlin, Nov. 1914", pp. 30f.; Matthias Herrmann, "... bin nicht Bürger, nicht Jude, nicht Christ, – ich will Mensch sein". Erwin Schulhoff in Dresden – eine biographische Einführung, in: Überdada, Componist und Expressionist. Erwin Schulhoff in Dresden. Mit Briefen, Dokumenten und seinem Tagebuch, Dresdner Schriften zur Musik, vol. 15, ed. by Matthias Herrmann, Baden-Baden 2023, pp. 3–32, here pp. 8f., 28f.

3 Stokes 1998 (see footnote 1), p. 18; Johannes Schmidt, Politische Kunst, in: Otto Griebel. Verzeichnis seiner Werke, ed. by Gisbert Porstmann and Johannes Schmidt, Städtische Galerie Dresden – Kunstsammlung, Bielefeld/Berlin 2017, pp. 36–45, here p. 37; John Heartfield. Fotografie plus Dynamit, ed. by Angela Lammert, Rosa von Schulenburg and Anna Schultz, exh. cat. Akademie der Künste, Berlin 2020, p. 290.

4 Hanne Bergius, Das Lachen Dadas. Die Berliner Dadaisten und ihre Aktionen, Gießen 1989, p. 284.

5 Ibid., p. 286; Bergius cites Schwitters from Werner Schmalenbach, Kurt Schwitters, Cologne 1967, p. 47.

6 Hugo Ball, Eroeffnungs-Manifest, 1. Dada-Abend, Zuerich, 14. Juli 1916, Projekt Gutenberg, 1991, URL: https://projekt-gutenberg.org/authors/hugo-ball/books/hugo-ball-eroeffnungs-manifest-1-dada-abend/ [16.2.2026].

7 *Die freie Strasse*, Dezember 1918, Nr. 10, hg. von Johannes Baader, Titelseite; Raoul Hausmann, Richard Huelsenbeck und Jefim Golyscheff, Was ist der Dadaismus und was will er in Deutschland?, 1919, zit. nach Dada Berlin. Texte, Manifeste, Aktionen, hg. von Hanne Bergius und Karl Riha, Stuttgart 1977, S. 61f., hier S. 62.
8 Volker Berghahn, Der Erste Weltkrieg, München 2020, S. 18–20.
9 Ebd., S. 18.
10 Ebd., S. 64, 76.
11 Ebd., S. VII.
12 Ausst.-Kat. Berlin 2020 (wie Anm. 3), S. 290.
13 Ulrike Rüdiger, Grüße aus dem Krieg. Die Feldpostkarten der Otto-Dix-Sammlung in der Kunstgalerie Gera, Gera 1991, S. 22f.
14 Pay Matthis Karstens und Juerg Judin, „Schreiben Sie doch bitte Grosz statt Gross". Wie aus Georg Ehrenfried Gross der politische Künstler George Grosz wurde, in: Gross vor Grosz. Die frühen Jahre, Ausst.-Kat. Das kleine Grosz Museum Berlin, Köln 2022, S. 12–143, hier S. 123.
15 Ebd., S. 124.
16 Richard Huelsenbeck, En avant dada. Die Geschichte des Dadaismus. Im Anhang: Deutschland muss untergehen, Berlin 1920, Nachdruck Hamburg 1984, S. 9.
17 Emmy Hennings, Das Kabarett Voltaire und die Galerie Dada, in: Neue Zürcher Zeitung, Erste Sonntagsausgabe, 27.5.1934, zit. nach Christa Baumberger und Nicola Behrmann, Emmy Hennings Dada, Zürich 2015, S. 111–113, hier S. 112.
18 Kurt Guggenheim, Alles in Allem, Zürich 1957, zit. nach ebd., S. 153.
19 Hennings 1934 (wie Anm. 17), S. 112.
20 Lutz Hieber und Stephan Moebius, Grundriss einer Theorie des künstlerischen Aktivismus von Dada bis zur Postmoderne, in: Avantgarden und Politik. Künstlerischer Aktivismus von Dada bis zur Postmoderne, hg. von dens., Bielefeld 2009, S. 7–29, hier S. 8ff.
21 Ausst.-Kat. Berlin 2020 (wie Anm. 3), S. 290.
22 Höch 1959 im Gespräch mit Eduard Roditi, zit. nach Hannah Höch, Werke und Worte, hg. von Herbert Remmert und Peter Barth, Berlin 1982, S. 19.
23 Bergius 1989 (wie Anm. 4), S. 28.
24 Martin Waldmeier, Hannah Höch. Montage und Moderne, in: Hannah Höch. Montierte Welten, hg. von Stella Rollig, Martin Waldmeier und Nina Zimmer, Ausst.-Kat. Zentrum Paul Klee Bern / Belvedere Wien, 2023, S. 23–46, hier S. 35.
25 Ebd., S. 37.
26 Hanne Bergius, Montage und Metamechanik. Dada Berlin – Artistik von Polaritäten, Berlin 2000, S. XIII, 173–232.
27 Irene Gammel, Einführung, in: Elsa von Freytag-Loringhoven, Mein Mund ist lüstern – I got lusting palate. Dada-Verse, hg. und übers. von Irene Gammel, Berlin 2005, S. 5–21, hier S. 7.
28 Ebd., S. 9.
29 Ebd., S. 9, 10, 15.
30 Djuna Barnes, Vorwort, Elsa von Freytag-Loringhoven. Sammlung University of Maryland, zit. nach ebd., S. 7.
31 Ebd., S. 6.
32 Freytag-Loringhoven 2005 (wie Anm. 27), S. 42.
33 Gammel 2005 (wie Anm. 27), S. 5.
34 Dorothy C. Rowe, After Dada. Marta Hegemann and the Cologne avant-garde, Manchester 2013, S. 186.
35 Angelika Hoerle. The Comet of Cologne Dada, hg. von Catherine de Zegher, Köln 2009, S. 28.
36 Ebd., S. 38.
37 Huelsenbeck 1920/1984 (wie Anm. 16), S. 11.
38 Ebd., S. 24–29.
39 Otto Griebel, Künstler zwischen zwei Welten, 1964–1971, S. 24, Nachlass Griebel (Nr. F182), zit. nach Johannes Schmidt, Otto Griebel als Dadaist, in: Porstmann/Schmidt 2017 (wie Anm. 3), S. 25.
40 Kristin Makholm, Schnitt! Kino und Film im Werk von Hannah Höch, in: Ausst.-Kat. Bern/Wien 2023 (wie Anm. 24), S. 155–175, hier S. 159.
41 Silke Wagener, Avantgarde – Medien – Performativität. Inszenierungs- und Wahrnehmungsmuster zu Beginn des 20. Jahrhunderts, hg. von Marijana Erstić, Bielefeld 2005, S. 187–202, S. 187.
42 Heinz Ohff, Hannah Höch, Berlin 1968, S. 31; Karoline Hille, Hannah Höch und Raoul Hausmann, Berlin 2000, S. 95; Waldmeier 2023 (wie Anm. 24), S. 29.
43 Bergius 1989 (wie Anm. 4), S. 294, 296.
44 Ebd., S. 296.
45 Ebd.
46 Tristan Tzara, Franz Jung, George Grosz et al., Dadaistisches Manifest, zit. nach Bergius/Riha 1977 (wie Anm. 7), S. 22–25, hier S. 23.
47 Stokes 1998 (wie Anm. 1), S. 20.
48 Bergius 2000 (wie Anm. 26), S. 55; Makholm 2023 (wie Anm. 40), S. 159f.
49 Waldmeier 2023 (wie Anm. 24), S. 34.
50 Ebd., S. 26.
51 Ball 1916/1991 (wie Anm. 6).
52 Hugo Ball, Gedichte, hg. von Eckhard Faul, Göttingen 2007, S. 225.
53 Esther Kilchmann, Poetologie und Geschichte literarischer Mehrsprachigkeit. „Wandernde Worte in der deutschsprachigen Literatur des 20.–21. Jahrhunderts, Berlin/Boston 2024, S. 147.
54 Ebd.
55 Bergius 2000 (wie Anm. 26), S. 358–414.
56 Siehe Peter-Klaus Schuster, München – das Verhängnis einer Kunststadt, in: Die ‚Kunststadt' München 1937. Nationalsozialismus und ‚Entartete Kunst', hg. von dems., München 1998, S. 12–36, hier S. 29.
57 Bergius 1989 (wie Anm. 4), S. 251.
58 Felicia H. Sternfeld, Georg Scholz (1890–1945). Monographie und Werkverzeichnis, Frankfurt a. M. 2004, S. 131f.
59 Berghahn 2020 (wie Anm. 8), S. 7.
60 Ebd.
61 Ebd., S. 8.

7 *Die freie Strasse*, December 1918, nr. 10, ed. by Johannes Baader, title page; Raoul Hausmann, Richard Huelsenbeck and Jefim Golyscheff, Was ist der Dadaismus und was will er in Deutschland?, 1919, cit. from Dada Berlin. Texte, Manifeste, Aktionen, ed. by Hanne Bergius and Karl Riha, Stuttgart 1977, pp. 61f., here p. 62.
8 Volker Berghahn, Der Erste Weltkrieg, Munich 2020, pp. 18–20.
9 Ibid., p. 18.
10 Ibid., pp. 64, 76.
11 Ibid., p. VII.
12 Exh. cat. Berlin 2020 (see footnote 3), p. 290.
13 Ulrike Rüdiger, Grüße aus dem Krieg. Die Feldpostkarten der Otto-Dix-Sammlung in der Kunstgalerie Gera, Gera 1991, pp. 22f.
14 Pay Matthis Karstens and Juerg Judin, „Schreiben Sie doch bitte Grosz statt Gross". Wie aus Georg Ehrenfried Gross der politische Künstler George Grosz wurde, in: Gross vor Grosz. Die frühen Jahre, exh. cat. Das kleine Grosz Museum Berlin, Cologne 2022, pp. 12–143, here p. 123.
15 Ibid., p. 124.
16 Richard Huelsenbeck, En avant dada. Die Geschichte des Dadaismus. In the supplement: Deutschland muss untergehen, Berlin 1920, reprint Hamburg 1984, p. 9.
17 Emmy Hennings, Das Kabarett Voltaire und die Galerie Dada, in: Neue Zürcher Zeitung, Erste Sonntagsausgabe, 27.5.1934, cit. from Christa Baumberger and Nicola Behrmann, Emmy Hennings Dada, Zurich 2015, pp. 111–113, here p. 112.
18 Kurt Guggenheim, Alles in Allem, Zurich 1957, cit. from ibid., p. 153.
19 Hennings 1934 (see footnote 17), p. 112.
20 Lutz Hieber and Stephan Moebius, Grundriss einer Theorie des künstlerischen Aktivismus von Dada bis zur Postmoderne, in: Avantgarden und Politik. Künstlerischer Aktivismus von Dada bis zur Postmoderne, ed. by the same, Bielefeld 2009, pp. 7–29, here pp. 8ff.
21 Exh. cat. Berlin 2020 (see footnote 3), p. 290.
22 Höch 1959 in conversation with Eduard Roditi, cit. in Hannah Höch, Werke und Worte, ed. by Herbert Remmert and Peter Barth, Berlin 1982, p. 19.
23 Bergius 1989 (see footnote 4), p. 28.
24 Martin Waldmeier, Hannah Höch. Montage und Moderne, in: Hannah Höch. Montierte Welten, ed. by Stella Rollig, Martin Waldmeier and Nina Zimmer, exh. cat. Zentrum Paul Klee Bern / Belvedere Vienna, 2023, pp. 23–46, here p. 35.
25 Ibid., p. 37.
26 Hanne Bergius, Montage und Metamechanik. Dada Berlin – Artistik von Polaritäten, Berlin 2000, pp. XIII, 173–232.
27 Irene Gammel, Einführung, in: Elsa von Freytag-Loringhoven, Mein Mund ist lüstern – I got lusting palate. Dada-Verse, ed. and transl. by Irene Gammel, Berlin 2005, pp. 5–21, here p. 7.
28 Ibid., p. 9.
29 Ibid., pp. 9, 10, 15.
30 Djuna Barnes, preface, Elsa von Freytag-Loringhoven. Collection University of Maryland, cit. from ibid., p. 7.
31 Ibid., p. 6.
32 Freytag-Loringhoven 2005 (see footnote 27), p. 42.
33 Gammel 2005 (see footnote 27), p. 5.
34 Dorothy C. Rowe, After Dada. Marta Hegemann and the Cologne avant-garde, Manchester 2013, p. 186.
35 Angelika Hoerle. The Comet of Cologne Dada, ed. by Catherine de Zegher, Köln 2009, p. 28.
36 Ibid., p. 38.
37 Huelsenbeck 1920/1984 (see footnote 16), p. 11.
38 Ibid., p. 24–29.
39 Otto Griebel, Künstler zwischen zwei Welten, 1964–1971, p. 24, Nachlass Griebel (Nr. F182), cit. from Johannes Schmidt, Otto Griebel als Dadaist, in: Porstmann/Schmidt 2017 (see footnote 3), p. 25.
40 Kristin Makholm, Schnitt! Kino und Film im Werk von Hannah Höch, in: exh. cat. Bern/Vienna 2023 (see footnote 24), pp. 155–175, here p. 159.
41 Silke Wagener, Avantgarde – Medien – Performativität. Inszenierungs- und Wahrnehmungsmuster zu Beginn des 20. Jahrhunderts, ed. Marijana Erstić, Bielefeld 2005, p. 25.
42 Heinz Ohff, Hannah Höch, Berlin 1968, p. 31; Karoline Hille, Hannah Höch und Raoul Hausmann, Berlin 2000, p. 95; Waldmeier 2023 (see footnote 24), p. 29.
43 Bergius 1989 (see footnote 4), pp. 294, 296.
44 Ibid., p. 296.
45 Ibid.
46 Tristan Tzara, Franz Jung, George Grosz et al., Dadaistisches Manifest, cit. from Bergius/Riha 1977 (see footnote 7), pp. 22–25, here p. 23.
47 Stokes 1998 (see footnote 1), p. 20.
48 Bergius 2000 (see footnote 26), p. 55; Makholm 2023 (see footnote 40), pp. 159f.
49 Waldmeier 2023 (see footnote 24), p. 34.
50 Ibid., p. 26.
51 Ball 1916/1991 (see footnote 6).
52 Hugo Ball, poems, ed. by Eckhard Faul, Göttingen 2007, p. 225.
53 Esther Kilchmann, Poetologie und Geschichte literarischer Mehrsprachigkeit. „Wandernde Worte in der deutschsprachigen Literatur des 20.–21. Jahrhunderts, Berlin/Boston 2024, p. 147.
54 Ibid.
55 Bergius 2000 (see footnote 26), pp. 358–414.
56 See Peter-Klaus Schuster, München – das Verhängnis einer Kunststadt, in: Die ‚Kunststadt' München 1937. Nationalsozialismus und ‚Entartete Kunst', ed. by the same, Munich 1998, pp. 12–36, here p. 29.
57 Bergius 1989 (see footnote 4), p. 251.
58 Felicia H. Sternfeld, Georg Scholz (1890–1945). Monographie und Werkverzeichnis, Frankfurt am Main 2004, pp. 131f.
59 Berghahn 2020 (see footnote 8), p. 7.
60 Ibid.
61 Ibid., p. 8.

62 Sternfeld 2004 (wie Anm. 58), S. 145f.

63 Ebd., S. 148.

64 Erwin Schulhoff, Symphonia germanica, 1919, Partitur, Ebony Band Edition, Amsterdam 2020.

65 Peter Dayan, The Music of Dada. A Lesson in Intermediality for Our Times, London/New York 2019, S. 2.

66 Ebd., S. 3.

67 Ebd., S. 95–156.

68 Ebd., S. 3f.

69 Ebd., S. 5.

70 Miriam Weiss, „Tango perversiano" und „Kunst-Jazz". Facetten der Jazzinterpretation im Werk Erwin Schulhoffs, in: Herrmann 2023 (wie Anm. 2), S. 79–114, hier S. 83f.

71 Dayan 2019 (wie Anm. 65), S. 32f.

72 Ebd., S. 1.

73 Bergius 1989 (wie Anm. 4), S. 220.

74 Raoul Hausmann, Am Anfang war Dada, hg. von Karl Riha und Günter Kämpf, Gießen (1972) 1992, S. 105f., zit. nach Bergius 1989 (wie Anm. 4), S. 220.

75 Josef Bek, Erwin Schulhoff. Leben und Werk, Verdrängte Musik, Bd. 8, Hamburg 1994, S. 45.

76 Ebd.; Tobias Widmaier, Der „Musikdada" Erwin Schulhoff in Dresden 1919/1920, in: Herrmann 2023 (wie Anm. 2), S. 65–77, hier S. 69.

77 Ebd., S. 72; der Autor verweist auf Eckhard John, über alles. Zur Kriegstauglichkeit von Liedern, in: Der Erste Weltkrieg im Spiegel der Künste, hg. von Werner Frick und Günter Schnitzler, Freiburg 2017, S. 299–333.

78 Schulhoff 1919/2020 (wie Anm. 64).

79 Ebd.

80 Dayan 2019 (wie Anm. 65), S. 75; Raoul Hausmann, Am Anfang war Dada, Gießen 1980, S. 21, zit. nach Remmert/Barth 1982 (wie Anm. 22), S. 26.

81 Stokes 1998 (wie Anm. 1), S. 76–78.

82 Ebd.

83 Rowe 2013 (wie Anm. 34), S. 61–71.

84 Zit. nach John Russel, Max Ernst. Leben und Werk, Köln 1966, S. 185.

85 Lars Rebehn, Otto Griebel als Puppenspieler, in: Porstmann/Schmidt 2017 (wie Anm. 3), S. 82–85, hier S. 84f.

86 Schmidt 2017 (wie Anm. 3), S. 43.

87 Le Comité, *Abstraction-Création. Art non-figuratif*, Nr. 2, Paris 1933, S. 1, zit. nach Julia Wallner, Vorwort, in: Netzwerk Paris. Abstraction-Création 1931–1937, Ausst.-Kat. Arp Museum Bahnhof Rolandseck, (Remagen) 2026, S. 4–13, hier S. 6; Astrid van Asten, „Niemand kann vorherbestimmen, wie die Kunst der Zukunft aussehen wird." Die Künstlervereinigung Abstraction-Création, in: ebd., S. 14–59, hier S. 16–22.

88 Walter Mehring, Nazi-Führer sehen dich an: 33 Biographien aus dem Dritten Reich, Paris 1934, Wissenschaftliche Buchgesellschaft Darmstadt, 2023, S. 11.

89 Helen Adkins, Erwin Blumenfeld: In Wahrheit war ich nur Berliner. Dada-Montagen 1916–1933, Ostfildern 2008, S. 154.

90 Ralf Kemper, „Der Zensor erwies sich als kluger Mann" – Staatliche Repressionen gegen George Grosz und Bertolt Brecht, in: Was sind das für Zeiten? – Grosz, Brecht & Piscator, Ausst.-Kat. Das kleine Grosz Museum Berlin, Bd. 5, 2024, S. 144–158, hier S. 145.

91 Zegher 2009 (wie Anm. 35), S. 114.

92 Bergius 1989 (wie Anm. 4), S. 365.

93 Otto Griebel, Ich war ein Mann der Straße. Lebenserinnerungen eines Dresdner Malers, hg. von Matthias Griebel, Altenburg 1995, S. 142.

94 Rosa von der Schulenburg, „Maul halten und weiter dienen". Die Zeichnungen von Grosz zu Piscators *Schwejk*-Inszenierung von 1928, in: Ausst.-Kat. Berlin 2024 (wie Anm. 90), S. 30–36, hier S. 32.

95 Kemper 2024 (wie Anm. 90), S. 148–150.

96 Adolf Hitler, Mein Kampf, Anm. 50, S. 282, zit. nach Schuster 1998 (wie Anm. 56), S. 30.

97 Schuster 1998 (wie Anm. 56), S. 30f.

98 Hannah Höch im Museum Reinickendorf, hg. von Bezirksamt Reinickendorf von Berlin, Abteilung Finanzen, Personal und Kultur, Fachbereich Kunst und Geschichte, Berlin 2022, S. 10.

99 Ausst.-Kat. Berlin 2020 (wie Anm. 3), S. 290f.

100 Max Ernst. Retrospektive, hg. von Werner Spies und Julia Drost, Ausst.-Kat. Albertina Wien/Fondation Beyeler, Riehen/Basel, Berlin 2013, S. 330.

101 Herrmann 2023 (wie Anm. 2), S. 28.

102 Ebd., S. 29.

103 Internationale Walter Serner Gesellschaft, URL: https://www.walter-serner.de/newpage5eaa8d3e [2.3.2026].

62 Sternfeld 2004 (see footnote 58), pp. 145f.
63 Ibid., p. 148.
64 Erwin Schulhoff, Symphonia germanica, 1919, score, Ebony Band Edition, Amsterdam 2020.
65 Peter Dayan, The Music of Dada. A Lesson in Intermediality for Our Times, London/New York 2019, p. 2.
66 Ibid., p. 3.
67 Ibid., pp. 95–156.
68 Ibid., pp. 3f.
69 Ibid., p. 5.
70 Miriam Weiss, "Tango perversiano" und "Kunst-Jazz". Facetten der Jazzinterpretation im Werk Erwin Schulhoffs, in: Herrmann 2023 (see footnote 2), pp. 79–114, here pp. 83f.
71 Dayan 2019 (see footnote 65), pp. 32f.
72 Ibid., p. 1.
73 Bergius 1989 (see footnote 4), p. 220.
74 Raoul Hausmann, Am Anfang war Dada, ed. by Karl Riha and Günter Kämpf, Gießen (1972) 1992, pp. 105f., cit. from Bergius 1989 (see footnote 4), p. 220.
75 Josef Bek, Erwin Schulhoff. Leben und Werk, Verdrängte Musik, vol. 8, Hamburg 1994, p. 45.
76 Ibid.; Tobias Widmaier, Der „Musikdada" Erwin Schulhoff in Dresden 1919/1920, in: Herrmann 2023 (see footnote 2), pp. 65–77, here p. 69.
77 Ibid., p. 72; the author refers to Eckhard John, über alles. Zur Kriegstauglichkeit von Liedern, in: Der Erste Weltkrieg im Spiegel der Künste, ed. by Werner Frick and Günter Schnitzler, Freiburg 2017, pp. 299–333.
78 Schulhoff 1919/2020 (see footnote 64).
79 Ibid.
80 Dayan 2019 (see footnote 65), p. 75; Raoul Hausmann, Am Anfang war Dada, Gießen 1980, p. 21, cit. from Remmert/Barth 1982 (see footnote 22), p. 26.
81 Stokes 1998 (see footnote 1), pp. 76–78.
82 Ibid.
83 Rowe 2013 (see footnote 34), pp. 61–71.
84 Cit. from John Russel, Max Ernst. Leben und Werk, Cologne 1966, p. 185.
85 Lars Rebehn, Otto Griebel als Puppenspieler, in: Porstmann/Schmidt 2017 (see footnote 3), pp. 82–85, here pp. 84f.
86 Schmidt 2017 (see footnote 3), p. 43.
87 Le Comité, *Abstraction-Création. Art non-figuratif*, nr. 2, Paris 1933, p. 1, cit. from Julia Wallner, Vorwort, in: Netzwerk Paris. Abstraction-Création 1931–1937, exh. cat. Arp Museum Bahnhof Rolandseck, (Remagen) 2026, pp. 4–13, here p. 6; Astrid van Asten, "Niemand kann vorherbestimmen, wie die Kunst der Zukunft aussehen wird." Die Künstlervereinigung Abstraction-Création, in: ibid., pp. 14–59, here pp. 16–22.
88 Walter Mehring, Nazi-Führer sehen dich an: 33 Biographien aus dem Dritten Reich, Paris 1934, Wissenschaftliche Buchgesellschaft Darmstadt, 2023, p. 11.
89 Helen Adkins, Erwin Blumenfeld: In Wahrheit war ich nur Berliner. Dada-Montagen 1916–1933, Ostfildern 2008, p. 154.
90 Ralf Kemper, „Der Zensor erwies sich als kluger Mann" – Staatliche Repressionen gegen George Grosz und Bertolt Brecht, in: Was sind das für Zeiten? – Grosz, Brecht & Piscator, exh. cat. Das kleine Grosz Museum Berlin, vol. 5, 2024, pp. 144–158, here p. 145.
91 Zegher 2009 (see footnote 35), p. 114.
92 Bergius 1989 (see footnote 4), p. 365.
93 Otto Griebel, Ich war ein Mann der Straße. Lebenserinnerungen eines Dresdner Malers, ed. by Matthias Griebel, Altenburg 1995, p. 142.
94 Rosa von der Schulenburg, „Maul halten und weiter dienen". Die Zeichnungen von Grosz zu Piscators *Schwejk*-Inszenierung von 1928, in: Exh. cat. Berlin 2024 (see footnote 90), pp. 30–36, here p. 32.
95 Kemper 2024 (see footnote 90), pp. 148–150.
96 Adolf Hitler, Mein Kampf, footnote 50, p. 282, cit. from Schuster 1998 (see footnote 56), p. 30.
97 Schuster 1998 (see footnote 56), pp. 30f.
98 Hannah Höch im Museum Reinickendorf, ed. by Bezirksamt Reinickendorf von Berlin, Abteilung Finanzen, Personal und Kultur, Fachbereich Kunst und Geschichte, Berlin 2022, p. 10.
99 Exh. cat. Berlin 2020 (see footnote 3), p. 290f.
100 Max Ernst. Retrospektive, ed. by Werner Spies and Julia Drost, exh. cat. Albertina Wien/Fondation Beyeler, Riehen/Basel, Berlin 2013, p. 330.
101 Herrmann 2023 (see footnote 2), p. 28.
102 Ibid., p. 29.
103 Internationale Walter Serner Gesellschaft, URL: https://www.walter-serner.de/newpage5eaa8d3e [2.3.2026].

Hanne Bergius

Die Erste Internationale Dada-Messe

Die Verhältnisse zum Tanzen bringen

Die *Erste Internationale Dada-Messe,* die vom 1. Juli bis 25. August 1920 in Berlin stattfand,[1] bildet mit etwa 180 Werken und 32 Beteiligten einen Höhepunkt innerhalb der europäischen Dada-Bewegungen. (Abb. 1) In Berlin – der deutschen Metropole des verlorenen Ersten Weltkriegs, des untergegangenen Kaiserreichs, der Gründung der Weimarer Republik und der sozialen wie kulturellen Richtungskämpfe – politisierten sich die Dadaist:innen mit dem gruppendynamischen Bekenntnis zur „gesamten brutalen Realität".[2]

Die konventionellen Galerieräume des Dr. Otto Burchard nutzten die Organisatoren der *Dada-Messe* – „Dadasoph" Raoul Hausmann, „Marschall" George Grosz und „Monteurdada" John Heartfield – als Folie zur spektakulären Umdeutung des bisherigen Kunstverständnisses. Angesichts des Kulturzusammenbruchs inszenierten sie einen grotesken und satirischen Gegenentwurf zur Kulturentwicklung – im Sinne einer „Buffonade und Totenmesse zugleich".[3] Der gesamtkünstlerische Kosmos traditioneller Kunst- und Wunderkammern wurde in einen abgründigen Scherbenhaufen von Sinnverlusten, Sinnzersetzungen und Sinnverschiebungen verkehrt. Es entstand ein „direktes negatives Gesamtkunstwerk"[4] von Collagen, Fotomontagen und Assemblagen, Plakat-Lautgedichten, Mischtechniken, Originalen, Reproduktionen, Puppen, „verbesserten Bildwerken der Antike",[5] von Entwürfen, Druckbögen, Großfotografien, Grafiken, Flugblättern, Reklamezetteln, Mappenwerken, Dada-Kissen, Plastiken, Puppen, Nachtischzeichnungen – überall durchsetzt mit provozierenden Dada-Slogans.[6] Während der Automat in den Kunstkammern das kunstvolle Abbild des Menschen darstellte, trat hier das groteske Gegenbild eines montierten „Prothesen-Krüppels" auf. In einer Allover-Montage der Brüche und Schocks wurde die Wahrnehmung in einen verstörenden Prozess von Nähe und Ferne, Oben und Unten, Lesen und Beobachten, Assoziieren und Empören, Schrecken und Lachen versetzt.

The First International Dada-Fair

Making circumstances dance

The *First International Dada Fair*, which took place from 1 June until 26 August 1920 in Berlin,[1] is a milestone within the European Dada movements with around 180 works and 32 participants. (fig. 1) In Berlin – the German capital of a First World War that was lost, of an empire now perished, of the establishment of the Weimar Republic and the site of social and cultural power struggles – the Dadaists took a political turn in committing to "total brutal reality" as a group.[2]

The organisers of the *Dada Fair* – "Dadasoph" Raoul Hausmann, "Marshall" George Grosz and "Monteurdada" John Heartfield – used the conventional gallery spaces of Dr. Otto Burchard as a deliberate counterpoint to spectacularly redefine existing ideas of art. Faced with cultural collapse, they responded with a grotesque and satirical alternative to cultural progress – one that was "farce and requiem at once".[3] The entire art world – from traditional art galleries to cabinets of curiosities – was reduced to an abysmal heap of ruins in which meaning was lost, degraded or distorted. The result was a "direct negative Gesamtkunstwerk"[4] consisting of collages, photomontages and assemblages, sound poetry posters, mixed media, originals, reproductions, dummies, "improved art from antiquity",[5] designs, spreads, large photographs, prints, pamphlets, advertisements, portfolios, Dada pillows, sculpture, dolls and dessert doodles – interspersed with provocative Dada slogans throughout.[6] Whereas in curiosity cabinets the automaton represented an artful reflection of mankind, it gives way here to its grotesque antithesis: a fabricated "prosthetic cripple". Through an all-over montage of ruptures and shocks, perception was reconfigured as a constant oscillation between proximity and distance, up and down, reading and looking, playful association and outrage, terror and laughter.

For the Berlin Dadaists, culture's demise had arrived, yet they did not see it tragically. They met it with a creative irony that was life-affirming and experimental, enabling a rebellious potential for freedom. The doomsday scenario, shattering the boundaries of disciplines and artworks alike, simultaneously

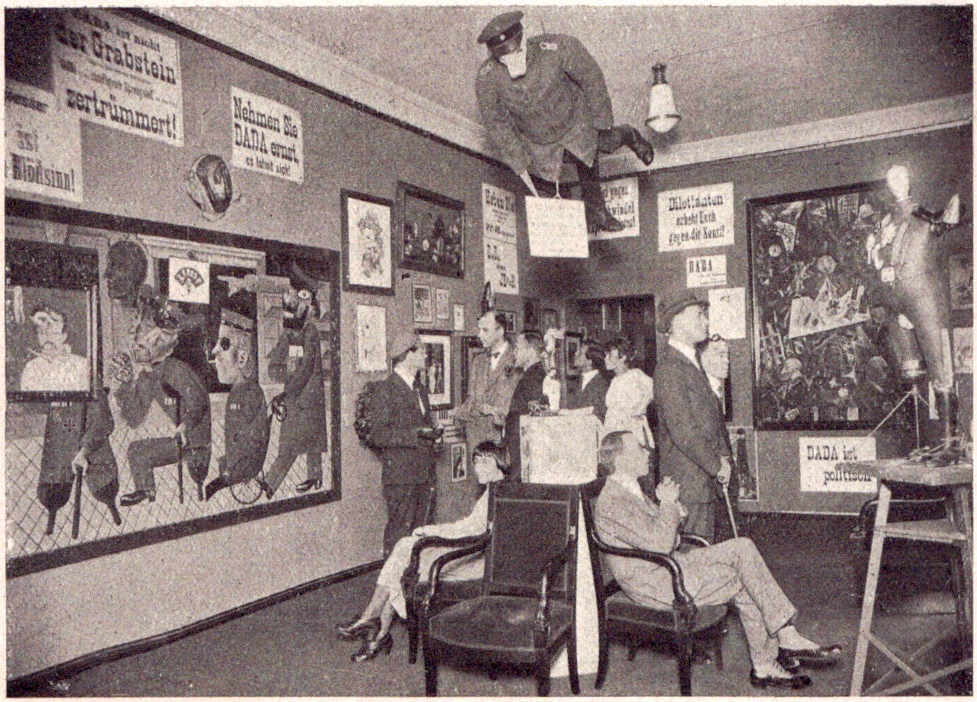

Eröffnung der ersten großen Dada-Ausstellung
in den Räumen der Kunsthandlung Dr. Burchard, Berlin, am 5. Juni 1920.
Von links nach rechts: Hausmann, Hanna Höch, Dr. Burchard, Baader, W. Herzfelde, dessen Frau, Dr. Oz, George Grosz, John Heartfield.

Abb./fig. 1
Unbekannter Fotograf / unknown photographer, Installationsansicht / installation shot, *Erste Internationale Dada-Messe* 1920

Abbildung aus / image from Richard Huelsenbeck, Dada Almanach, Berlin 1920, zwischen S. 128 und 129 / between pp. 128 and 129, Sammlung Wassermeyer

Die Berliner Dadaist:innen nahmen die Kultur jedoch nicht tragisch von ihrem Ende aus wahr, sondern mit einer kreativen Ironie, die lebensbejahend und experimentell ein revoltierendes Potenzial an Freiheit ermöglichte. Das gattungs- und werksprengende Untergangsszenario ließ zugleich die vitalen und revolutionären Kräfte der Straße, auch der dadaistischen Aktionen in den Kunstsalon dringen, um direkte Einmischung in Kultur, Politik und Medienalltag zu manifestieren. Die Dada-Slogans vermittelten am Eingang der *Dada-Messe* nicht nur bilderstürmerisch „Nieder die Kunst", sondern auch strategisch: „Dada steht auf Seiten des revolutionären Proletariats" – ein gesellschafts- und kulturkritisches Anliegen, das undogmatisch weit gefasst wurde. Es ging um die Aufdeckung und Untergrabung von Gewaltverhältnissen.

Am Beispiel der Hauptwerke der *Dada-Messe* von George Grosz, John Heartfield, Raoul Hausmann, Hannah Höch, Johannes Baader, Otto Dix und Rudolf Schlichter wird im Folgenden gezeigt, wie Dada Berlin die „moralisch

allowed the vital as well as the revolutionary impulses of the street – including Dadaist actions – to infiltrate the art salon, directly interfering in culture, politics and everyday media. The Dada slogans at the entrance of the *Dada Fair* proclaiming "Down with art" were not just iconoclastic, they were also strategic: "Dada is on the side of the revolutionary proletariat" – a non-dogmatic, broadly framed societal and cultural objective. The point was to expose and undermine structural violence.

Below, using key works from the *Dada* Fair by George Grosz, John Heartfield, Raoul Hausmann, Hannah Höch, Johannes Baader, Otto Dix and Rudolf Schlichter as examples, I will show how Dada Berlin tried to destroy the "morally hypocritical middle classes by their own means".[7] By taking a combative stance against the "inventory" of culture, they – as "parodists of world history"[8] – defamiliarised patterns of thought, speech, perception and pedagogy, while ensuring that the object of their critique remained evident at all times. The creative practice of inversion they used not only instigated thematic and aesthetic reversal, it also invited ironic re-evaluation through innovative strategies of Dadaist laughter.

Deutschland, ein Wintermärchen [Germany, a Winter Fairy Tale] (1917/18), hung centrally in the first space of the *Dada Fair*, highlighted how the Christian Day of Judgement, once the supreme moral force of Western culture, devolved into a cynically instrumentalised propaganda tool for jingoistic salvation-peddlers. (fig. 2) According to sanctimonious war theologies, the German people alone were divinely appointed to enact such judgement through imperialism, since God, as Kaiser Wilhelm II maintained, was "the great ally" who had never forsaken the Germans.[9] Battle cries such as "May God punish England! May he punish it!" and "God be with us"[10] so aggrandised the military, that virtually all use of violent force seemed justified – even after the First World War – all the more so when, in early 1919, the Social Democrat (SPD) government entered into an alliance with the army to combat the enemy within, namely Bolshevism. In an inversion of its title, the 1920 portfolio *Gott mit uns [God With Us]*[11] by George Grosz warned of outrages committed under the cloak of Christianity by the army, depicting it as a state within the state endangering the young democracy.

Even during his service as a soldier in 1915, Grosz was outraged by the way the Christian-humanist tradition, subordinated to the interests of warfare, was reduced to what he called a "worn-out mummy".[12] He wrote to his friend Robert Bell: "Soldiers are bossed into church to worship and the right-wing press blathers on about the rebirth of Christian ideals [. . .] Disgusting and mendacious, like all things human (indeed!), these creatures now pray to the same Christ, only he has become specifically German – no, I mean to say: the international preacher of disarmament is recast as a Prussian, a ready-to-use Christ (perhaps we'll hand him a uniform etc. ?)."[13]

pharisäische Bürgerwelt mit ihren eigenen Mitteln" zu zerschlagen suchte.[7] Im kämpferischen Widerspruch zum gesellschaftlichen und kulturellen „Inventar" verfremdeten sie als „Parodisten der Weltgeschichte"[8] die Denk-, Sprach-, Wahrnehmungs- und Bildungsmuster dergestalt, dass der Stein des Anstoßes immer erkennbar blieb. Mit dem Gestaltungsverfahren der Inversion setzten sie nicht nur eine thematische und ästhetische Umkehr in Gang, sondern forderten auch eine ironische Umwertung mit erfinderischen Strategien des dadaistischen Lachens ein.

Deutschland, ein Wintermärchen (1917/18), im ersten Raum der *Dada-Messe* zentral gehängt, führte vor Augen, wie das christliche Weltgericht als höchste moralische Instanz der abendländischen Kultur zur zynisch ausgeschlachteten Propagandafalle von hurrapatriotischen Erlösungsphilistern verkam. (Abb. 2) Der scheinheiligen Kriegstheologie zufolge war allein das deutsche Volk von Gott dazu berufen, das Weltgericht imperialistisch zu vollstrecken, denn nach Kaiser Wilhelm II. war Gott der „große Alliierte", der noch nie die Deutschen verlassen habe.[9] Schlachtrufe wie „Gott strafe England! Er strafe es!" und „Gott mit uns"[10] überhöhten das Militär derart, dass es jede Gewaltanwendung auch noch nach dem Ersten Weltkrieg zu rechtfertigen schien, umso mehr als die SPD-Regierung Anfang 1919 mit der obersten Heeresleitung ein Bündnis einging, das nun den Feind im Innern, den „Bolschewismus", bekämpfte. Die Mappe *Gott mit uns*[11] von George Grosz warnte daher 1920 im Umkehrschluss des Titels vor den christlich verbrämten Gräueltaten des Militärs als die junge Demokratie gefährdender Staat im Staate.

Schon 1915 empörte sich Grosz als Soldat wütend, wie das humanistisch-christliche Weltbild im Interesse der Kriegsführung zur „entmarkten Mumie" verkam.[12] Er schrieb an seinen Freund Robert Bell: „Die Soldaten werden in die Kirche zum Gottesdienst kommandiert und rechtsstehende Blätter faseln von der Wiedergeburt des christlichen Ideals [...] Ekelhaft und verlogen, wie alles Menschliche (jawohl!) beten diese Kreaturen heute zu demselben Christus, nur wird er spezifisch deutsch, nein, ich möchte sagen, es wird aus dem internationalen Abrüstungsprediger ein preußischer, so allerdings gebrauchsfertiger Christus (vielleicht geben wir ihm Uniform usw. ?)."[13]

Abb./fig. 2
George Grosz, *Deutschland, ein Wintermärchen*, 1917–1919, Öl und Collage auf Leinwand / oil and collage on canvas, ca. / c. 215 × 132 cm, Verbleib unbekannt / lost

Abbildung von Ektachrome / image from ektachrome, Akademie der Künste, Berlin, Archiv George Grosz

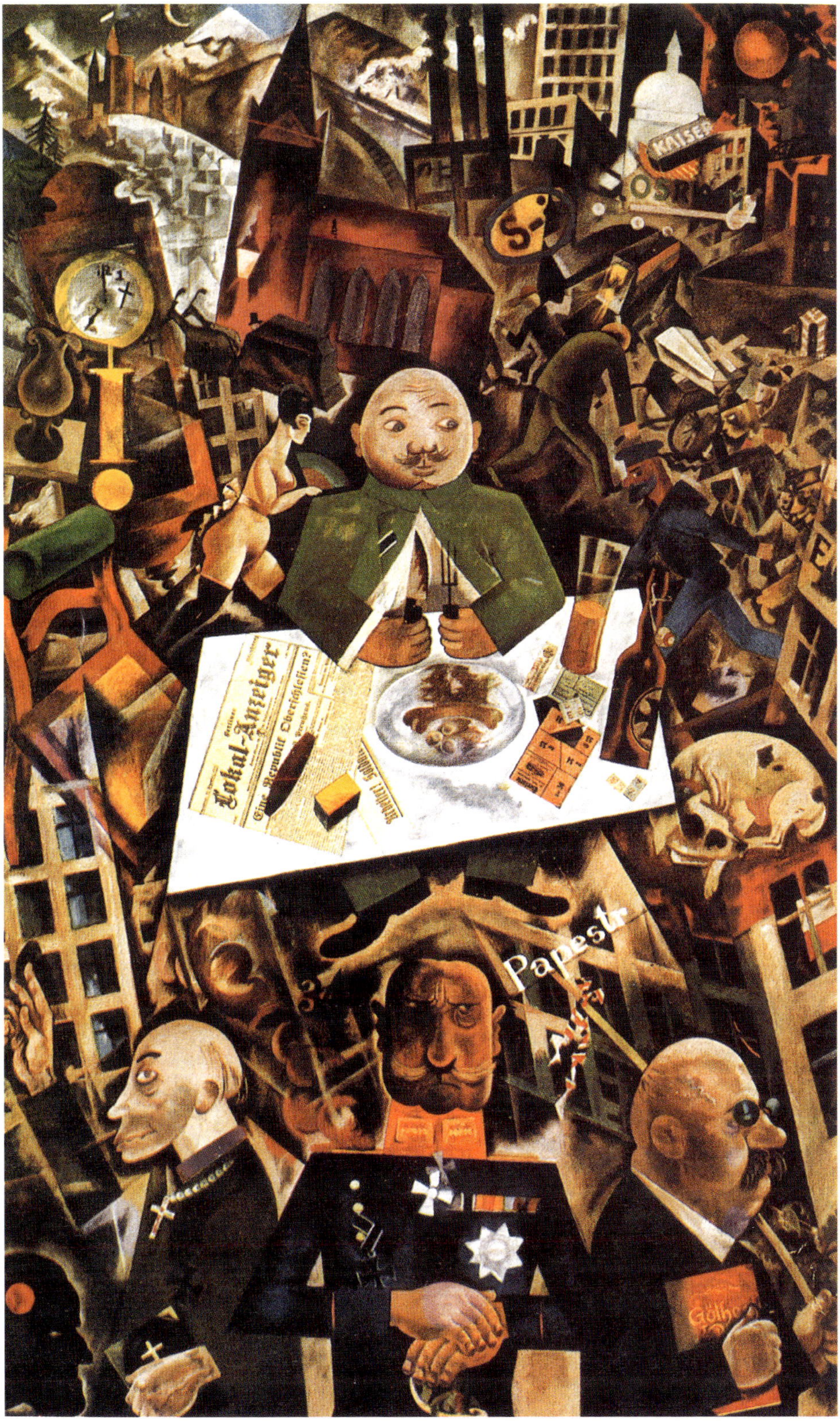
KAISER
Lokal-Anzeiger
Papestr.

In *Deutschland, ein Wintermärchen* erscheint daher der „gebrauchsfertige Christus“ als wohlgenährter Soldat, vor einem schwankenden Tischchen im zusammenbrechenden Stadtchaos sitzend, das blutverschmierte Messer und die Gabel kampfbereit aufgestemmt. Er repräsentiert den geistlosen Weltenrichter einer propagandistischen „Trotteltumreligion“[14] in der Spitze der Figura piramidale – einem Kompositionsprinzip, das Grosz traditionellen Weltgerichtsdarstellungen[15] entlehnte: Sein Altar setzt sich zusammen aus abgenagten Knochen, Lebensmittelkarten, einer Zigarre, dem *Lokalanzeiger* vom 21. Dezember 1918 mit dem Titel „Eine Republik in Oberschlesien“, der die nationalen Wogen hochschlagen ließ, dem Flugblatt „Arbeiter und Soldaten“ und einer Bierflasche mit dem Etikett des Ritterorden-Kreuzes – überdies begleitet von den im Stadtchaos auftauchenden „Fürbittern“, die Prostituierte links und der revolutionäre Matrose rechts, als satirische Versionen von Maria und Johannes. Die Basis der Figura piramidale bilden die „Stützen von Altar, Thron und Vaterland“,[16] am unteren Bildrand abgeschnittene Pappkameraden. In der Mittelachse – der Bildtradition des richtenden Erzengels entsprechend – tritt mit einem Schwert frontal der Prototyp des ordenbehangenen, monokeltragenden adligen „Säbelphilisters“ auf, in Anspielung auf das militärisch-preußische Junkertum, Generaloberst Alexander von Pape, der als Straßenname im Bild präsent ist. Links – weiterhin der Weltgerichtsverheißung folgend – zur Seite der Seligen gerichtet erscheint der heuchlerisch segnende „Erlösungsphilister“ mit Bibel unter dem Arm, rechts zur Seite der Hölle gewandt der mit schwarzen Scheuklappen versehene Typus des monarchistisch gesonnenen „Bildungsphilisters“ mit „Göthe“-Band und schwarz-weiß-rotem Fähnchen.[17] Die oben schwankende Kirche setzt der Konstellation die Krone auf. Das vordergründig beschwörende Weltenrichtertum der anachronistischen „Heiligentypen“[18] und das hintergründig gegenwärtige Chaos der untergehenden Gesellschaft erzeugt ein wechselseitiges Spannungsverhältnis, das die Gesellschaft reif zur Komödie zeigt.

Als Grosz 1923 in *Die Pleite* Adolf Hitler nach seinem Putsch als barbarische Version des Erzengel-Generals mit Bärenfell karikierte,[19] schien er in der säbelrasselnden Welterlöser-Darstellung schon einen Vorboten des faschistischen Terrors zu ahnen. Hochmotiviert leisteten daher neben Grosz die Berliner Dadaist:innen Raoul Hausmann, Richard Huelsenbeck, Walter Mehring, Franz Jung, Wieland Herzfelde, John Heartfield und Hannah Höch vehement Widerstand gegen die „Hohenzollern-Renaissance“ (Grosz), gegen die monarchistisch-nationalistischen Mächte in der Weimarer Republik – nicht nur in ihren Werken, sondern auch in ihren Zeitschriften *Der Dada, Jedermann sein eigner Fußball, Der Blutige Ernst, Die Pleite,* in ihren Satiren und Manifesten wie ihren Aktionen, unterstützt vom 1917 von Herzfelde und Heartfield gegründeten Malik-Verlag.

Grosz’ kämpferisch wirkendes Profil mit „galliger Miene“[20] tritt in *Deutschland, ein Wintermärchen* als Silhouette links unten dort auf, wo sich auf religiösen Weltgerichtsdarstellungen oftmals Stifterfiguren befinden. Das Werk spielte auf das gleichnamige satirische Versepos von Heinrich Heine aus dem Jahr 1844 an,

In *Deutschland, ein Wintermärchen [Germany, a Winter Fairy Tale]* the "ready-to-use Christ" is depicted as a well-fed soldier, seated at a rickety table amid the collapsing chaos of the city, holding blood-stained knife and fork upright, poised for battle. He represents the mindless *iudex mundi* of a propagandist "religion of doltishness"[14] situated at the apex of a *figura piramidale* – a compositional principle Grosz derived from traditional depictions of the Last Judgement[15]: His altar is made up of gnawed bones, food stamps, a cigar, the newspaper called the *Lokalanzeiger* of 2 December 1918 with the heading "Eine Republik in Oberschlesien" [A Republic in Upper Silesia] stirring up nationalist fervour, the flyer "Arbeiter und Soldaten" [Workers and Soldiers] and a beer bottle wearing the cross of the Teutonic Order – he is also flanked by the "intercessors" emerging from the city's chaos: the prostitute on the left and the revolutionary sailor on the right, cast as satirical versions of Mary and John. The base of the *figura piramidale* consists of cardboard dummies cut off along the lower edge of the painting: the "pillars of altar, throne and fatherland"[16]. Along the central axis – corresponding to the traditional position of the archangel – appears a frontal depiction of a sword-bearing prototype of the patrician "sabre Philistine" plastered with medals and wearing a monocle. This figure alludes to the Prussian military Junkers, in particular Colonel General Alexander von Pape, who is referenced in the painting through a street name. To the left of the Blessed – still in keeping with the divine promise of the Last Judgement – is the "salvation-peddler", a bible tucked under his arm, hypocritically dispensing his blessing; to the right a figure turned toward hell, wearing black blinkers and corresponding to the monarchist-minded "educated Philistine", holding a book by "Göthe" and a black-white-red flaglet.[17] The teetering church above crowns this constellation. The haunting Last Judgement presence of the anachronistic "iconographic models of saints"[18] in the foreground, set against the contemporary disorder of a society in decline, creates a charged tension revealing that society is truly farcical.

When, in 1923, Grosz caricatured Adolf Hitler after his coup in the magazine *Die Pleite* as a barbaric, bearskin-clad version of the archangel-general[19], it seemed that his earlier painting of a sabre-rattling redeemer of the world had anticipated the fascist terror to come. Alongside Grosz, the Berlin Dadaists Raoul Hausmann, Richard Huelsenbeck, Walter Mehring, Franz Jung, Wieland Herzfelde, John Heartfield and Hannah Höch fiercely opposed the "Hohenzollern renaissance" (Grosz) and the monarchist-nationalist powers in the Weimar Republic – not just in their artworks, but also in their magazines *Der Dada*, *Jedermann sein eigner Fußball*, *Der Blutige Ernst*, *Die Pleite*, in their satires and manifestos as well as their actions, supported by the Malik publishing house established by Herzfelde and Heartfield in 1917.

In *Deutschland, ein Wintermärchen* Grosz's inserts his combative profile, with a "bilious expression"[20], as a silhouette in the lower left, precisely where, in religious Last Judgement imagery, patrons are often placed. The

das die Übermacht der preußischen Staatsgewalt, die Unterdrückung menschlicher, individueller und geistiger Freiheitsrechte und das „hölzern pedantische Volk“ von Untertanen verhöhnte.

„Noch immer das hölzern pedantische Volk,
Noch immer ein rechter Winkel
In jeder Bewegung, und im Gesicht
Der eingefrorene Dünkel.
Sie stelzen noch immer so steif herum,
So kerzengrade geschniegelt,
Als hätten sie verschluckt den Stock,
Womit sie einst geprügelt.“[21]

Indem Grosz die hurrapatriotische Kriegstheologie mit eben jenen „Stützen der Gesellschaft“, die das Weltgericht verkörperten, satirisch brandmarkte, wirkte er komplex auf das endzeitlich ausgerichtete Darstellungskonzept der gesamten *Dada-Messe* und kontextualisierte in diesem Sinne den Slogan „Dada ist politisch“.

In der Achse von *Deutschland, ein Wintermärchen* baumelte von der Decke der *Preußische Erzengel* (1920; vgl. Abb. 1)[22] – im Sinne der satirisch-grotesken Weltgerichtsallegorie eine lebensgroße Soldatenpuppe im feldgrauen Rock mit Epauletten, Kokarden und gewichsten Stiefeln, von Heartfield und Schlichter nur für die Ausstellung dadagemäß mit „wirklichem Material“[23] montiert. Der kriegstheologischen Überhöhung des Soldaten-Untertanen zum Erzengel entsprach der um den Bauch gebundene, spiegelbildlich gedruckte Text des protestantischen Chorals von Martin Luther, „Vom Himmel hoch, da komm ich her“, und an realen Drill erinnerte das am Erzengel hängende Schild: „Um dieses Kunstwerk vollkommen zu begreifen, exerziere man täglich zwölf Stunden mit vollgepacktem Affen und feldmarschmäßig ausgerüstet auf dem Tempelhoferfeld“. Der Höhenflug des Soldaten gibt den Blick frei auf seine gleichsam zur Schweinsmaske pervertierte Gasmaske aus dem dadaistischen Karikaturenrepertoire der Schand-Ikonografie,[24] um das wahre Gesicht des *Preußischen Erzengels* als „Front-Schwein“ zu ächten.

Am 3. März 1918 schrieb Grosz an Otto Schmalhausen: „Lieber Öz! nagele Dir einen Sinnspruch übers Saubett, endgültig – von der Confirmation bis an das Abknallen ins jenseitige paradiesische Treiben: ‚Menschen sind Schweine‘.“[25] Dix tätowierte den Arm des schweinsgesichtigen Metzgers in *Fleischerladen* (1920) daher sarkastisch mit dem Emblem des Feldartillerie-Regiments Nr. 48, bei dem er gedient hatte.

Die Krüppel-Parade *45 % Erwerbsfähig!* von Otto Dix (1920; vgl. Abb. 1),[26] das größte Werk der Messe, erschien als grotesk-makabre Inversion eines Triumphzugs der „Helden des Vaterlandes“ zu einem totentänzerischen Schandzug von Opfern und Tätern. Als Nachfahren des „hölzern pedantischen Volkes“ (Heine)

work alluded to the satirical epic poem of the same name by Heinrich Heine (1844), which mocked the dominance of Prussian state power, the suppression of the right to human, individual, and mental freedom, and the "wooden pedantic population" of serfs.

> "They're still a wooden pedantic lot,
> their movements still have the graces
> of a right-angled triangle.
> Arrogance freezes their faces.
> And still they strut about as stiff,
> as straight and thin as a candle,
> as if they'd swallowed the corporal's stick
> Old Fritz knew how to handle."[21]

By satirically denouncing jingoistic theologies of war through the very "pillars of society" associated with Judgement, Grosz shaped the apocalyptic conceptual framework of the *Dada Fair* as a whole in complex ways, and, in doing so, contextualised the slogan "Dada is political".

The *Preußische Erzengel* (1920; see fig. 1)[22], suspended from the ceiling, dangled along the axis of *Deutschland, ein Wintermärchen*. In keeping with the satirical and grotesque allegory of the Last Judgement, this was a life-size dummy of a soldier clad in field-grey uniform with epaulettes, cockades and polished boots, fabricated according to Dada principles solely for the exhibition and using "real materials"[23], by Heartfield and Schlichter. The elevation, in war theology, of the soldier-subject to archangel was represented by a print that read "Vom Himmel hoch, da komm ich her" ["I come from Heaven, from Heaven on high"]. Drawn from Martin Luther's Protestant chorale and presented in mirrored form, the text was wrapped around the figure's abdomen. A sign hanging from the archangel, on the other hand, evoked the realities of military drills: "To fully understand this artwork, one should do twelve hours of military training daily with a full backpack and marching gear on Tempelhofer Feld". With the soldier suspended above, the gas mask distorted into a swine mask from the Dadaist caricatural repertoire of the iconography of disgrace[24] comes fully into view, denouncing the *Prussian Archangel* by exposing its true visage as a "swine of the battle front".

On 3 March 1918 Grosz wrote to Otto Schmalhausen: "Dear Oz! nail this pious motto above your pigsty once and for all – from confirmation all the way to being bumped off into the otherworldly paradisiacal hustle: 'Men are swine'."[25] For this reason, Dix sarcastically added a tattoo to the arm of the swine-faced butcher in *Fleischerladen [Butcher's Shop]* (1920). It was the emblem of the field artillery regiment nr. 48, in which he himself had served.

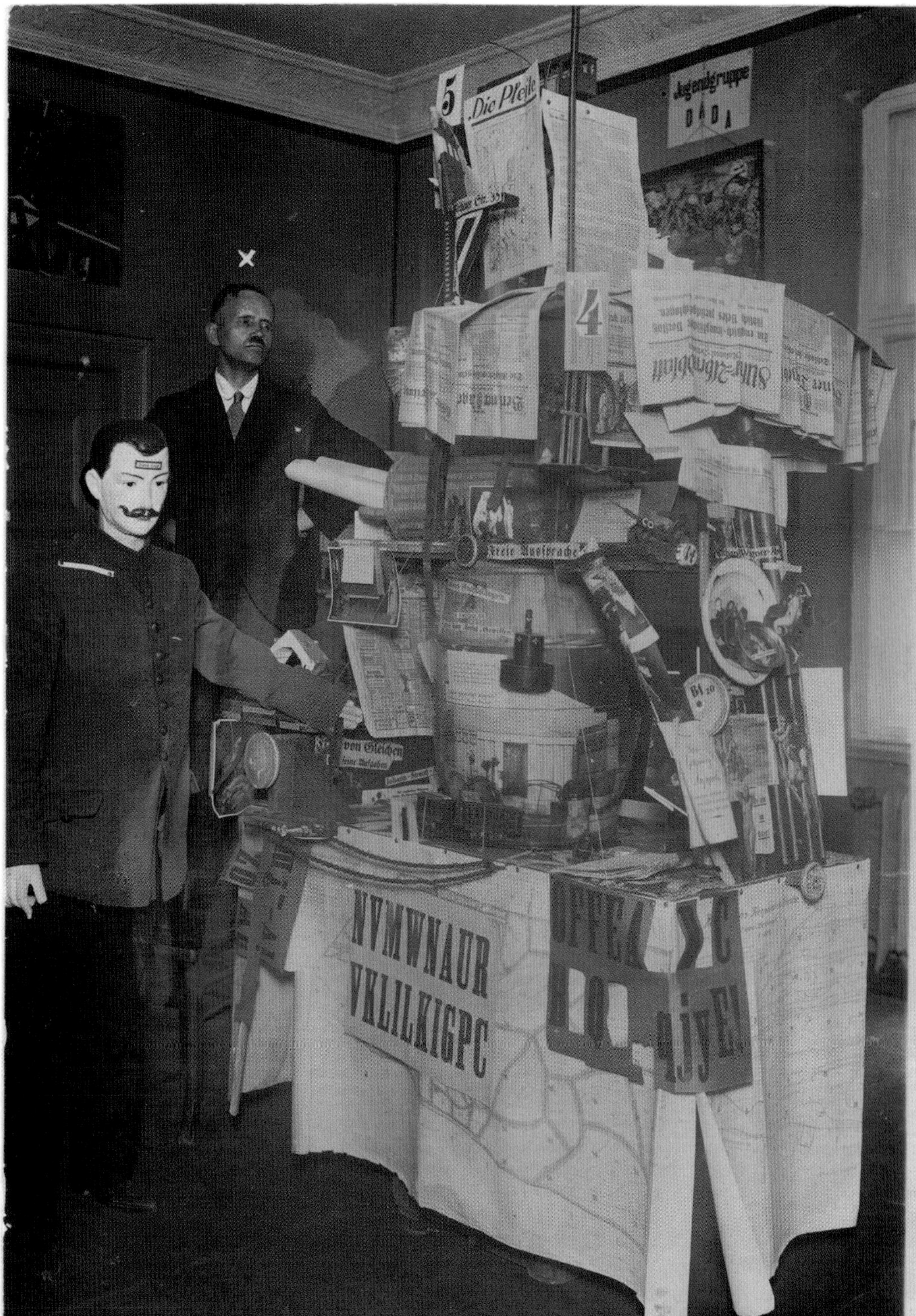
5
Die Pfeife
Jugendgruppe
DADA
4
Freie Aussprache
von Gleichen
NVMWNAUR
VKLILKIGPC

Abb./fig. 3
Unbekannter Fotograf / unknown photographer (Photothek, Berlin), Johannes Baader, *Das große Plasto-Dio-Dada-Drama: Deutschlands Größe und Untergang durch Lehrer Hagendorf oder Die phantastische Lebensgeschichte des Oberdada*, 1920, Silbergelatinepapier / silver gelatine paper, 16,3 × 11,7 cm, Verbleib unbekannt / lost

Scan: Anja Elisabeth Witte, Berlinische Galerie – Landesmuseum für Moderne Kunst, Fotografie und Architektur

The cripple parade *45 % Erwerbsfähig! [45 % able to work!]* by Otto Dix (1920; see fig. 1),[26] the largest work at the fair, seemed to be a grotesque macabre inversion of a triumphal return of the "Heroes of the Fatherland" into a dance-of-death-like return in disgrace of victims and perpetrators. As descendants of the "wooden pedantic lot" (Heine) the worn-out functionaries of the lost war lurch about on imperial-patented prostheses, clothed in leftover uniforms and dangling a few pitiful decorations. Blind, glassy-eyed, rickety, limping and rolling along on cobbled streets, Dix presented the military drill as a grotesque slapstick of prostheses. He focused on the residual products of military conformity, which in the Weimar Republic at *45 % Erwerbsfähig! [45 % able to work!]* still counted as "fit for renewed military service". Grosz in *Die Gesundbeter* (1920)[27] and Bertolt Brecht in his *Legende vom toten Soldaten* (1918/1922)[28] caricatured the same subject and showed it to be a cynical farce. "Shut up and serve" was Grosz's sarcastic comment accompanying *Christus am Kreuz mit Gasmaske* (1928) as "victim under orders".[29]

Johannes Baader in 1920 introduced the Dadaist concept of inversion through the démontage of traditional architectural ideas in the first assemblage of the modern age: *Germany's greatness and demise by teacher Hagendorf or the fantastic life story of Chiefdada [or: Ultradada].* [30] (fig. 3) The trained architect, in 1906, under the influence of a *Jesus redivivus* religious mania, had designed a utopian World Temple as a colossal 1500-metre pyramid for an "international and interfaith human federation" [31], only to be transformed by the First World War into a Dadaist jester. Through a dystopian "toying with the sorry remains"[32] he concocted a "Dadaist monumental sculpture with five storeys, three facilities, a single tunnel, two elevators, and a cylinder cap".

Baader took the architect–monument–missionary tradition as a reference model, and distorted it into an open and associative concept of overlapping layers of source material, alluding to contemporary history, the rise and fall of the Wilhelmine Monarchy, and his own biography from 1875 to 1920. He made a composite of its relicts, traces and fragments out of newspaper cuttings, sound poetry, a mouse trap, a stove pipe as "tunnel of the doomed Reich [empire]",[33] a powder keg and a dummy. By using a wealth of war-related headlines, he created a media-critical awareness that the war was a product of the press, one that would not have existed were it not for the newspapers.[34] The German Kaiser's jingoistic arrogance toward the war was

staksen die ausgedienten Chargen des verlorenen Krieges mit reichspatentierten Prothesen, in Restuniformen gekleidet, mit vereinzelten Auszeichnungen. Blind, glasäugig, klapprig, zittrig, hinkend und über das Kopfsteinpflaster rollend inszenierte Dix hier militärischen Drill als grotesken Slapstick der Prothesen. Er richtete den Blick auf die Restposten des militärischen Gleichschritts, der in der Weimarer Republik als *45 % Erwerbsfähig!* dem „Wieder kriegsverwendungsfähig" entsprach, das Grosz in *Die Gesundbeter* (1920)[27] ebenso wie Bertolt Brecht in seiner *Legende vom toten Soldaten* (1918/1922)[28] als zynische Farce karikierte. „Maul halten und weiter dienen" – so kommentierte Grosz in diesem Sinne sarkastisch *Christus am Kreuz mit Gasmaske* (1928) als „Opfer unter dem Kommando".[29]

Das dadaistische Konzept der Inversion vollzog Johannes Baader 1920 mit der Demontage traditioneller baukünstlerischer Vorstellungen in der ersten Assemblage der Moderne: *Deutschlands Größe und Untergang durch Lehrer Hagendorf oder die phantastische Lebensgeschichte des Oberdada.* [30] (Abb. 3) Der gelernte Architekt, der 1906 im übersteigerten Bewusstsein eines Jesus redivivus einen utopischen Welttempel als Riesenpyramide von 1500 Metern Höhe für einen „internationalen und interreligiösen Menschheitsbund" [31] entworfen hatte, wandelte sich durch den Ersten Weltkrieg zum dadaistischen Narren, der in einem dystopischen „Spiel mit den schäbigen Überbleibseln"[32] eine etwa zwei Meter hohe „dadaistische Monumentalskulptur in fünf Stockwerken, drei Anlagen, einem Tunnel, zwei Aufzügen, einem Cylinderabschluß" zusammensetzte.

Das traditionell geprägte Bezugsmodell Architekt–Monument– missionarische Wirkung verkehrte Baader in ein assoziatives, offenes Konzept sich überlagernder Schichten von Materialien, die sich auf die Zeitgeschichte, Aufstieg und Fall der Wilhelminischen Monarchie und seine Lebensgeschichte zwischen 1875 und 1920 bezogen. Ihre Relikte, Spuren und Fragmente setzte er unter anderem aus Zeitungsausschnitten, Lautgedichten, einer Mausefalle, einem Ofenrohr als „Tunnel des todgeweihten Reiches",[33] einem Pulverfass und einer Puppe zusammen. Mit vielen Schlagzeilen vom Kriegsgeschehen machte er medienkritisch bewusst, dass der Krieg ein Krieg der Zeitungen sei; in Wirklichkeit hätte er niemals existiert.[34] Die hurrapatriotische Kriegsanmaßung des deutschen Kaisers sollte einer „Rex-Einkochmaschine" anheimfallen und Paul Scheerbart, der Groteskenschreiber und Prophet der *Glasarchitektur* (1914), sollte sich als Bombe neben den verstaubten Architekturkorb legen.[35] Zweifellos beeinflusste Baader mit dieser Assemblage das ab 1923 in seinem Hannoveraner Haus wachsende Materialkonzept des *Merzbaus* von dem dadaistisch inspirierten Kurt Schwitters.[36]

Beim Hinausgehen traf der Besucher auf die die *Elektromech. Tatlin-Plastik: Der wildgewordene Spießer Heartfield.* (Abb. 4) Sie orientierte sich nicht nur an den Verfahren der Inversionen traditioneller Bildprogramme, sondern benannte mit

to be fed into a "Rex preservation apparatus" and Paul Scheerbart, writer of grotesque stories and prophet of *Glasarchitektur* (1914), was to lay down next to the dusty architecture basket as though he were a bomb.[35] Undoubtedly, Baader's assemblage influenced Kurt Schwitters' Dada-inspired *Merzbau* which began to evolve within his house in Hannover from 1923 onward.[36]

As visitors left, they would encounter the *Elektromech. Tatlin-Plastik: Der wildgewordene Spießer Heartfield [The Electro-mechanical Tatlin Sculpture: The Conformist Heartfield Turned Wild]*. (fig. 4) This work was based not only on processes that inverted traditional pictorial devices; it also introduced new politico-cultural perspectives through its reference to Russian Constructivist artist Vladimir Yevgrafovich Tatlin: "Art is dead" and "Long live the new machine art by TATLIN".[37] On a museum-like pedestal stood a grotesque distortion of the male heroic ideal: an armless and headless black relic of a tailor's dummy that simultaneously functioned as an allegory of such "dead art".

In light of the Dadaist notion of "improved art from antiquity,"[38] the *Tatlin Sculpture* can be understood as a demolished paraphrasis of an antique torso, for example the spear bearer by Polykleitos from the fifth century BC, the archetype of the invincible hero.[39] Here, however, the leg stump was supported by a wooden prosthesis and the upper stump of the non-supporting leg by a gas light. While once the power of divine enlightenment rendered the hero immortal, the harsh light of the incandescent bulb now shone a light on his insignificance as well as on the materials of a machine art that announced itself stridently in the doorbell system and the six-shooter in place of epaulettes. All power-consolidating insignia adorning parade uniforms were disdainfully stripped of their meaning. Not only was the Iron Cross glued to the torso's backside, but the Black Order of the Eagle, the highest Prussian decoration, was trivialised by its placement right in the middle of its chest between knife and fork and a large "C". The number 27 is an allusion to the soldiers' anonymisation. Where the genitalia of the Doryphoros once bristled with masculinity, the Dadaists installed a set of false teeth, invoking the image of a *vagina dentata*. The cult of the male ego – which permeated society from patriarchal family structures to delusions of masculinity marked by rape and murder – was here castrated in accordance with Dada principles.[40]

The Berlin Dadaists projected their visions of transformative cultural revolution onto TATLIN, himself an artist of the October Revolution. Konstantin Umansky's essays on Tatlin's machine art[41] sparked in them "fantasies about [being] the technician, the machine constructor [...] the scientific experimenter",[42] about embodying the "communist fight in opposition to conformists" and about dispatching the "spiritual to the art factory for the dissolution of the spirit".[43] The montages *Tatlin lebt zu Hause [Tatlin Lives At Home]* by Raoul Hausmann and the *Tatlinistischen Planrisse [Tatlinist Designs]* by Grosz illustrate[44] how Dadaists re-orientated from a pictorial language of caricatu-

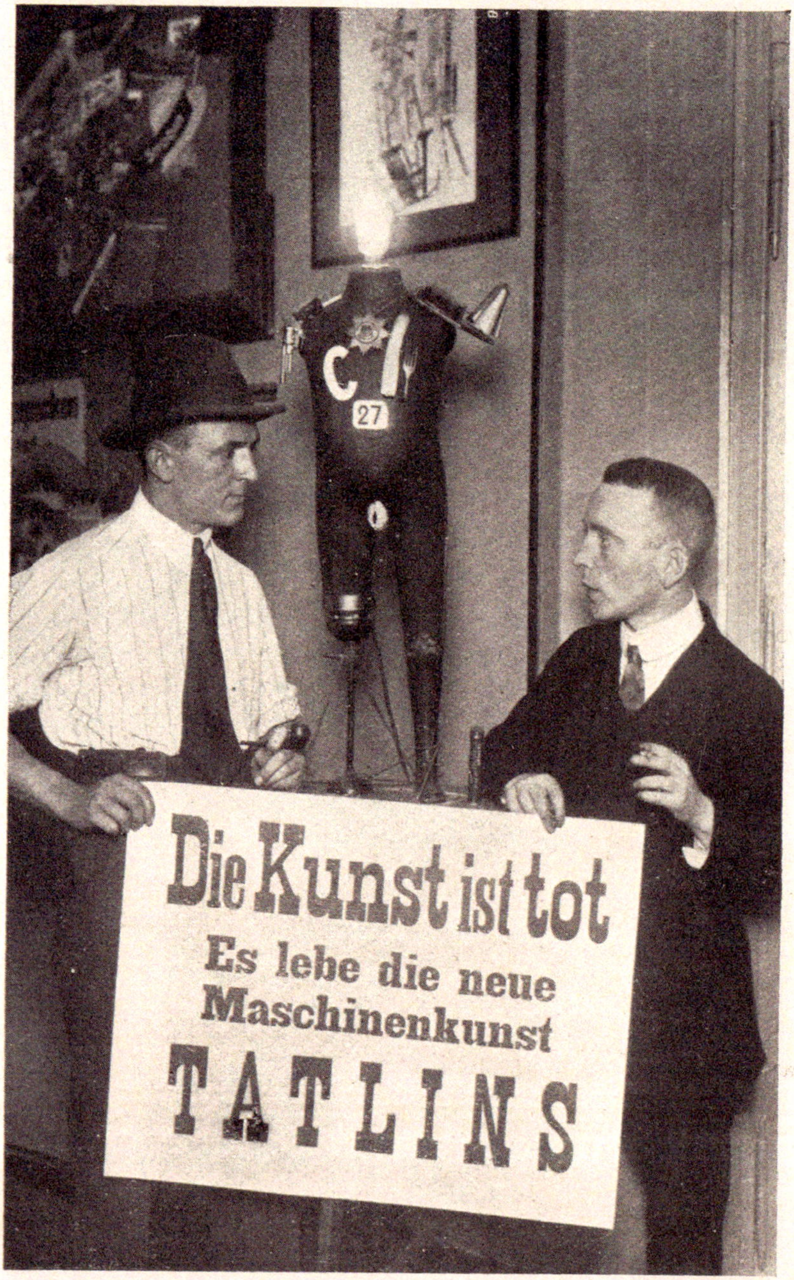

George Grosz (links) und **John Heartfield** (rechts)
demonstrieren gegen die Kunst zugunsten ihrer Tatlinistischen Theorien
(anläßlich der Dada-Ausstellung im Juni 1920).

re to one of montage and an art that was "metamechanical"[45] using technical pictorial processes, anatomy models, diagrammes and cartogrammes. Grosz's *Der Monteur John Heartfield. Nach Franz Jungs Versuch ihn wieder auf die Beine zu stellen [The Technician John Heartfield. After Franz Jung's Attempt to Get Him Back on His Feet]* (1920)[46] featured a Tatlinist "machine heart"[47] embedded in a multiperspectival spatial construction inspired by *Pittura metafisica*, that is, by Italian metaphysical painting of the early twentieth century. In *"Daum" marries her pedantic automaton "George" in May 1920, John Heartfield is very glad of it* (1920) the machine artist features as "Automaton George" – a coded knight–death montage seemingly indifferent to the presence of the voluptuous bride "Daum" rendered in watercolours. It seems opposites only become productive in Dadaist inversions when machine functionality is perversely eroticised – this can be seen at the *Dada Fair* in the individually hung machine cut-outs by Francis Picabia and Max Ernst's constructions combining machine elements and letters.[48]

By using the concept of the photomontage Dadaists extended their version of machine art and conquered "wondrous uncharted territory"[49], as Hannah Höch, the first photomontage artist in the history of art, noted. Moving beyond traditional pictorial devices, the Berlin Dadaists adopted photography – an instrument-based media art – as the basis of their montage works and collapsed the distinction between their artistic consciousness and machines, including wheel technologies, mechanical systems of media reproduction and distribution, and the film camera. Using photographs cut from the photogenic abundance of public life, primarily from the *BIZ* (the *Berliner Illustrirte Zeitung*), Dadaists created photomontages that shook perception and led to new insights into connections between media and politico-cultural power relations. For photomontage emerged at a moment when photography increasingly served to reduce media statements to visual appeal and sensory impact. "The defamiliarisation of photography [...] and the free use of its bits of reality for political attacks, that was the new Berlin dimension", Hans Richter acknowledged.[50]

Abb./fig. 4
Unbekannter Fotograf / unknown photographer, George Grosz und John Heartfield / George Grosz and John Heartfield, *Elektromechanische Tatlin-Plastik „Der wildgewordene Spießer Heartfield"*, mit Schrifttafel / with tablet *„Die Kunst ist tot. Es lebe die neue Maschinenkunst Tatlins"*, Verbleib unbekannt / lost

Abbildung aus / image from Richard Huelsenbeck, Dada Almanach, Berlin 1920, zwischen S. 40 und 41 / between pp. 40 and 41, Sammlung Wassermeyer

dem russischen konstruktivistischen Künstler Wladimir Jewgrafowitsch Tatlin neue kulturpolitische Perspektiven: „Die Kunst ist tot" und „Es lebe die neue Maschinenkunst TATLINS".[37] Die groteske Verkehrung des virilen Heldenideals auf einem museal anmutenden Sockel zu einem arm- und kopflosen schwarzen Schneiderpuppenrelikt allegorisierte zugleich die „tote Kunst".

Das dadaistische Konzept der „verbesserten Bildwerke der Antike"[38] lässt vermuten, dass es sich bei der *Tatlin-Plastik* um eine abgewrackte Paraphrase eines antiken Torsos, etwa vom Speerträger des Polyklet aus dem 5. Jahrhundert vor Christus, dem Archetypus des unbesiegbaren athletischen Helden, handelt.[39] Hier indes wurde das Standbein von einer hölzernen Prothese und der obere Stumpf des Spielbeins von einer Gasleuchte gestützt. Wo einst die göttlich erleuchtende Kraft den Helden verewigte, erhellte jetzt das grelle Licht der Glühbirne dessen Nichtigkeit und zugleich die neuen Materialien einer Maschinenkunst, die sich schrill in der Klingelanlage und dem Revolver anstelle der Epauletten ankündigte. All die Insignien, die Macht konsolidierten und die Paradeuniformen schmückten, wurden noch einmal verächtlich ihrer Bedeutung beraubt. Nicht nur wurde das Eiserne Kreuz auf das Hinterteil des Torsos geklebt, sondern der Schwarze Adlerorden als höchster preußischer Orden mittig zwischen Messer und Gabel und einem großen C auf der Brust als Besteck trivialisiert. Die Nummer 27 spielt auf die Anonymisierung der Soldaten an. Dorthin, wo sonst das Genital des Doryphoros vor kraftvoller Männlichkeit strotzte, setzten die Dadaisten ein Gebiss, in Anspielung auf eine Vagina dentata. Der Kult um das männliche Ego, der die Gesellschaft bis in die patriarchalen Familienstrukturen hinein beherrschte und aggressiv im Männlichkeitswahn lustmordete, wurde hier dadagemäß kastriert.[40]

Auf TATLIN als Künstler der russischen Oktoberrevolution projizierten die Berliner Dadaist:innen ihre umwälzenden kulturrevolutionären Vorstellungen. Konstantin Umanskijs Aufsätze zu Tatlins Maschinenkunst[41] inspirierten sie zur „Phantasie des Technikers, des Konstrukteurs von Maschinen [...] des naturwissenschaftlichen Experimentators",[42] zum „kommunistischen Elan gegen den Bürger" und zur Entsendung des „Geistigen in die Kunstfabrik zur Geistesauflösung".[43] Die Montagen *Tatlin lebt zu Hause* von Raoul Hausmann und die *Tatlinistischen Planrisse* von Grosz veranschaulichen,[44] wie sich die Dadaisten von der karikierenden Bildsprache zu einer montierenden und spezifisch „metamechanischen" Kunst[45] mit technischen Darstellungsverfahren, Anatomiemodellen, Diagrammen, Kartogrammen umorientierten. Grosz' *Der Monteur John Heartfield. Nach Franz Jungs Versuch ihn wieder auf die Beine zu stellen* (1920)[46] erschien mit einem tatlinistischen „Maschinenherzen"[47] in einer mehrperspektivischen Raumkonstruktion, die von der Pittura metafisica, der italienischen metaphysischen Malerei des frühen 20. Jahrhunderts, inspiriert war. In *„Daum" marries her pedantic automaton „George" in May 1920, John Heartfield is very glad of it* (1920) tritt der Maschinenkünstler als „Automaton George" auf – als eine verkapselte Ritter-Tod-Montage, die sich unbeeindruckt zeigt angesichts der sin-

Hannah Höch's photomontage *Schnitt mit dem Küchenmesser Dada durch die letzte Weimarer Bierbauchkulturepoche Deutschlands [Cut With the Dada Kitchen Knife Through Germany's Last Beer Belly Era]* (1919/20) captures a society in dissolution, suspended between downfall and transition, where social hierarchies based on status and class had lost their credibility.[51] (fig. 5) The large photographic portrait of Albert Einstein, set against atomised and relativised small particle-like montages in the Anti-Dada and Dada zones, evokes associations with processes of energy transformation, further reinforced by the rolling wheels and ball bearings dominating the composition. These create a dynamic that propelled real social change, not least in relation to traditional gender roles. By placing photo portraits of Hindenburg or Grosz for example onto dancing female bodies, Höch deployed feminist irony to pull the rug out from under male-dominated cerebral culture.

Reflecting the chaos of the postwar era, the photographic motifs, quotes, and fragments in *Dada Cino/Dada im gewöhnlichen Leben [Dada Movie Theatre/Dada in Normal Life]* (1920)[52] by Raoul Hausmann, arranged indiscriminately next to, over, and within one another, revealed not only a "wild bundle of contradictions and oppositions",[53] but also produced a cross-sectional complexity, opening up a rich web of associations. (fig. 6) The evocative simultaneity of the montage can thus be understood as reflecting the "identity of existence as a whole with all its contradictions", which, "behind a veil of laughter and irony, permits the recognition of the magically inexplicable, of that which cannot be controlled or mastered" [54] – an open, fluctuating, experimental conception of "identity".[55]

Hausmann used simultaneous montage, with its dynamic mix of textual and photographic quotations, to reflect on the medium itself as a "static film", while also probing the conceptual ramifications of allowing contradictions in the quotations to collide. "As revolutionary as its content and the ideas behind the photomontage, its very form – converting photographs and texts into a "static film" – was equally subversive."[56]

Grosz and Heartfield likewise with their "Photoplays" of the American film industry, in the simultaneous design of their photomontage on *Leben und Treiben in Universal City um 12 Uhr 5 mittags [Life and Bustle in Universal City at 12:05 in the Afternoon]* (1920), alluded to image overlays, multiple exposures, lighting variations and pictorial rhythms in film. *Universal City* assumed particular significance for the *Dada Fair*, because John Heartfield used the montage as the backdrop for the catalogue's title, thereby signalling that the artists were open not only to Russian, but also to American influences, those of "victorious multi-billionaire America"[57]. (fig. 7) The asterisks accompanying several works in the catalogue presumably indicate that they were earmarked for transfer to New York for the so-called first German Dada exhibition, which the influential American art patron Katherine S. Dreier was seeking to organise.[58]

nenfroh aquarellierten Braut „Daum". Produktiv scheinen die Gegensätze erst zu werden, wenn die maschinelle Funktionsweise im Rahmen der dadaistischen Umkehrungen irrational erotisierend wirkt – nachzuvollziehen in den vereinzelt gehängten Maschinenschnitten von Francis Picabia und den Konstruktionen aus Maschinenelementen und Buchstaben von Max Ernst auf der *Dada-Messe*.[48]

Mit dem Prinzip der Fotomontage erweiterten die Dadaist:innen ihre Version der Maschinenkunst und eroberten „wundersames Neuland"[49], wie Hannah Höch als erste Fotomonteurin der Kunstgeschichte fasziniert bemerkte. Jenseits der traditionellen bildkünstlerischen Mittel erwählten die Berliner Dadaist:innen die Fotografie als eine apparative Medienkunst zur Grundlage ihrer Montagearbeiten und trennten dadurch ihr künstlerisches Bewusstsein nicht mehr von weiteren Maschinen, von Radtechnologien, medialen Vervielfältigungs- und Distributionsmaschinen und der Filmkamera. Aus dem Fundus der fotogen gewordenen Öffentlichkeit, meist von der *BIZ* (der *Berliner Illustrirten Zeitung*), schnitten die Dadaist:innen die Fotografien aus, mit deren Montagen sie zu neuen Erkenntnissen über Zusammenhänge zwischen medialen und kulturpolitischen Machtverhältnissen wachrüttelten. Denn die Fotomontage entstand zu der Zeit, als die Fotografie dazu benutzt wurde, die Aussagen der Medien allein auf den Reiz und die Sensation des Abgebildeten zu verkürzen. „Die Verfremdung der Fotografie [...] und der freie Gebrauch ihrer Realitätsstücke zu politischem Angriff, das war die neue Berliner Dimension«, erkannte Hans Richter.[50]

In *Schnitt mit dem Küchenmesser Dada durch die letzte Weimarer Bierbauchkulturepoche Deutschlands* (1919/20) fotomontierte Hannah Höch im Simultanverfahren eine in Auflösung begriffene Gesellschaft zwischen Untergang und Übergang, deren soziale Orientierung an Stand und Schicht nicht mehr zu überzeugen schien.[51] (Abb. 5) Das große Fotoporträt Albert Einsteins assoziiert mit der Atomisierung und Relativierung der kleinteiligen Montagen von Antidada- und Dada-Zonen energetische Wandlungsprozesse, die des Weiteren durch die dominanten rollenden Räder- und Kugellager in der Montage verstärkt werden. Sie erzeugen eine Dynamik, die die Wirklichkeit der gesellschaftlichen Verhältnisse in Bewegung versetzte und nicht zuletzt die traditionellen Geschlechterrollen erfasste. Indem Höch auf tanzende Frauenkörper beispielsweise Fotoporträts

Abb./fig. 5
Robert Sennecke, Hannah Höch und / and Raoul Hausmann auf der / at *Erste Internationale Dada-Messe*, Berlin 1920, 16,5 × 11,9 cm, links unten / bottom left: Hannah Höch, *Schnitt mit dem Küchenmesser Dada durch die letzte Weimarer Bierbauchkulturepoche Deutschlands*, 1919/20, Aquarell und Montage / watercolour and montage, 114 × 90 cm

Scan: Anja Elisabeth Witte, Berlinische Galerie – Landesmuseum für Moderne Kunst, Fotografie und Architektur

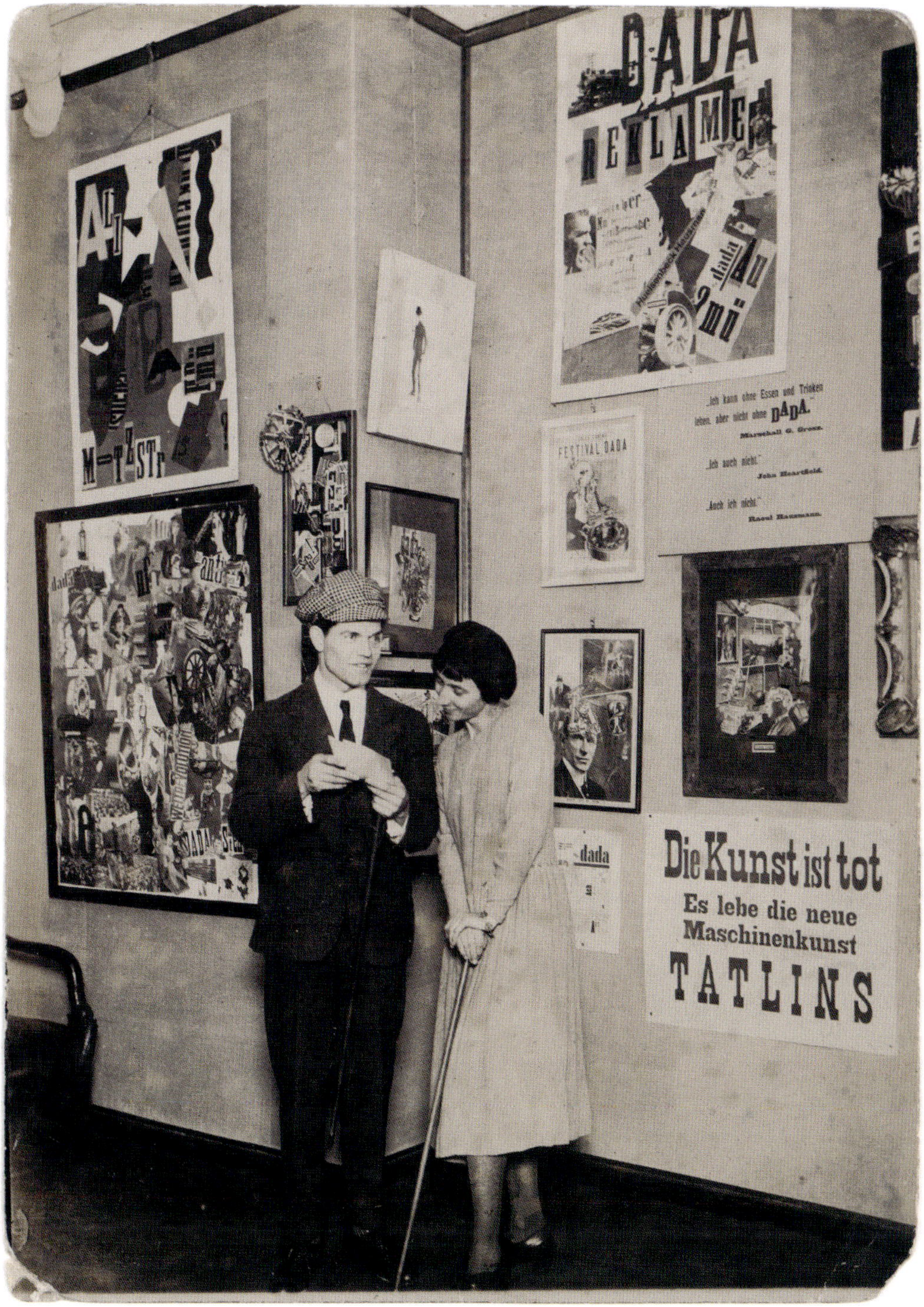
DADA
REKLAME
FESTIVAL DADA
„Ich kann ohne Essen und Trinken leben, aber nicht ohne DADA."
„Ich auch nicht."
„Auch ich nicht."
Die Kunst ist tot
Es lebe die neue
Maschinenkunst
TATLINS

von Hindenburg oder Grosz montierte, entzog sie mit feministischer Ironie der männlich dominanten Kopfkultur deren traditionelle Standfestigkeit.

Dem Realchaos der Nachkriegszeit entsprechend, erzeugte das unterschiedslose Neben-, Über- und Ineinander der fotografischen Motive, Zitate und Fragmente in *Dada Cino/Dada im gewöhnlichen Leben* (1920)[52] von Raoul Hausmann nicht nur „wilde Bündel von Widersprüchen und Gegensätzen",[53] sondern auch die gegenteilige Wirkung von beziehungsreicher Komplexität eines Querschnitts. (Abb. 6) So konnte das assoziationsreiche Simultangeschehen der Montage auch als „Identität des gesamten Seins mit allen seinen Widersprüchen" wahrgenommen werden, um „hinter einem Schleier von Lachen und Ironie noch das magisch Unerklärbare, dessen man nicht Herr werden kann, ahnen" zu lassen[54] – als eine offene, fluktuierende, experimentelle „Identität".[55]

Es ging Hausmann in der Simultanmontage sowohl um eine Reflexion auf das Medium selbst als „statischem Film" mit seiner dynamischen Mischung aus Wort- und Fotozitaten als auch um die zusammentreffenden Widersprüchlichkeiten der Zitate als inhaltliches Konzept: „Genauso revolutionär wie der Inhalt, der Gedanke der Fotomontage, so umstürzlerisch war auch die Form, Anwendung der Fotografie mit Texten, umgewandelt zum statischen Film."[56]

Auch Grosz und Heartfield verwiesen mit den „Photoplays" der amerikanischen Filmindustrie in ihrer simultan angelegten Fotomontage von *Leben und Treiben in Universal City um 12 Uhr 5 mittags* (1920) auf künftige Bildüberlagerungen, Mehrfachbelichtungen, Belichtungsvariationen und Bildrhythmen im Film. *Universal City* gewann besondere Bedeutung für die *Dada-Messe,* weil John Heartfield die Montage dem Titel des Katalogs unterlegte und so programmatisch demonstrierte, dass sich die Künstler:innen nicht nur für den Einfluss aus Russland, sondern auch für jenen aus Amerika, dem „milliardenreichen Siegesland Amerika",[57] öffneten. (Abb. 7) Die Sternchen an verschiedenen Werken im Katalog lassen deren Transfer nach New York für eine „erste deutsche" Dada-Ausstellung vermuten, die die bedeutende amerikanische Kunstmäzenin Katherine S. Dreier zu organisieren versuchte.[58]

Die Rezeption der *Dada-Messe* war ein elementarer Bestandteil ihres offenen Konzepts, denn das dadaistische Erzeugnis stellte sich erst in der Betrachtung ein: Von Bedeutung waren daher nicht nur die Reaktionen des weitgehend geringen Publikums von etwa 500 Besuchern, sondern auch die unterschiedlichen Kommentare der Presse wie der anschließende Prozess im April 1921: George Grosz und Wieland Herzfelde waren mit der Mappe *Gott mit uns,* John Heartfield und Rudolf Schlichter aufgrund des schweinsköpfigen *Preußischen Erzengels* wegen Verleumdung der Reichswehr angeklagt.[59] An den Reaktionen der Presse zeichnen sich die kulturpolitischen Tendenzen in der Weimarer Republik erkennbar ab. Die in der Zeitschrift *Die Rote Fahne*[60] von Gertrud Alexander geäußerte Empörung über Dada als „blöden Kitsch" ließ schon weitere Konflikte zwischen Avantgardebewegungen und dem traditionsbewussten Kulturerhalt

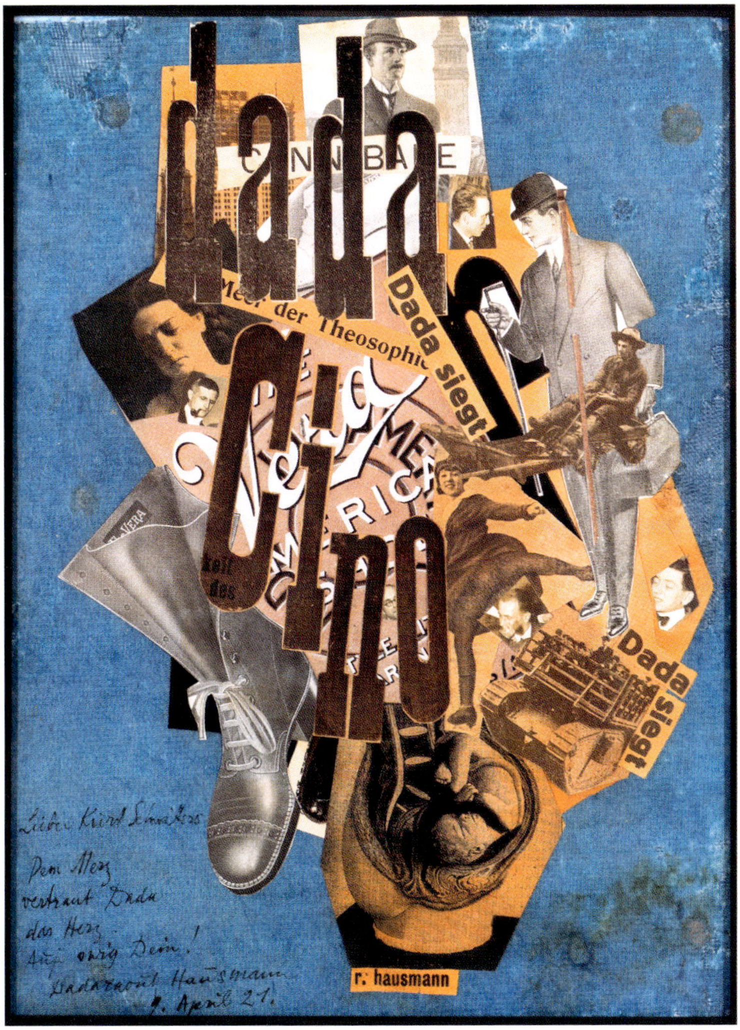

Abb./fig. 6
Raoul Hausmann, *Dada Cino/Dada im gewöhnlichen Leben*, 1920, Montage, 31,7 × 22,5 cm

Privatbesitz Houston, Texas

The *Dada Fair's* open concept depended fundamentally on reception, as Dadaist works came into their own only through being seen. This meant that not only the reactions of the visitors, a by and large negligible 500 people, were significant, but also the various comments in the press as well as the subsequent lawsuit in April 1921: charges of defaming the German army were brought against George Grosz and Wieland Herzfelde for the portfolio *Gott mit uns [God With Us]*, and against John Heartfield and Rudolf Schlichter for the swine-faced *Preußischer Erzengel [Prussian Archangel]*.[59] The reactions in the press reveal the politico-cultural trends in the Weimar Republic. Gertrude Alexander's indignation and dismissal of Dada as "stupid kitsch" in *Die Rote Fahne [The Red Flag]*[60] foreshadowed conflicts between avant-garde movements and communism's traditionalist preservation of cultural heritage for a future "dictatorship of the proletariat". Both the nationalist *Neue Preussische Kreuz-Zeitung's [New Prussian Cross-Newspaper's]*[61] denunciation of

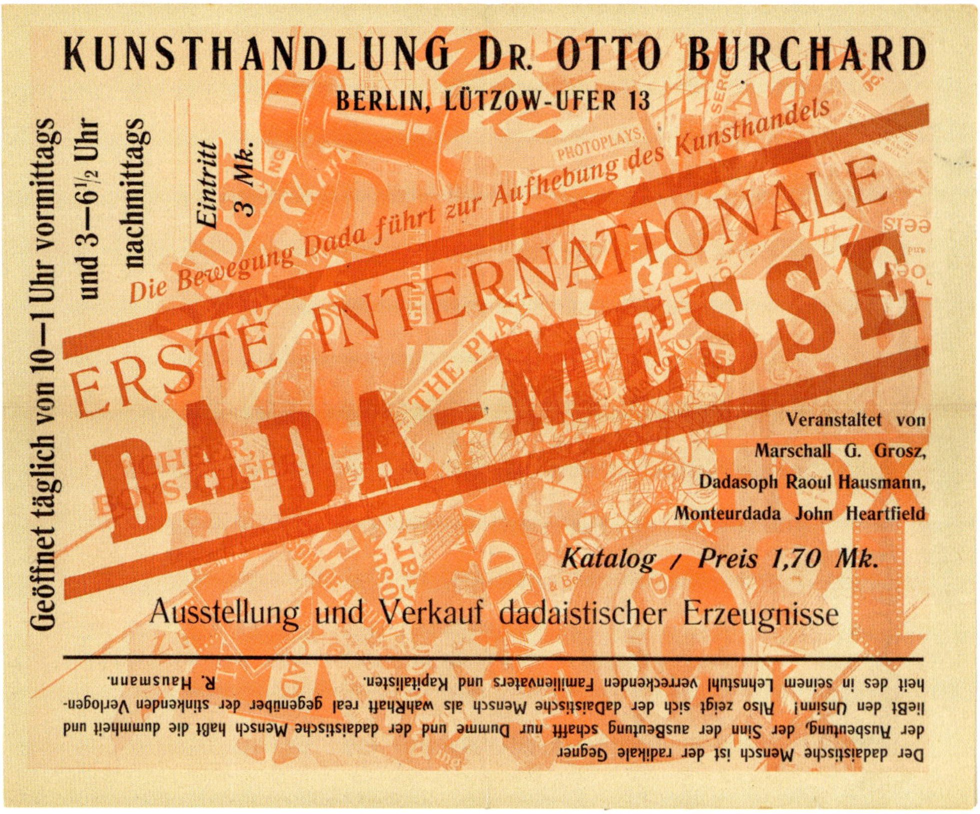

des Kommunismus für die zukünftige „Diktatur des Proletariats“ erahnen. Die Diffamierung von Dada wiederum als „Kulturbolschewismus“ von der nationalistisch gesonnenen *Neuen Preussischen Kreuz-Zeitung*[61] ebenso wie der Anlass der Anklage verwiesen schon auf die „Säuberung des Kunsttempels“[62] und die Ausstellungen „entarteter“ Kunst: *45% Erwerbsfähig!* von Dix wurde in Dresden 1933, in Berlin 1938 mehrfach als „Gemalte Wehrsabotage“[63] angeprangert.

Die aufgeschlossene Rezension von Adolf Behne in *Die Freiheit*[64] beispielsweise signalisierte dagegen eine aufgeklärte Dada-Rezeption, die jenseits von Europa 1936/37 mit der Ausstellung *Fantastic Art, Dada, Surrealism*[65] im Museum of Modern Art in New York eine neue Ära der Avantgarden begründete und nach dem Zweiten Weltkrieg weiter wirkte auf Fluxus, kapitalistischen Realismus, auf Nouveau Réalisme, Pop-Art, Lettrismus, internationalen Situationismus, die Konkrete Poesie, die Wiener Schule.

Dass Dada mehr als Dada ist,[66] inspiriert auch noch gegenwärtig zu kunstpolitischer Widerständigkeit. 2024 hat sich der Schweizer Künstler Thomas Hirschhorn, Jahrgang 1957, angesichts der politischen Krisen auf den Widerspruchsgeist der Berliner *Ersten Internationalen Dada-Messe* besonnen: „What can we learn from History of Art for Today’s Life? Disobedience“.[67] (Abb. 8)

Abb./fig. 7
George Grosz und John Heartfield, *Leben und Treiben in Universal City um 12 Uhr 5 mittags*, 1920, Fotomontage und Feder auf Papier, Verbleib unbekannt / photomontage and pen on paper, lost. Im Hintergrund auf der Titelseite / in the background of the cover *Erste Internationale Dada-Messe*, hg. von / edited by Marschall George Grosz, Dadasoph Raoul Hausmann und Monteurdada John Heartfield, Ausst.-Kat. / exh. cat., Kunsthandlung Otto Burchard, Berlin 1920

Dada as "cultural Bolshevism" and the grounds for the indictment pointed ahead to the later "purging of the temple of art"[62] and the exhibitions of so-called degenerate art. *45% Erwerbsfähig!* by Dix was decried multiple times as "painted sabotage of the army"[63]: in Dresden in 1933 and in Berlin in 1938.

By contrast, the open-minded review by Adolf Behne in *Die Freiheit*[64], for example, signalled an appreciative reception of Dada, one that would inaugurate a new era of the avant-garde beyond Europe, in the 1936/37 exhibition *Fantastic Art, Dada, Surrealism*[65] at the Museum of Modern Art in New York. After the Second World War, its legacy continued to shape Fluxus, Capitalist Realism, Nouveau Réalisme, Pop Art, Lettrisme, International Situationism, Concrete Poetry, and the Vienna School.

That Dada is more than Dada[66] continues to inspire political resistance in art to this day. In 2024, against the backdrop of current political crises, Swiss artist Thomas Hirschhorn (b.1957) revisited the spirit of resistance of the *Erste Internationale Dada-Messe [First International Dada Fair]* in Berlin and concluded: „What can we learn from History of Art for Today's Life? Disobedience".[67] (fig. 8)

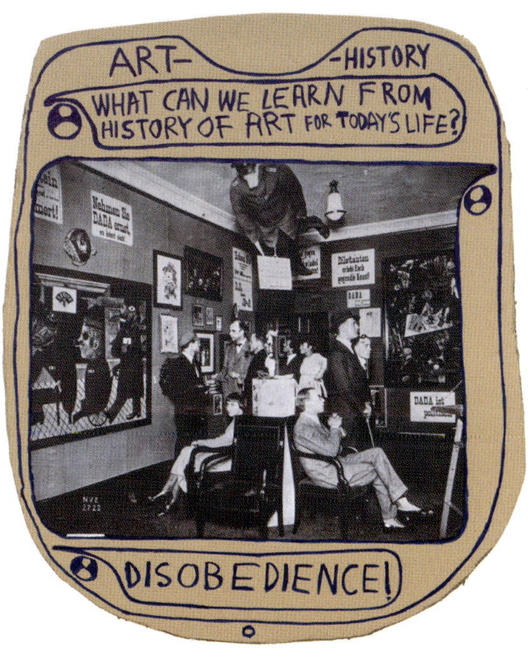

Abb./fig. 8
Thomas Hirschhorn, *Art-History-Plaque VI*, 2024, Karton, Druckerzeugnis, Filzstift / cardboard, printed matter, felt marker, 141 × 120 × 5 cm

1 Erste Internationale Dada-Messe, hg. von Marschall George Grosz, Dadasoph Raoul Hausmann und Monteurdada John Heartfield, Ausst.-Kat. Kunsthandlung Otto Burchard, Berlin 1920.

2 Dada Almanach, hg. von Richard Huelsenbeck, Berlin 1920, S. 38.

3 Hugo Ball, Flucht aus der Zeit, Luzern 1946, S. 91.

4 Odo Marquard, Gesamtkunstwerk und Identitätsprinzip, in: Der Hang zum Gesamtkunstwerk. Europäische Utopien seit 1800, hg. von Harald Szeemann, Aarau/Frankfurt am Main 1983, S. 45.

5 Kat. Dada-Messe 1920 (wie Anm. 1), Nr. 116–121.

6 Vgl. Rekonstruktion der Ersten internationalen Dada-Messe anhand von Fotografien und des Katalogs, in: Hanne Bergius, Montage und Metamechanik. Dada Berlin – Artistik von Polaritäten, Berlin 2000, S. 233–305, Kat. S. 349–415; Dada Berlin. Erste internationale Dada-Messe, hg. von Antiquariat Günter Linke, Berlin 2024.

7 Raoul Hausmann. Texte bis 1933, Bilanz der Feierlichkeit, Band 1, hg. von Michael Erlhoff, München 1982, S. 95.

8 Nietzsche, zit. nach: Dada Almanach 1920 (wie Anm. 2), S. 7.

9 Wilhelm II., zit. nach: Berlin um 1900, hg. von Eberhard Roters, Berlin 1984, S. 375.

10 „Gott mit uns" (Mt 1,23) hat preußische Tradition seit den Befreiungskriegen gegen Frankreichs Vorherrschaft 1815 bis 1817 und wurde standardmäßig auf Koppelschlössern eingeprägt.

11 George Grosz, Gott mit uns. Politische Mappe, Berlin 1920.

12 George Grosz, Brief an Robert Bell, September 1915, in: George Grosz. Briefe 1913–1959, hg. von Herbert Knust, Reinbek bei Hamburg 1979, S. 31.

13 Ebd.

14 George Grosz, Brief an Robert Bell, 1916/17, in: ebd., S. 44.

15 Siehe Hans Memling, *Das Jüngste Gericht*, 1464–1471, Nationalmuseum Danzig: Während der auferstandene Christus als Weltenrichter am Jüngsten Tag über die Aufnahme der Auserwählten in den Himmel entscheidet – die Spitze der Komposition ausfüllend –, tritt in seiner Achse der richtende Erzengel Michael mit gezücktem Schwert unterhalb von ihm auf, die Verdammten von den Seligen trennend. Links im Bild findet die Auferstehung der Seligen statt, während rechts die Verdammten zur Hölle fahren. Als Fürbitter knien links des Weltenrichters Maria und rechts Johannes.

16 Vgl. *Die Pleite*, Nr. 6, Januar 1920.

17 Willi Wolfradt, George Grosz, Leipzig 1921, S. 12.

18 Ebd.

19 George Grosz, *Siegfried Hitler*, 1923, Federzeichnung, veröffentlicht als Titelblatt von *Die Pleite*, Nr. 8, November 1923.

20 Wolfradt 1921 (wie Anm. 17).

21 Heinrich Heine, *Deutschland. Ein Wintermärchen*, 1844, in: Sämtliche Werke, hg. von Ernst Elster, Bd. 2, Caput III, Leipzig/Wien 1887.

22 John Heartfield und Rudolf Schlichter mont., *Preußischer Erzengel*, 1920, Deckenplastik mit Tafel: „Um dieses Kunstwerk vollkommen zu verstehen, exerziere man täglich zwölf Stunden mit vollgepacktem Affen und feldmarschmäßig ausgerüstet auf dem Tempelhofer Feld", verschollen.

23 Raoul Hausmann, Synthetisches Cino der Malerei (Das neue Material in der Malerei), April 1918, in: Hausmann 1982 (wie Anm. 7), S. 16.

24 Christine Tauber, Triumphzug/Schandzug, in: Lexikon der Revolutions-Ikonographie in der europäischen *Druckgraphik 1789–1889,* hg. von Rolf Reichardt, Münster 2017, S. 1960–1974.

25 George Grosz, Brief an Otto Schmalhausen, 3. März 1918, in: Grosz. Briefe 1979 (wie Anm. 12), S. 58.

26 Otto Dix, *45% Erwerbsfähig!*, 1920, Öl und Montage auf Leinwand, Verbleib unbekannt.

27 George Grosz, *Die Gesundbeter*, 1918, veröffentlicht in: Grosz 1920 (wie Anm. 11).

28 Bertolt Brecht. Gesammelte Werke 8. Gedichte I, Werkausgabe Edition Suhrkamp, Frankfurt am Main 1967, S. 256–259.

29 George Grosz, *Christus am Kreuz mit Gasmaske*. „Maul halten und weiter dienen!", 1928, Zeichnung, veröffentlicht in: Grosz, *Hintergrund,* Berlin 1928, anlässlich der Aufführung des *Schwejk* der Piscatorbühne.

30 Johannes Baader, Deutschlands Größe und Untergang durch Lehrer Hagendorf oder Die phantastische Lebensgeschichte des Oberdada, in: Dada Almanach 1920 (wie Anm. 2), S. 91–95. Zum Welttempel und zur Assemblage vgl. auch Adrian Sudhalter, Johannes Baader and the Demise of Wilhelmine Culture. Architecure, Dada and Social Critique 1875–1920, New York University 2005.

31 Johannes Baader, *Welttempel*, 1906, Abb. in Bergius 2000 (wie Anm. 6), S. 215, 273–279.

32 Ball 1946 (wie Anm. 3), S. 91 (12.VI.1916).

33 Baader 1920 (wie Anm. 31), S. 92.

34 Ebd., S. 94.

35 Ebd.

36 Zum Zusammenhang von Baaders Assemblage und Schwitters Merzbau siehe Hanne Bergius, Architecture as the Dionysian-Apollonian Process of Dada, in: Nietzsche and „An Architecture of our Minds", hg. von Alexis Kosta und Irving Wolfarth, Los Angeles 1999, S. 115–139.

37 Abb. in: Dada Almanach 1920 (wie Anm. 2), S. 40f.

38 Vgl. Anm. 5.

39 Vgl. Bergius 2000 (wie Anm. 6), S. 200, 281; vgl. insbesondere zum „wildgewordenen Spießer Heartfield" Brigid Doherty, The Work of Art and the Problem of Politics in Berlin Dada, in: *October* 105, 2003, S. 73–92.

1 Erste Internationale Dada-Messe, publ. by Marschall George Grosz, Dadasoph Raoul Hausmann and Monteurdada John Heartfield, exhib. cat. Kunsthandlung Otto Burchard, Berlin 1920.

2 Dada Almanach, publ. by Richard Huelsenbeck, Berlin 1920, p. 38.

3 Hugo Ball, Flucht aus der Zeit, Lucerne 1946, p. 91.

4 Odo Marquard, Gesamtkunstwerk und Identitätsprinzip, in: Der Hang zum Gesamtkunstwerk. Europäische Utopien seit 1800, publ. by Harald Szeemann, Aarau/Frankfurt am Main 1983, p. 45.

5 Cat. Dada Fair 1920 (see footnote 1), nr. 116–121.

6 Cf. reconstruction of the First International Dada Fair based on photographs and the catalogue, in: Hanne Bergius, Montage und Metamechanik. Dada Berlin – Artistik von Polaritäten, Berlin 2000, pp. 233–305, cat. p. 349–415; English translation Hanne Bergius, Dada Triumphs. Dada Berlin 1917-1923. publ. by Stephen C. Foster, New Haven Conn. 2003, pp. 231–281, cat. p. 1–68; Dada Berlin. Erste internationale Dada-Messe, publ. by Antiquariat Günter Linke, Berlin 2024.

7 Raoul Hausmann. Texte bis 1933, Bilanz der Feierlichkeit, vol. 1, publ. by Michael Erlhoff, Munich 1982, p. 95.

8 Nietzsche, cit. from: Dada Almanach 1920 (see footnote 2), p. 7.

9 Wilhelm II., cit. from: Berlin um 1900, publ. by Eberhard Roters, Berlin 1984, p. 375.

10 "Gott mit uns" (Mt 1,23) belonged to a Prussian tradition dating back to the German campaigns against French rule (1815–1817) and the phrase was routinely embossed on belt buckles.

11 George Grosz, Gott mit uns. Politische Mappe, Berlin 1920.

12 George Grosz, letter to Robert Bell, September 1915, in: George Grosz. Briefe 1913–1959, publ. by Herbert Knust, Reinbek bei Hamburg 1979, p. 31.

13 Ibid., p. 2.

14 George Grosz, letter to Robert Bell, 1916/17, in: ibid., p. 44.

15 See Hans Memling, *Das Jüngste Gericht*, 1464–1471, Nationalmuseum Danzig: While the resurrected Christ as iudex mundi on Judgement Day decides on the admission of the chosen into heaven – taking up the apex of the composition – in its axis the judging archangel Michael, sword drawn, appears below Him, separating the damned from the blessed. On the left hand side of the painting the resurrection of the saints is taking place, while on the right the damned are on their way to hell. Mary and John kneel to the left and right of the Judge of the World.

16 Cf. *Die Pleite*, Nr. 6, January 1920.

17 Willi Wolfradt, George Grosz, Leipzig 1921, p. 12.

18 Ibid.

19 George Grosz, *Siegfried Hitler*, 1923, pen-and-ink drawing, published as the cover of *Die Pleite*, nr. 8, November 1923.

20 Wolfradt 1921 (see footnote 17).

21 Heinrich Heine, *Germany. A Winter's Tale*, 1844, transl.: T. J. Reed, publ. by Angel Books, London, 1986.

22 John Heartfield and Rudolf Schlichter mont., *Preußischer Erzengel*, 1920, ceiling sculpture with signboard: "Um dieses Kunstwerk vollkommen zu verstehen, exerziere man täglich zwölf Stunden mit vollgepacktem Affen und feldmarschmäßig ausgerüstet auf dem Tempelhofer Feld" ["To fully understand this artwork, one should do twelve hours of military training daily with a full backpack and marching gear on Tempelhofer Feld"], lost.

23 Raoul Hausmann, Synthetisches Cino der Malerei (Das neue Material in der Malerei) [Synthetic Cinema of Painting (The New Material in Painting)], April 1918, in: Hausmann 1982 (see footnote 7), p. 16.

24 Christine Tauber, Triumphzug/Schandzug, in: Lexikon der Revolutions-Ikonographie in der europäischen *Druckgraphik 1789–1889*, publ. by Rolf Reichardt, Münster 2017, pp. 1960–1974.

25 George Grosz, letter to Otto Schmalhausen, 3 March 1918, in: Grosz. Letters 1979 (see footnote 12), p. 58.

26 Otto Dix, *45% Erwerbsfähig!*, 1920, oil and montage on canvas, location unknown.

27 George Grosz, *Die Gesundbeter*, 1918, published in: Grosz 1920 (see footnote 11).

28 Bertolt Brecht. Gesammelte Werke 8. Gedichte I, Werkausgabe Edition Suhrkamp, Frankfurt am Main 1967, pp. 256–259.

29 George Grosz, *Christus am Kreuz mit Gasmaske*. "Maul halten und weiter dienen!", 1928, drawing, published in: Grosz, *Hintergrund*, Berlin 1928, on the occasion of the staging of *Schwejk* at the Piscatorbühne theatre.

30 Johannes Baader, Deutschlands Größe und Untergang durch Lehrer Hagendorf oder Die phantastische Lebensgeschichte des Oberdada, in: Dada Almanach 1920 (see footnote 2), pp. 91–95. On the World Temple and on assemblages, see also Adrian Sudhalter, Johannes Baader and the Demise of Wilhelmine Culture. Architecure, Dada and Social Critique 1875–1920, New York University 2005.

31 Johannes Baader, *Welttempel*, 1906, fig. in Bergius 2000 (see footnote 6), pp. 215, 273–279.

32 Ball 1946 (see footnote 3), p. 91 (12.VI.1916).

33 Baader 1920 (see footnote 31), p. 92.

34 Ibid., p. 94.

35 Ibid.

36 On the connection between Baader's assemblage and Schwitters' Merzbau, see Hanne Bergius, Architecture as the Dionysian-Apollonian Process of Dada, in: Nietzsche and "An Architecture of our Minds", publ. by Alexis Kosta and Irving Wolfarth, Los Angeles 1999, pp. 115–139.

37 Fig. in: Dada Almanach 1920 (see footnote 2), pp. 40f.

38 Cf. footnote 5.

39 Cf. Bergius 2000 (see footnote 6), p. 200, 281; in particular on the "Conformist Heartfield Turned Wild" cf. Brigid Doherty, The Work of Art and the Problem of Politics in Berlin Dada, in: *October* 105, 2003, pp. 73–92.

40 Zur Dada-Kritik am Patriarchat vgl. Hanne Bergius, Dada und Eros, in: Da-da zwischen Reden zu Hannah Höch, hg. von Jula Dech und Ellen Maurer, Berlin 1991, S. 61–80.

41 Konstantin Umanskij, Neue Kunstrichtungen in Rußland. „Der Tatlinismus oder die Maschinenkunst", in: *Der Ararat* 1, 4, Januar 1920, S. 12–14; „Die neue Monumentalskulptur in Rußland", in: *Der Ararat* 1, 5, Februar/März 1920, S. 29–33; Neue Kunst in Rußland 1914 bis 1918, Potsdam/München 1920.

42 Hausmann 1982 (wie Anm. 7), S. 49.

43 Ebd., S. 56.

44 Raoul Hausmann, *Tatlin lebt zu Hause*, 1920, Fotomontage, 41 × 28 cm, verschollen. – George Grosz, *Tatlinistischer Planriss: „Schreckenskammer"* (Nr. 53); *Tatlinistischer Planriss: Brillantenschieber im Café Kaiserhof 1919* (Nr. 54); *Tatlinistischer Planriss: Akt 1920* (Nr. 56), in: Dada-Messe 1920 (wie Anm. 1).

45 Vgl. Bergius 2000 (wie Anm. 6), Kap. Metamechanik, S. 173–233.

46 Kat. der Dada-Messe 1920 (wie Anm. 1), Nr. 62.

47 Umanskij 1920, Monumentalskulptur (wie Anm. 42), S. 32.

48 Vgl. Rekonstruktion der *Dada-Messe*, in: Bergius 2000 (wie Anm. 6), Kat. 47–49, 103.

49 Hannah Höch, Die ersten Fotomontagen, Berlin, 1.11.1933, in: Hannah Höch. Eine Lebenscollage, Bd. 2, hg. von Ralf Burmeister und Eckhard Fürlus, Berlinische Galerie. Landesmuseum für Moderne Kunst, Architektur und Photographie, Berlin 1995, S. 505.

50 Hans Richter, Dada – Kunst und Antikunst: Der Beitrag Dadas zur Kunst des 20. Jahrhunderts, Köln 1964, S. 117.

51 Vgl. Bergius 2000 (wie Anm. 6), S. 55–166.

52 Raoul Hausmann, *Dada Cino/Dada im gewöhnlichen Leben*, 1920, Montage aus Foto- und Textzitaten, 31,7 × 22,5 cm, bez. u. M. und r. mit handschriftlicher Widmung an Kurt Schwitters vom 9. April 1921, Houston,Texas.

53 Richard Huelsenbeck. DADA-LOGIK 1913–1972, hg. von Herbert Kapfer, München 2012, S. 355.

54 Hausmann 1982 (wie Anm. 7), S. 170.

55 Vgl. Hanne Bergius, DADA Montage: kontingent und komplex unter dem Einfluß Nietzsches, in: *IMAGE*, 41, 2025, S. 69–90.

56 Raoul Hausmann. Texte bis 1933, Sieg Triumph Tabak mit Bohnen, Band 2, hg. von Michael Erlhoff, München 1982, S. 130.

57 George Grosz, Brief an Otto Schmalhausen, 1916 (!), in: Grosz. Briefe (wie Anm. 12), S. 34.

58 Vgl. Kat. Dada-Messe 1920 (wie Anm. 1), S. 4; Bergius 2000 (wie Anm. 6), S. 286f. Zur Bedeutung von Dreier siehe Yale Collection of American Literature, Beinecke Rare Book and Manuscript Library, Yale University, Katherine S. Dreier Papers / Société Anonyme Archive.

59 Hanne Bergius, Press Reception Dada Berlin, in: Dada and the Press, hg. von Harriet Watts, Reihe: Crisis and the Arts. The History of Dada, Bd. 9, hg. von Stephen C. Forster, New Haven, Conn. 2004, S. 67–152.

60 *Die Rote Fahne*, 25. Juli 1920.

61 *Neue Preußische Kreuz-Zeitung*, 3. Juli 1920.

62 Wolfgang Willrich, Säuberung des Kunsttempels: eine kunstpolitische Kampfschrift zur Gesundung der deutschen Kunst im Geiste nordischer Art, München 1937.

63 Entartete Kunst, Ausst.-Kat. München 1937, S. 15.

64 *Die Freiheit*, 9. Juli 1920.

65 Fantastic Art, Dada, Surrealism, Kurator Alfred Barr, The Museum of Modern Art, New York 1936/37.

66 Vgl. Raoul Hausmann, Dada ist mehr als Dada, in: Hausmann 1982 (wie Anm.7), S. 166–171.

67 Ich verdanke den Hinweis Barbara Straka.

40 On Dada criticism of the patriarchy, see [why 'vgl.'?] Hanne Bergius, Dada und Eros, in: Da-da zwischen Reden zu Hannah Höch, publ. by Jula Dech and Ellen Maurer, Berlin 1991, pp. 61–80.

41 Konstantin Umanskij, Neue Kunstrichtungen in Rußland. "Der Tatlinismus oder die Maschinenkunst", in: *Der Ararat* 1, 4, January 1920, pp. 12–14; "Die neue Monumentalskulptur in Rußland", in: *Der Ararat* 1, 5, February/March 1920, pp. 29–33; Neue Kunst in Rußland 1914 bis 1918, Potsdam/ Munich 1920.

42 Hausmann 1982 (see footnote 7), p. 49.

43 Ibid., p. 56.

44 Raoul Hausmann, *Tatlin lebt zu Hause*, 1920, photo montage, 41 × 28 cm, lost. – George Grosz, *Tatlinistischer Planriss: "Schreckenskammer" [Tatlinist Design: "Chamber of Horrors"]* (Nr. 53); *Tatlinistischer Planriss: Brillantenschieber im Café Kaiserhof 1919 [Tatlinist Design: Diamond Pusher at the Café Kaiserhof 1919]* (Nr. 54); *Tatlinistischer Planriss: Akt 1920 [Tatlinist Design: Nude 1920]* (Nr. 56), in: Dada-Messe 1920 (see footnote 1).

45 Cf. [is this 'compare' as in 'contrast with' or 'compare' as in 'see'?] Bergius 2000 (see footnote 6), chapter on "Metamechanik", pp. 173–233.

46 Cat. Of the Dada Fair 1920 (see footnote 1), nr. 62.

47 Umanskij 1920, Monumentalskulptur (see footnote 42), p. 32.

48 Cf. reconstruction of the *Dada Fair*, in: Bergius 2000 (see footnote 6), pp. 47–49, 103.

49 Hannah Höch, Die ersten Fotomontagen, Berlin, 1.11.1933, in: Hannah Höch. Eine Lebenscollage, vol. 2, publ. by Ralf Burmeister and Eckhard Fürlus, Berlinische Galerie. Landesmuseum für Moderne Kunst, Architektur und Photographie, Berlin 1995, p. 505.

50 Hans Richter, Dada – Kunst und Antikunst: Der Beitrag Dadas zur Kunst des 20. Jahrhunderts, Cologne 1964, p. 117.

51 Cf. Bergius 2000 (see footnote 6), pp. 55–166.

52 Raoul Hausmann, *Dada Cino/Dada im gewöhnlichen Leben*, 1920, montage of photos and texts, 31,7 × 22,5 cm, reg. lower middle and right with hand written dedication to Kurt Schwitters dated 9 April 1921, Houston, Texas.

53 Richard Huelsenbeck. DADA-LOGIK 1913–1972, publ. by Herbert Kapfer, Munich 2012, p. 355.

54 Hausmann 1982 (see footnote 7), p. 170.

55 Cf. Hanne Bergius, DADA Montage: kontingent und komplex unter dem Einfluß Nietzsches, in: *IMAGE*, 41, 2025, pp. 69–90.

56 Raoul Hausmann. Texte bis 1933, Sieg Triumph Tabak mit Bohnen, volume 2, publ. by Michael Erlhoff, Munich 1982, p. 130.

57 George Grosz, letter to Otto Schmalhausen, 1916 , in: Grosz. Briefe (see footnote 12), p. 34.

58 Cf. Kat. Dada-Messe [Cat. Dada Fair] 1920 (see footnote 1), p. 4; Bergius 2000 (see footnote 6), p. 286f. On the importance of Dreier, see Yale Collection of American Literature, Beinecke Rare Book and Manuscript Library, Yale University, Katherine S. Dreier Papers / Société Anonyme Archive.

59 Hanne Bergius, Press Reception Dada Berlin, in: Dada and the Press, publ. by Harriet Watts, series: Crisis and the Arts. The History of Dada, vol. 9, publ. by Stephen C. Forster, New Haven, Conn. 2004, pp. 67–152.

60 *Die Rote Fahne*, 25 July 1920.

61 *Neue Preußische Kreuz-Zeitung*, 3 July 1920.

62 Wolfgang Willrich, Säuberung des Kunsttempels: eine kunstpolitische Kampfschrift zur Gesundung der deutschen Kunst im Geiste nordischer Art, Munich 1937.

63 Entartete Kunst, exh. cat. Munich 1937, p. 15.

64 *Die Freiheit*, 9 July 1920.

65 Fantastic Art, Dada, Surrealism, curator Alfred Barr, The Museum of Modern Art, New York 1936/37.

66 Cf. Raoul Hausmann, Dada ist mehr als Dada, in: Hausmann 1982 (see footnote 7), pp. 166–171.

67 My thanks go to Barbara Straka for noting this.

KATALOG
CATALOGUE

Dada lässt sich nicht
in Schubladen stecken!

Die Aufteilung dieser Ausstellung ist sinnlos.

Dada won't be pigeonholed!

The layout of this exhibition makes no sense.

Dada politisch

Dada ist politisch. Dada ist gesellschaftskritisch. Manifeste, Zeitschriften, Flugblätter – Dada wird deutlich.

Dada political

Dada is political. Dada is critical of society. Manifestos, magazines, leaflets – Dada spells it out.

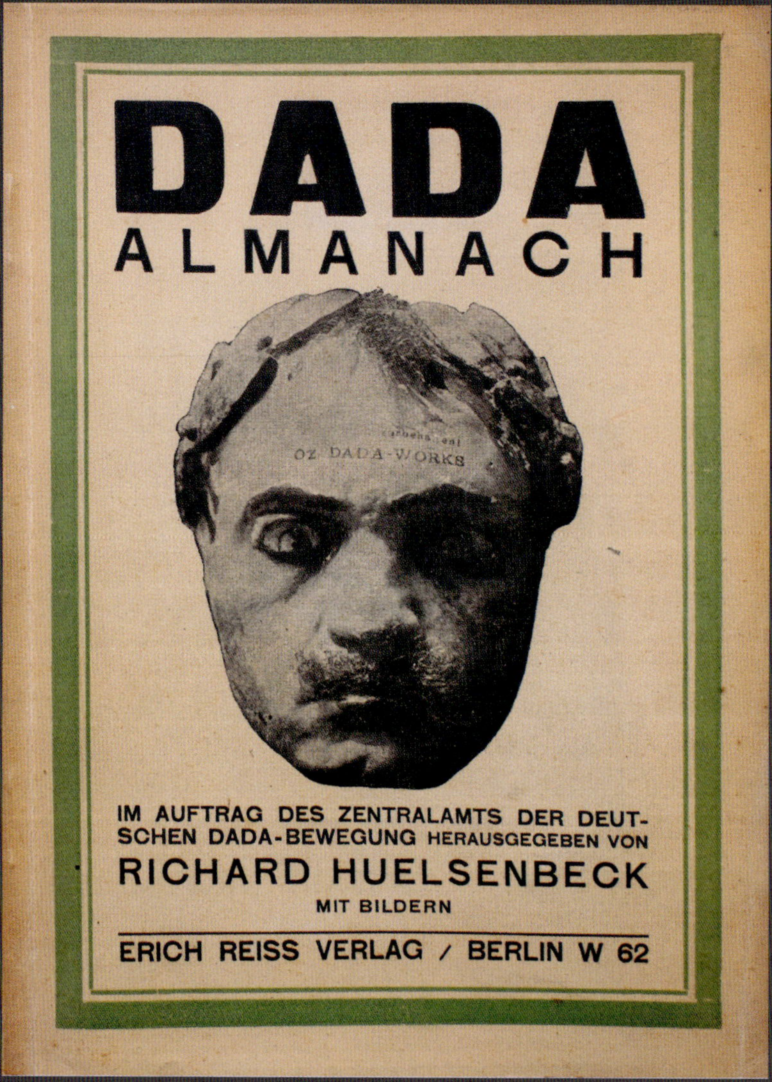

Dada-Almanach, hg. von / edited by
Richard Huelsenbeck, Berlin 1920, 18,5 × 13,5 cm

Sammlung Wassermeyer,
Nachlass Otto Schmalhausen

Johannes Baader, *Die freie Strasse*, „Präsident Baader", Nr. 10, hg. von Johannes Baader, Berlin-Steglitz, Dezember 1918 / № 10, edited by Johannes Baader, Berlin-Steglitz, December 1918, Papier, gedruckt / paper, printed, 31,6 × 22,7 cm, BG-HHC 503/79

Scan: Anja Elisabeth Witte, Berlinische Galerie – Landesmuseum für Moderne Kunst, Fotografie und Architektur

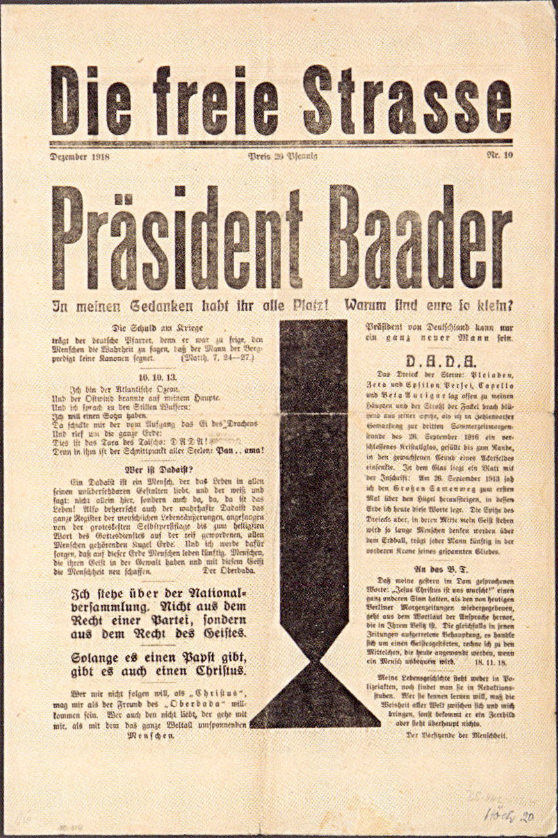

Die freie Strasse

Dezember 1918 Preis 20 Pfennig Nr. 10

Präsident Baader

In meinen Gedanken habt ihr alle Platz! Warum sind eure so klein?

Die Schuld am Kriege

trägt der deutsche Pfarrer, denn er war zu feige, den Menschen die Wahrheit zu sagen, daß der Mann der Bergpredigt keine Kanonen segnet. (Matth. 7, 24—27.)

10. 10. 13.

Ich bin der Atlantische Ozean.
Und der Ostwind brannte auf meinem Haupte.
Und ich sprach zu den Stillen Wassern:
Ich will einen Sohn haben.
Da schickte mir der vom Aufgang das Ei des Drachens
Und rief um die ganze Erde:
Dies ist das Tara des Taischo: D A D A!
Denn in ihm ist der Schnittpunkt aller Seelen: **Pan . . ama!**

Wer ist Dadaist?

Ein Dadaist ist ein Mensch, der das Leben in allen seinen unübersehbaren Gestalten liebt, und der weiß und sagt: nicht allein hier, sondern auch da, da, da ist das Leben! Also beherrscht auch der wahrhafte Dadaist das ganze Register der menschlichen Lebensäußerungen, angefangen von der groteskesten Selbstpersiflage bis zum heiligsten Wort des Gottesdienstes auf der reif gewordenen, allen Menschen gehörenden Kugel Erde. Und ich werde dafür sorgen, daß auf dieser Erde Menschen leben künftig, Menschen, die ihren Geist in der Gewalt haben und mit diesem Geist die Menschheit neu schaffen. Der Oberdada.

Ich stehe über der Nationalversammlung. Nicht aus dem Recht einer Partei, sondern aus dem Recht des Geistes.

Solange es einen Papst gibt, gibt es auch einen Christus.

Wer mir nicht folgen will, als „Christus", mag mir als der Freund des „Oberdada" willkommen sein. Wer auch den nicht liebt, der gehe mit mir, als mit dem das ganze Weltall umspannenden Menschen.

Präsident von Deutschland kann nur ein ganz neuer Mann sein.

D. A. D. A.

Das Dreieck der Sterne: Pleiaden, Zeta und Epsilon Persei, Capella und Beta Aurigae lag offen zu meinen Häupten und der Strahl der Fackel brach blühend aus seiner Spitze, als ich in Zehlendorfer Gemarkung zur dritten Sommerzeitmorgenstunde des 26. September 1916 ein verschlossenes Kristallglas, gefüllt bis zum Rande, in den gewachsenen Grund eines Ackerfeldes einsenkte. In dem Glas liegt ein Blatt mit der Inschrift: Am 26. September 1913 sah ich den Großen Sternenweg zum ersten Mal über den Hügel heraufsteigen, in dessen Erde ich heute diese Worte lege. Die Spitze des Dreiecks aber, in deren Mitte mein Geist stehen wird so lange Menschen denken werden über dem Erdball, trägt jeder Mann künftig in der vorderen Krone seines gespannten Gliedes.

An das B. T.

Daß meine gestern im Dom gesprochenen Worte: „Jesus Christus ist uns wurscht!" einen ganz anderen Sinn hatten, als den von heutigen Berliner Morgenzeitungen wiedergegebenen, geht aus dem Wortlaut der Ansprache hervor, die in Ihrem Besitz ist. Die gleichfalls in jenen Zeitungen aufgetretene Behauptung, es handle sich um einen Geistesgestörten, rechne ich zu den Mittelchen, die heute angewandt werden, wenn ein Mensch unbequem wird. 18. 11. 18.

Meine Lebensgeschichte steht weder in Polizeiakten, noch findet man sie in Redaktionsstuben. Wer sie kennen lernen will, muß die Weisheit aller Welt zwischen sich und mich bringen, sonst bekommt er ein Zerrbild oder sieht überhaupt nichts.

Der Vorsitzende der Menschheit.

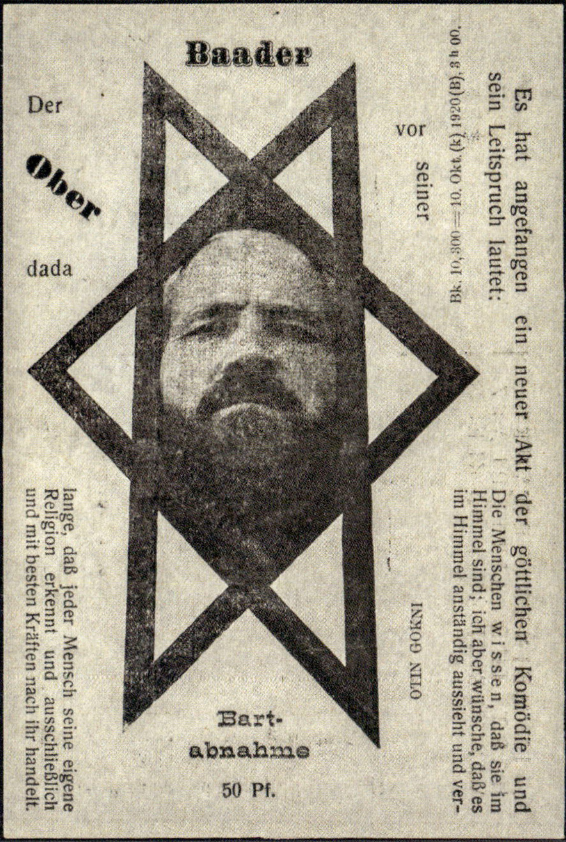

Johannes Baader, *Der Oberdada Baader vor seiner Bartabnahme*, 1920, gedruckte Postkarte, schwarz auf grauem Karton / printed postcard, black on grey cardboard, 16,3 × 11,2 cm

Galerie Berinson, Berlin

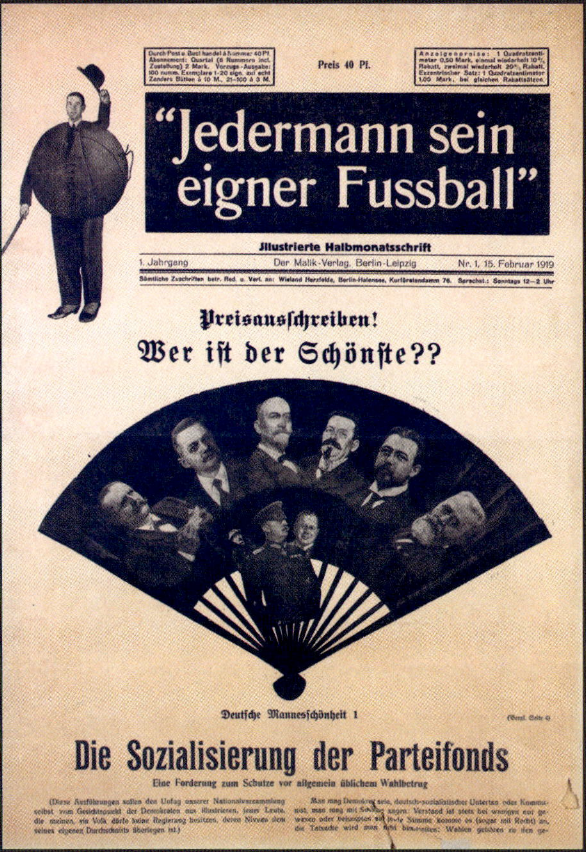

John Heartfield, *Jedermann sein eigner Fußball*, Jg. 1, Nr. 1, 15. Februar 1919 / Vol. 1, № 1, 15 February 1919, Berlin/Leipzig, 43 × 29 cm

Sammlung Wassermeyer
© The Heartfield Community of Heirs

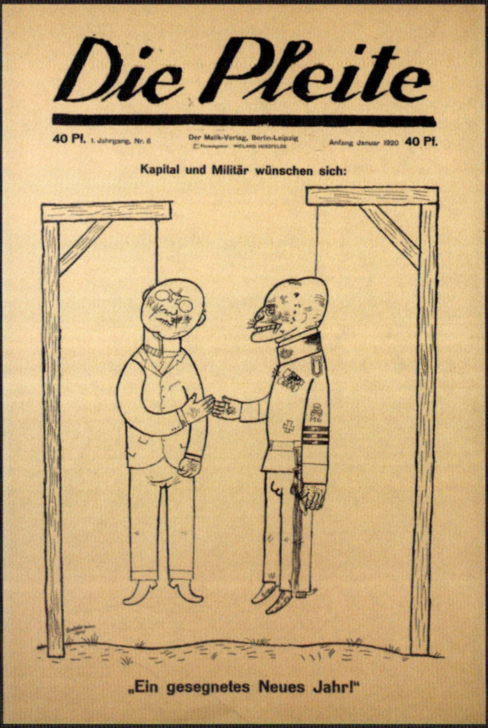

George Grosz, *Die Pleite*, Jg. 1, Nr. 5, 15. Dezember 1919 / Vol. 1, № 5, 15 December 1919, 47,5 × 32 cm

Sammlung Wassermeyer
© Estate of George Grosz, Princeton, N.J.

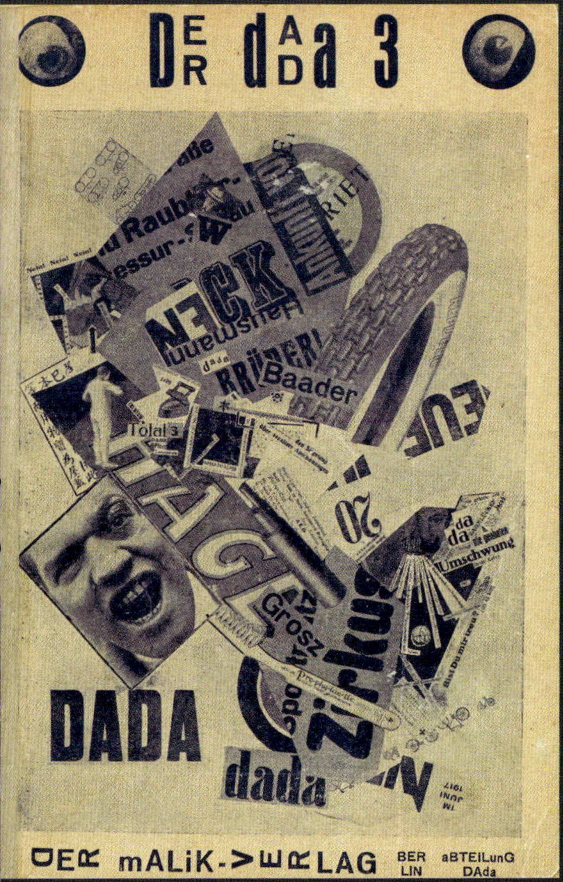

John Heartfield, *Der DADA* 3, 1920, Buchdruck, Broschur / letterpress, brochure, 23 × 15,5 cm

Akademie der Künste, Berlin, Kunstsammlung, Inv. JH 1459

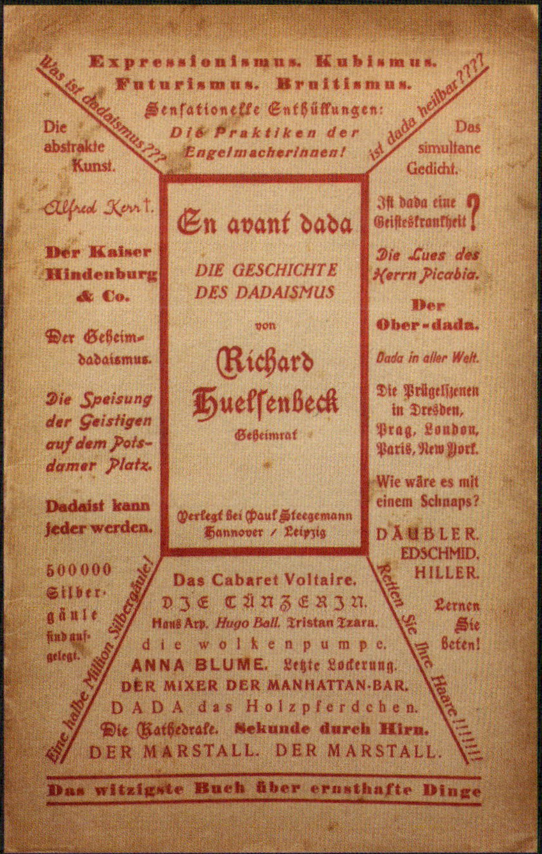

Richard Huelsenbeck, *En avant Dada. Die Geschichte des Dadaismus*, Hannover/Leipzig 1920, 23,5 × 15,5 cm

Sammlung Wassermeyer

Erster Weltkrieg

Schlamm und Schrecken in den Schützengräben. Der Krieg ist die Initialkatastrophe Dadas.

Er macht die Dadaist:innen zu pazifistischen und politischen Kunstaktivist:innen.

First World War

Mud and terror in the trenches. The war is the catastrophe that sparked Dada.

It turns Dadaists into pacifists and political art activists.

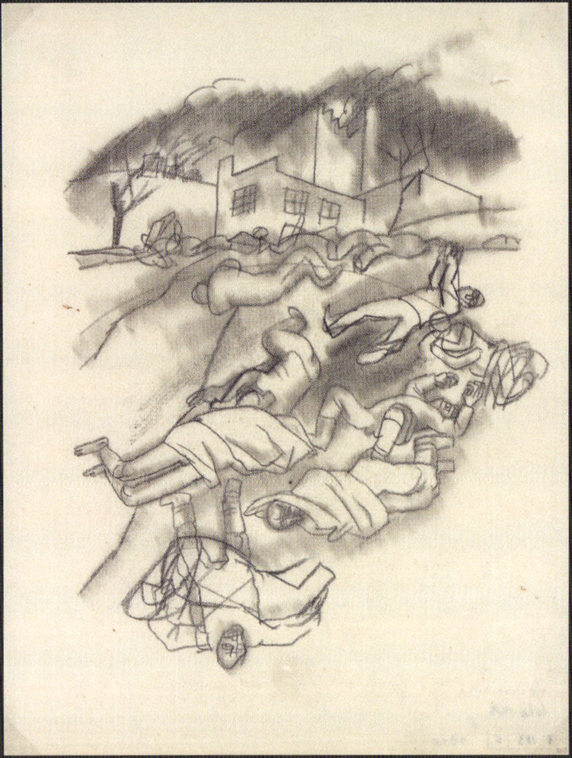

George Grosz, *Schlachtfeld (Rückzugstrasse)*, 1915, Grafit und Kohle auf Papier / graphite and charcoal on paper, 28,5 × 21,1 cm

Sammlung Judin, Berlin
© Estate of George Grosz, Princeton, N.J.

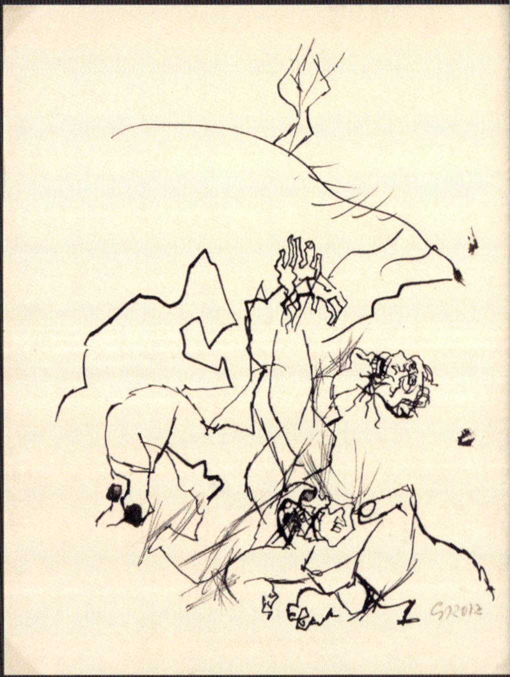

George Grosz, *Tote*, 1915, Grafit und Tusche auf Papier / graphite and ink on paper, 23,1 × 18,5 cm

Sammlung Judin, Berlin
© Estate of George Grosz, Princeton, N.J.

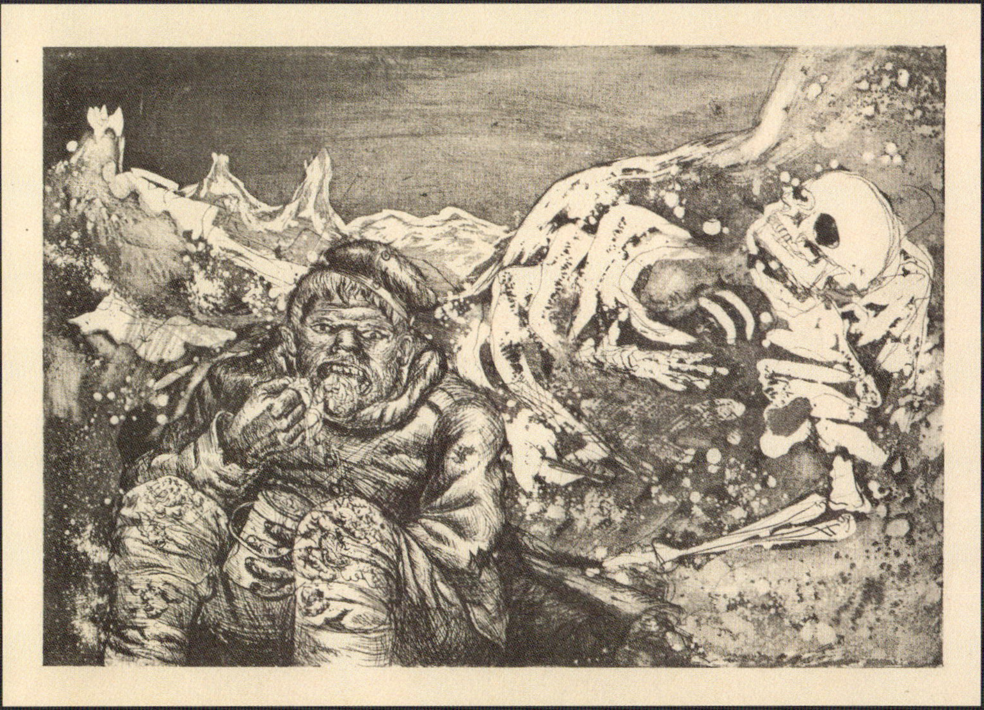

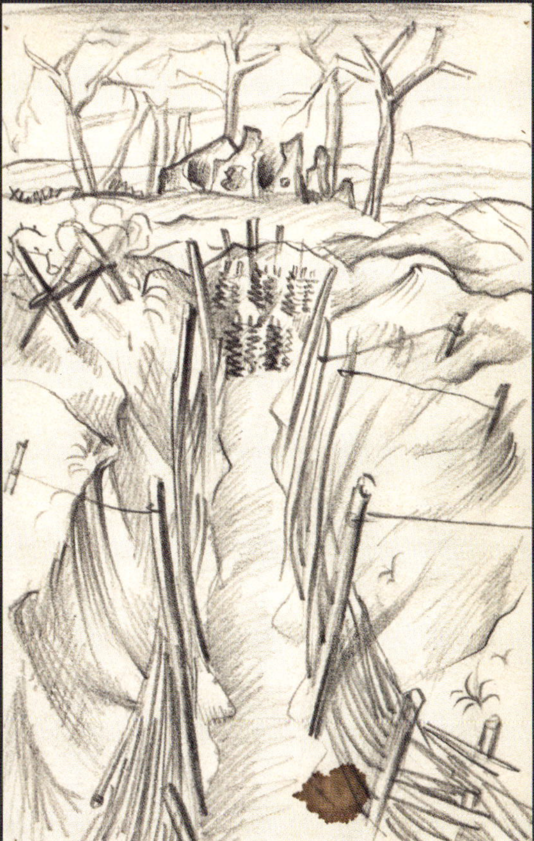

Otto Dix, *Mahlzeit in der Sappe (Lorettohöhe)*, Blatt 1 von 7 der Mappe / sheet 1 of 7 from portfolio „Krieg", 1924, Fotolithografie in Offsetdruck nach einer Radierung / photolithography in offset printing based on an etching, Bildmaß / image: 14,9 × 22 cm, Blattmaß / sheet: 24,1 × 35 cm

LETTER Stiftung, Köln

Otto Dix, *Laufgraben*, 1916 (22.3.1916), Bleistift auf Feldpostkarte / pencil on field postcard, 14,2 × 9,2 cm, Lorenz: WK 1.0.31, verso bezeichnet / inscribed on the back:

am 22. März / Kara samideanino! /
Für Ihre Sen[dung] mit den Orangen /
meinen au[fricht]ichsten Dank! / Ich habe an
Ihren Herrn Vater geschrieben / mit der Bitte
um 2 Zeichenblöcke. / Hoffentlich erhalte ich
diese / recht bald, denn mein Papier / ist alle.
Die Skizze stellt / meinen Laufgraben dar. / Hoffentlich
geht es Ihnen gut, wie / mir auch.
Auch von der Schule habe / ich wieder 2 Pakete
erhalten. / Ich grüße Sie herzlichst / Dix

22nd March, Kara samideanino!
Thank you very much for your parcel with the oranges!
I have written to your father asking him to send me two sketchbooks. I hope I will receive them soon, as I have run out of paper. The sketch shows my trench. I hope you are well, as I am. I have also received two more packages from the school.
Warm regards, Dix

Kunstsammlung Gera

Dada auf der Bühne des Lebens

Dada ist Bühnenperformance, Tanz, Theater- und Marionettenstück, öffentliche Inszenierung und Störaktion.

Dada on the Stage of Life

Dada is stage performance, dance, theatre and puppet show, public spectacle and an act of disturbance.

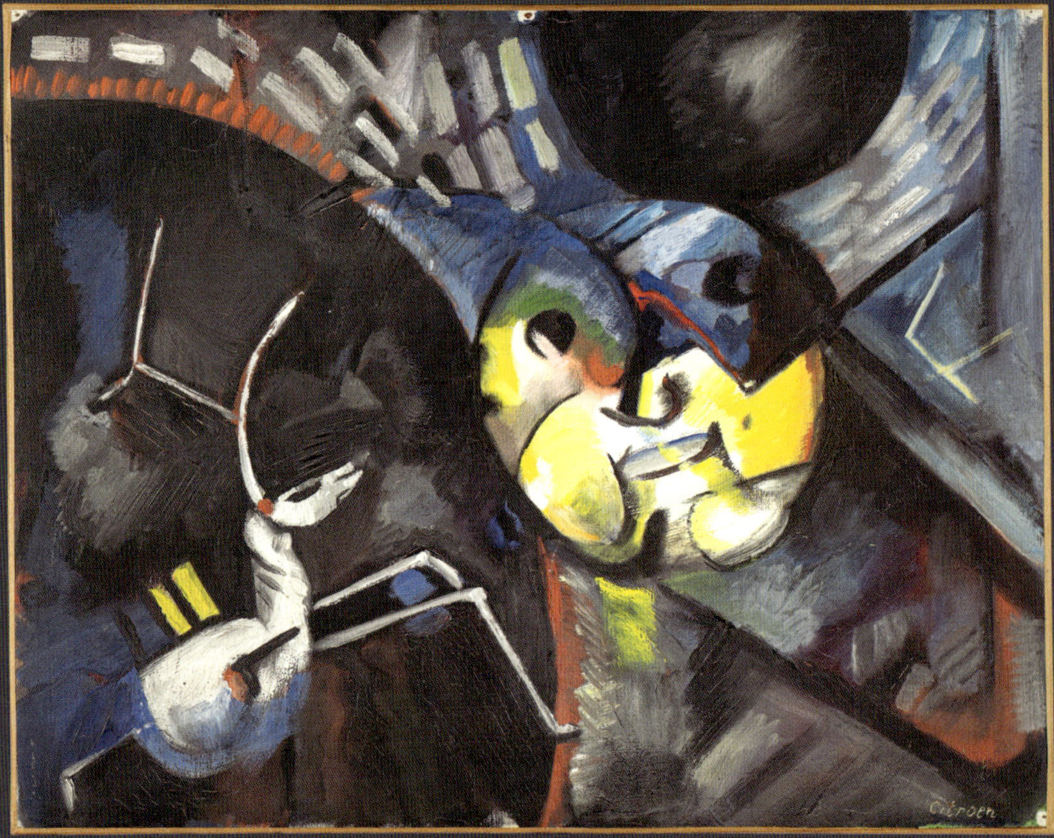

Paul Citroen, *Komposition*, 1924, Öl auf Leinwand / oil on canvas, 47 × 61 cm

Galerie Berinson, Berlin

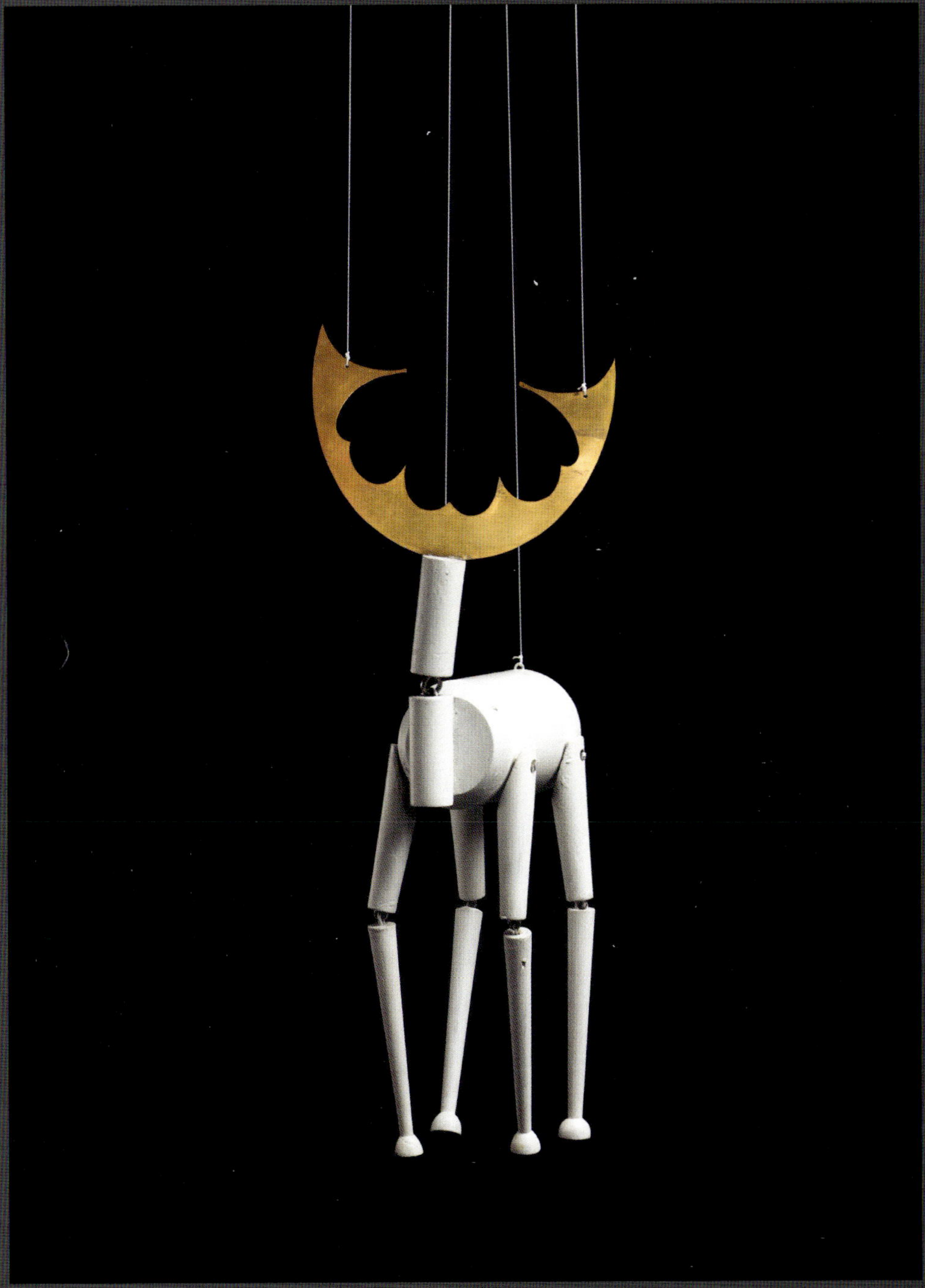

Sophie Taeuber-Arp, *König Hirsch*: *Hirsch*, 1918, Holz, Ölfarbe, Metall / wood, oil paint, metal, 50 × 17,8 × 18 cm

Foto / photo: Umberto Romito & Ivan Šuta, Museum für Gestaltung Zürich, Kunstgewerbesammlung, ZHdK

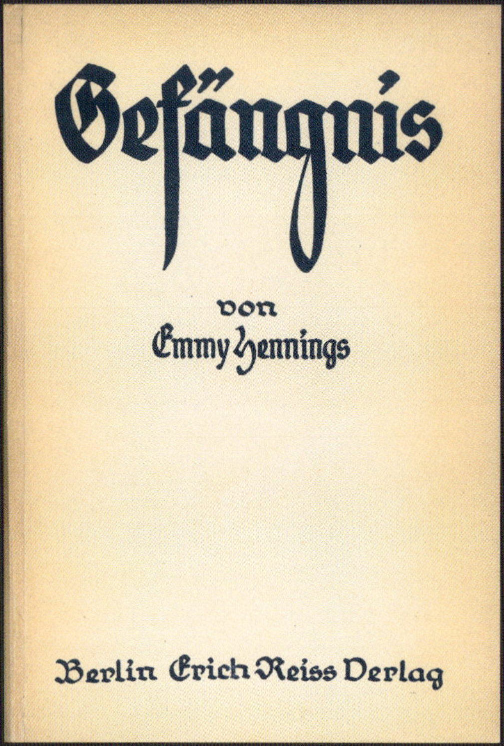

Emmy Hennings, *Gefängnis*, Berlin 1919, ca. / c. 19 × 13 cm

Antiquariat Günter Linke, Berlin

Hans Richter, Studie zu Emmy Hennings' Buch *Gefängnis* / study for Emmy Hennings' book *Gefängnis*, 1917, Bleistift auf Papier / pencil on paper, 27,7 × 22 cm

Galerie Berinson, Berlin © Copyright Estate of Hans Richter

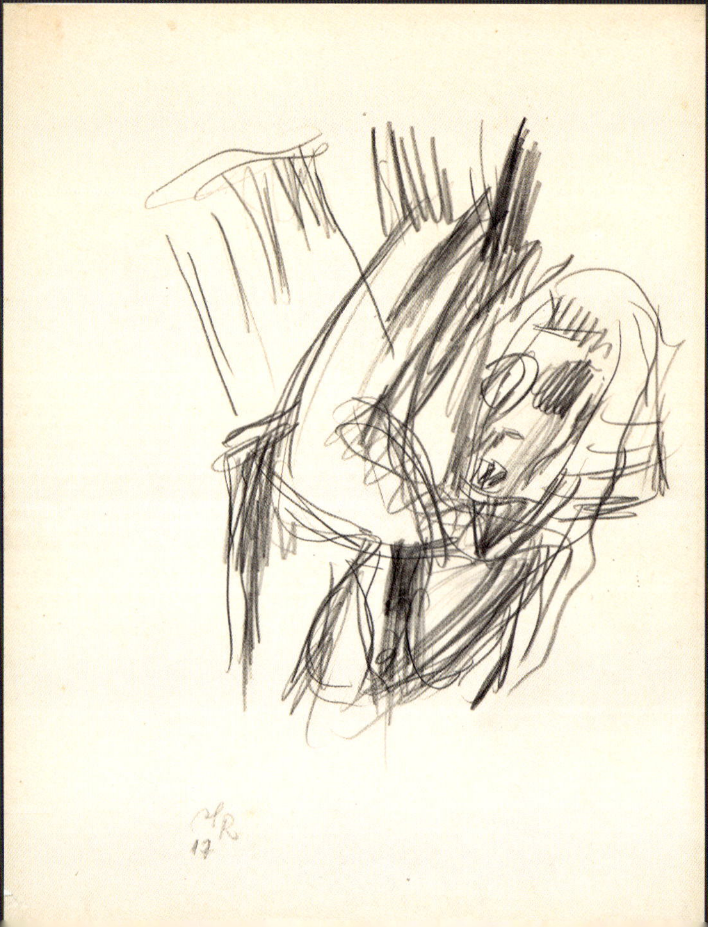

Körper- und Rollenbilder

Dada sprengt traditionelle Auffassungen von Körperlichkeit und sozialen Normen.

Body Images and Gender Roles

Dada transgresses traditional notions of the body as well as social norms.

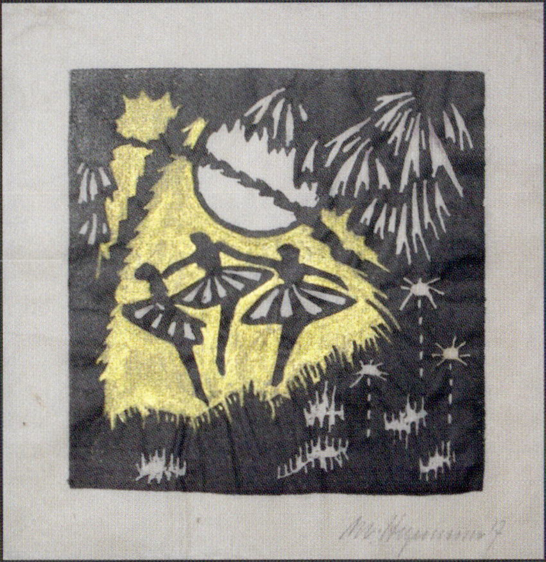

Marta Hegemann, Ohne Titel / untitled (Tänzerinnen bei Nacht / dancers in the night), 1917, Linoldruck auf Bütten / linocut on handmade paper, ca. / c. 14 × 14 cm

Nachlass Marta Hegemann

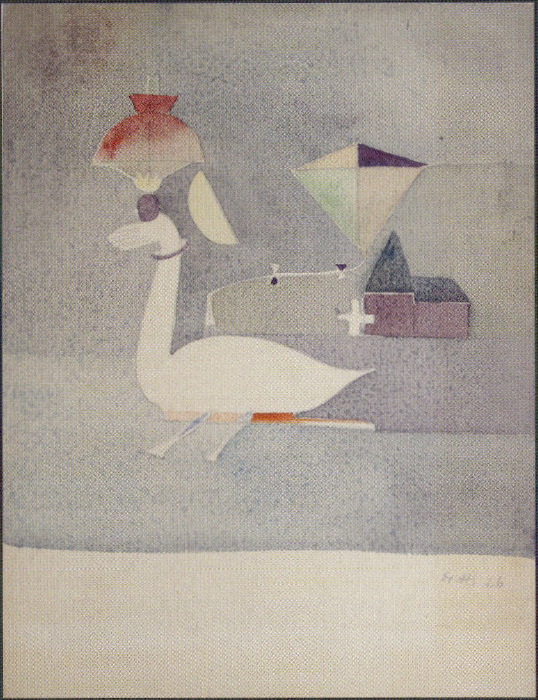

Marta Hegemann, *Leuchtschiff*, 1926, Aquarell auf Bleistift / watercolour on pencil, 29 × 23 cm

Nachlass Marta Hegemann

Heinrich Hoerle, ‚Krüppel', 1931/32, Bleistift auf Transparentpapier / pencil on tracing paper, 106 × 35,5 cm

Galerie Berinson, Berlin

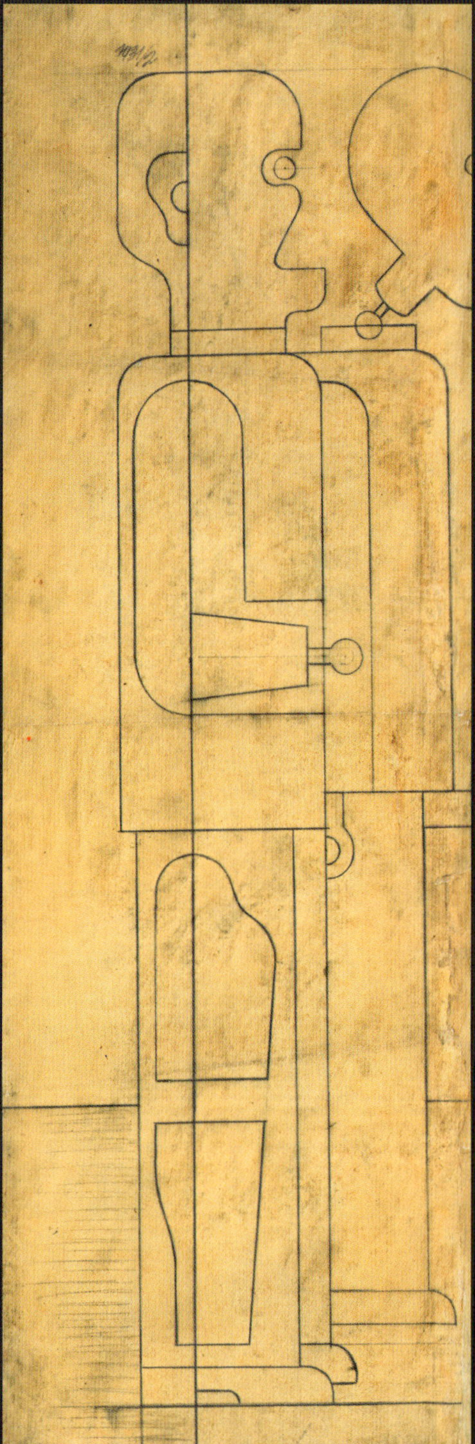

Hannah Höch, fotografisches Selbstporträt / photographic self portrait, 1929, Vintage Print, 11,6 × 8,8 cm

Galerie Berinson, Berlin

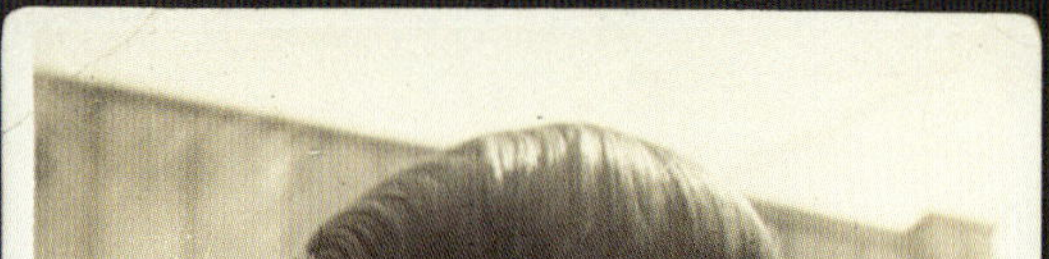

Politische Form

**Auch in der Form der Kunst ist Dada politisch.
Abstraktion, Assemblage, Collage, Montage, Simultangedicht, Lautgedicht …
Die Kunst kommt ins Leben, das Leben in die Kunst!**

Political Form

**Dada is also political in terms of form.
Abstraction, assemblage, collage, montage, simultaneous poem, sound poem …
art enters life, life enters art!**

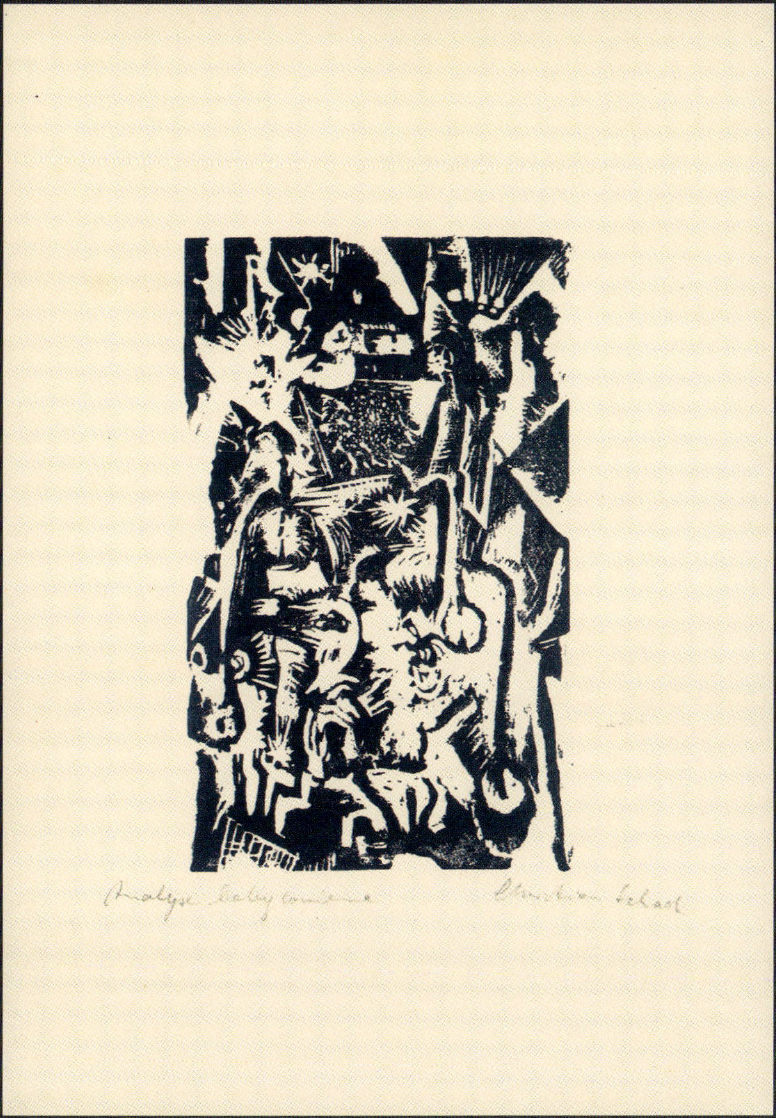

Christian Schad, *Analyse babylonienne*, 1918, Originalholzschnitt auf Maschinenpapier / original woodcut on machine paper, Bildmaß / image: 12,9 × 8 cm, Blattmaß / sheet: 23 × 15,9 cm, von Christian Schad unten links betitelt und unten rechts voll signiert / titled by Christian Schad at the bottom left and fully signed at the bottom right

Antiquariat Günter Linke, Berlin © Christian-Schad-Stiftung Aschaffenburg

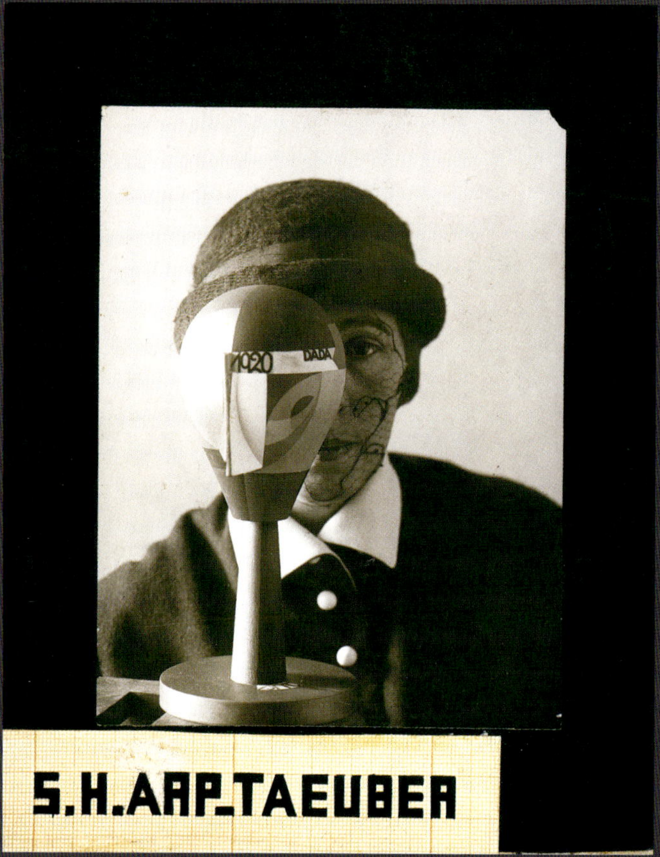

Nic Aluf, *Sophie Taeuber-Arp mit Dada-Kopf*, Zürich / Sophie Taeuber-Arp with Dada head, Zurich, November 1920, Vintage Print, 20,9 × 16,6 cm

Galerie Berinson, Berlin

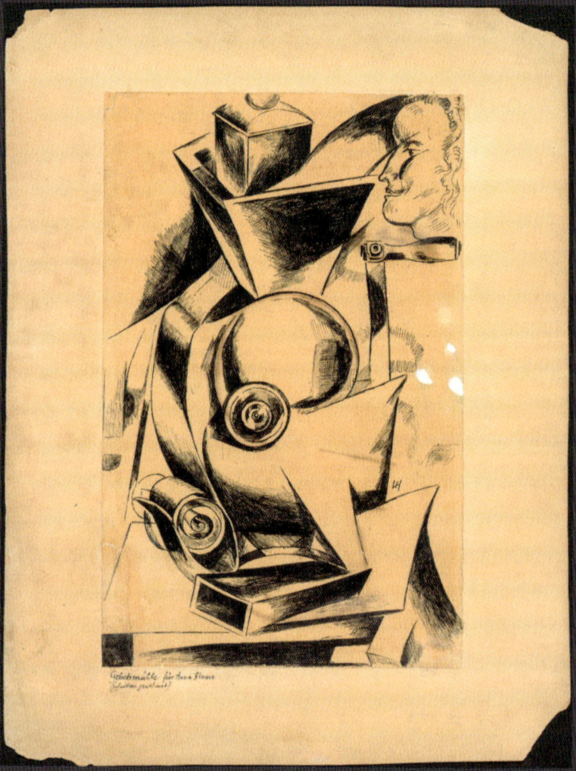

Lothar Homeyer, *Gebetsmühle für Anna Blume (Schwitters gewidmet)*, ca. / c. 1920, Tuschfederzeichnung / pen and ink drawing, 33 × 21 cm

Galerie Berinson, Berlin

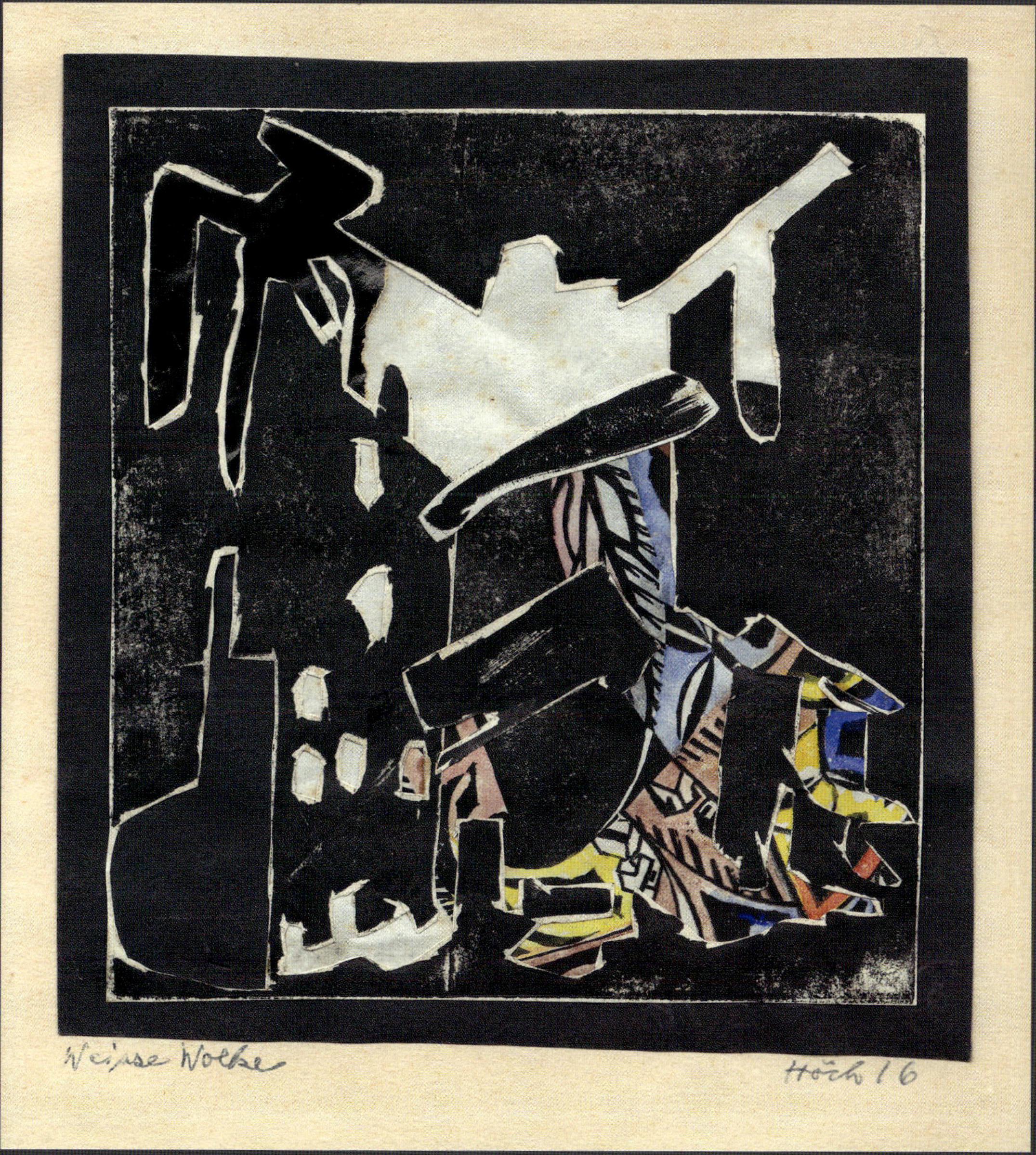

Hannah Höch, *Weiße Wolke*, 1916, Collage, signiert, datiert, bezeichnet / collage, signed, dated, titled, 14,2 × 13,5 cm

Sammlung Karsch/Nierendorf

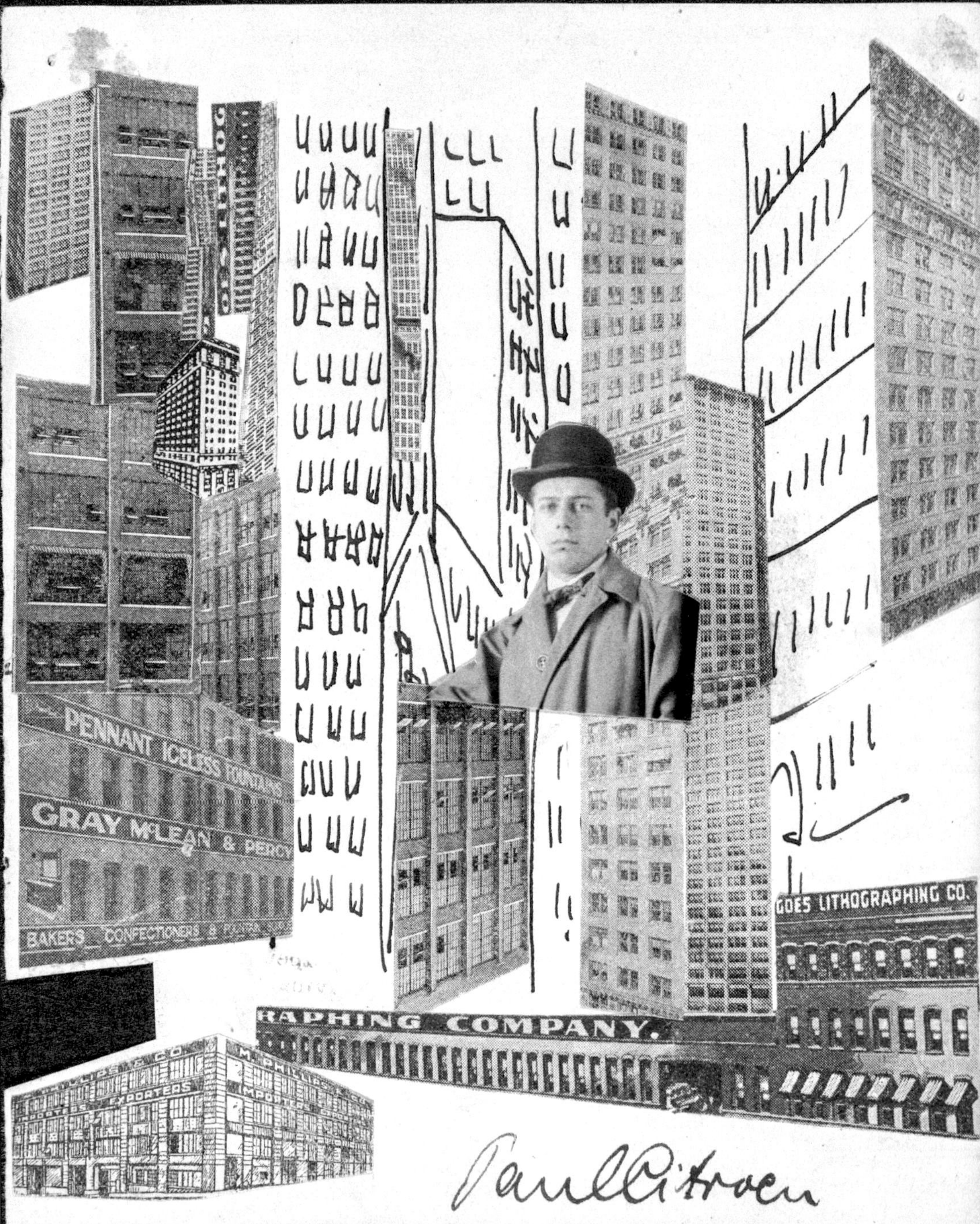

Paul Citroen, *Metropolis Selbstporträt*, 1920,
Collage und Feder / collage and pen, 13,8 × 11,4 cm

Galerie Berinson, Berlin

Kurt Schwitters, *Memoiren Anna Blumes in Bleie*, Freiburg 1922, 18,5 × 11,5 cm

Sammlung Wassermeyer

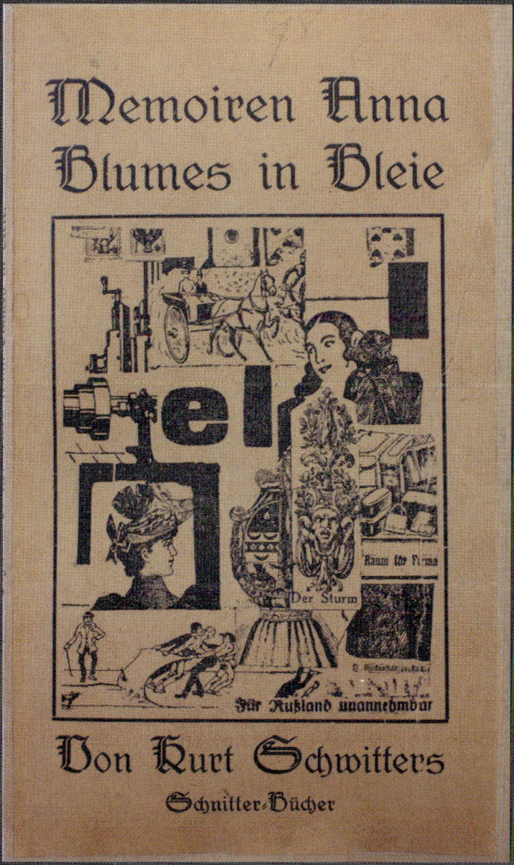

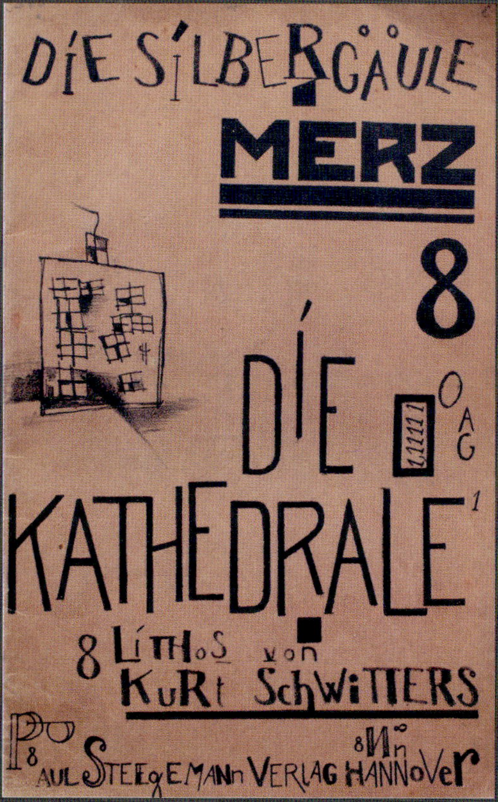

Kurt Schwitters, *Die Kathedrale*, 8 Lithografien / lithographies, Hannover 1920, 22,5 × 14,5 cm

Sammlung Wassermeyer

Erste Internationale Dada-Messe

In dieser Ausstellung von 1920 zeigt sich: Dada ist in der Form neuartig, im Material innovativ, Dada will provozieren, Dada spielt mit dem Publikum und nie fehlt der politische Kommentar.

First International Dada Fair

This 1920 exhibition demonstrated: Dada is formally innovative, uses new materials, it is deliberately provocative, Dada plays with the audience and never abandons political commentary.

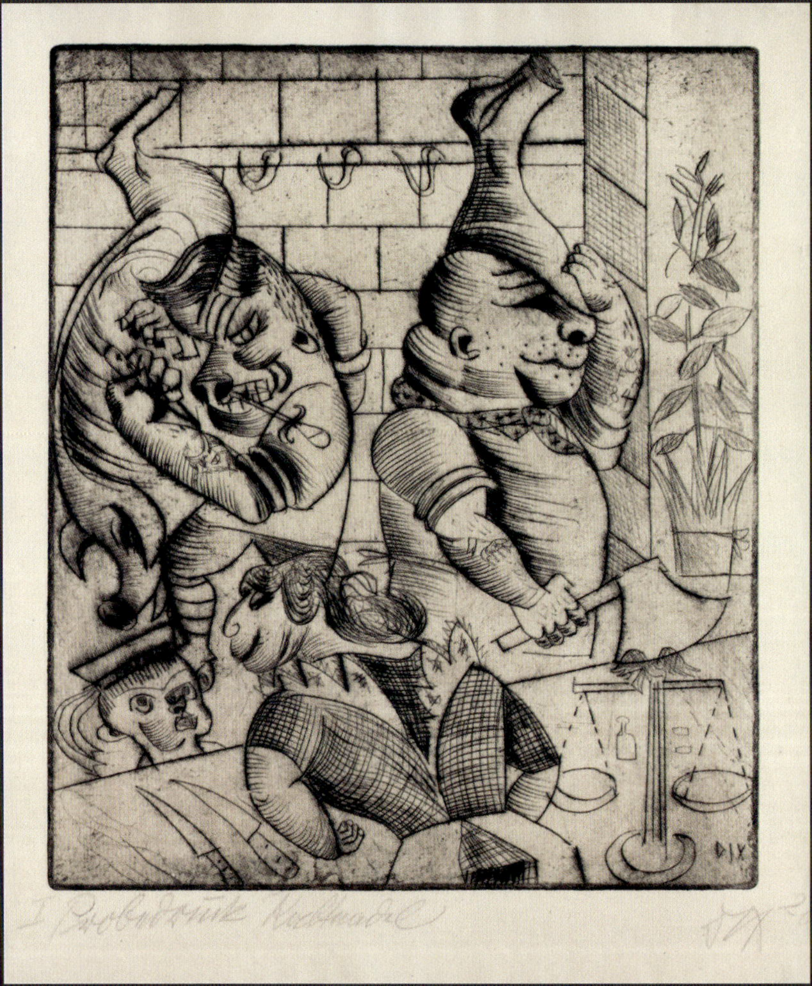

Otto Dix, *Fleischerladen*, 1920, Radierung, signiert, datiert, bezeichnet / etching, signed, dated, titled, Bildmaß / image: 29,5 × 25,8 cm, Blattmaß / sheet: 34,5 × 29,2 cm

Sammlung Karsch/Nierendorf

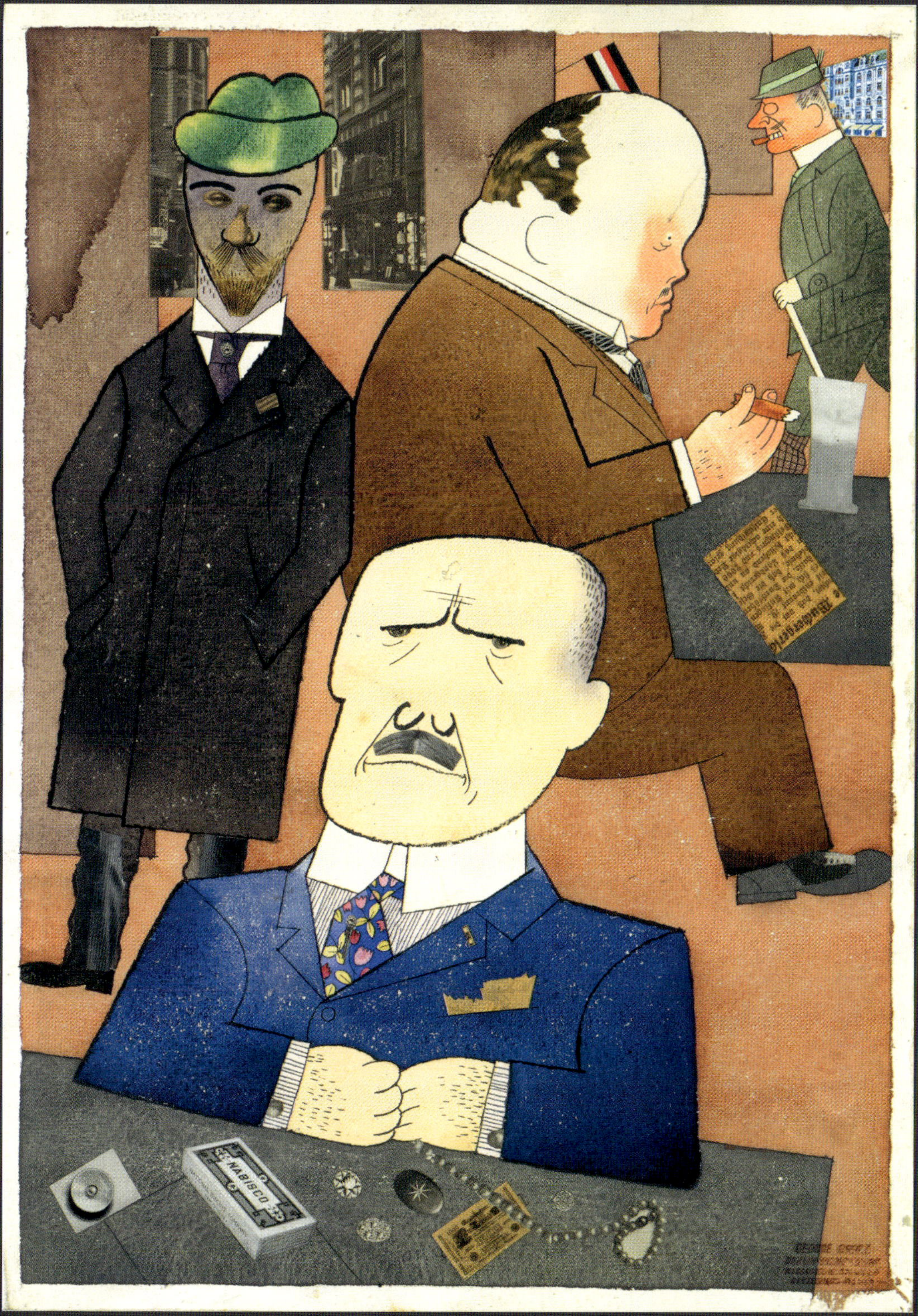

George Grosz, *Brillantenschieber (Tatlinistischer Planriß: Brillantenschieber im Café Kaiserhof)*, 1920,
Aquarell und Collage, mit Stempelsignatur / watercolour and collage, with stamp signature, 42 × 30 cm

Sammlung Karsch/Nierendorf © Estate of George Grosz, Princeton, N.J.

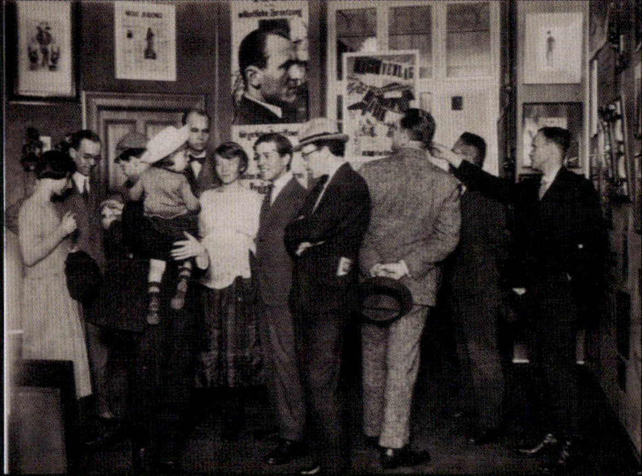

Robert Sennecke, Ohne Titel / untitled (*Erste Internationale Dada-Messe*), Berlin 1920, Fotopapiermaße / photographic paper size: 16,5 × 11,9 cm, BG-FS 077/94,1

Scan: Anja Elisabeth Witte, Berlinische Galerie – Landesmuseum für Moderne Kunst, Fotografie und Architektur

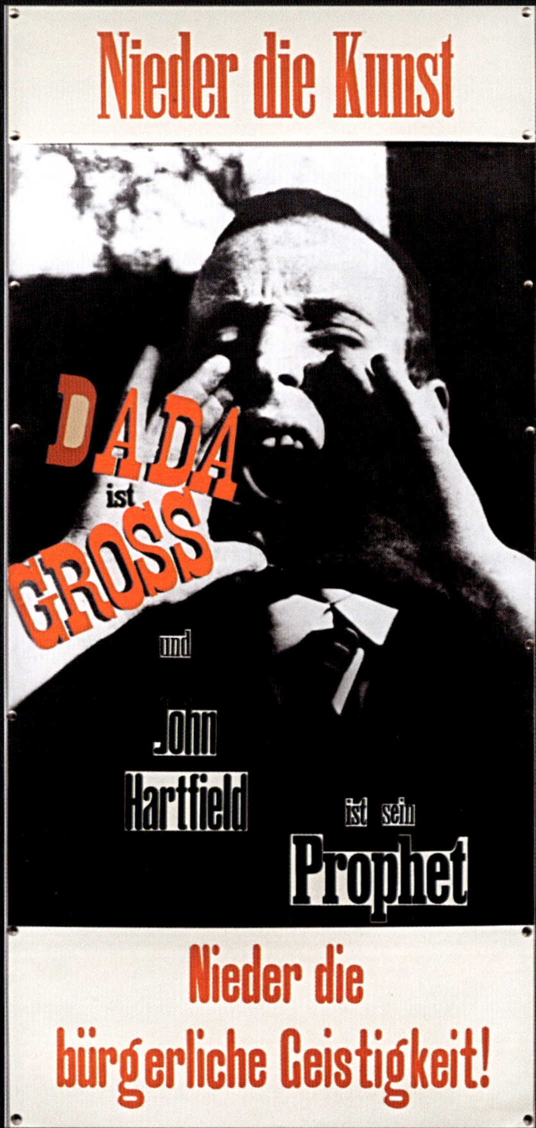

John Heartfield, *Porträt des Monteurdada John Heartfield*, Original von / original from 1919/20, Rekonstruktion / reconstruction, 175,5 × 86 cm, BG-Ar 207659

Scan: Anja Elisabeth Witte, Berlinische Galerie – Landesmuseum für Moderne Kunst, Fotografie und Architektur

Politisches Bildprogramm

Kriegskrüppel betteln auf der Straße, die Arbeiter hungern, die Schwarzmarktschieber triumphieren und der Militärbonze ist fett – hier läuft etwas falsch! Und Dada zeigt es.

Political Iconography

War cripples in the streets, workers starving, black-market peddlers thriving, and military bigwigs prospering – something has gone badly wrong! Dada points it out.

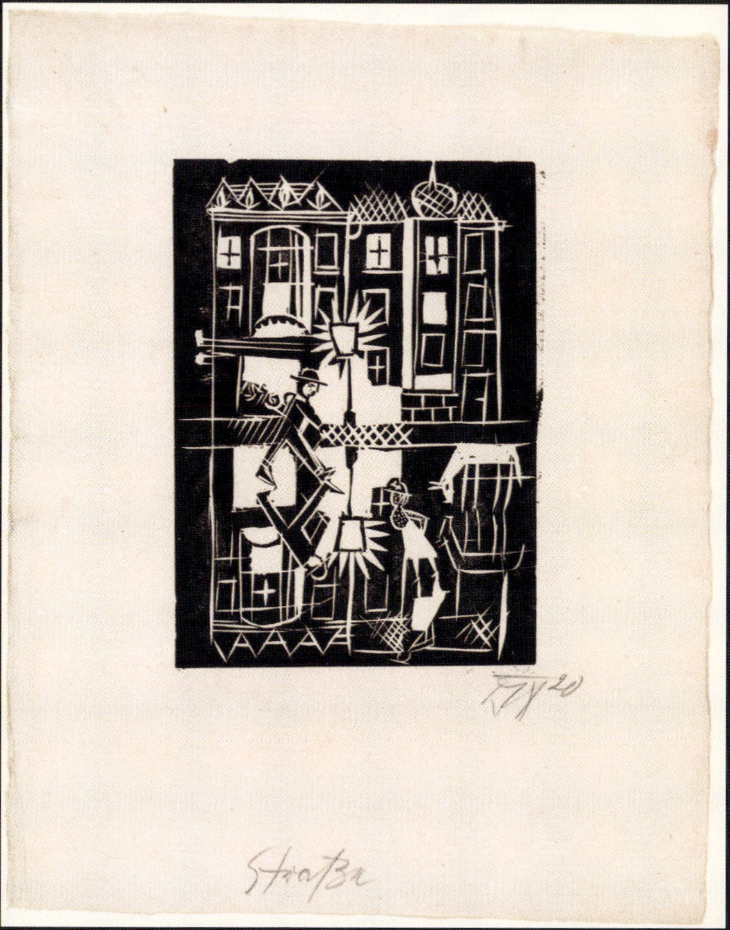

Otto Dix, *Straße*, 1919, Holzschnitt auf Kupferdruckpapier / woodcut on copperplate paper, Bildmaß / image: 24,1 × 17,7 cm, Blattmaß / sheet: 42,5 × 34,3 cm, unten Mitte bezeichnet / inscribed lower centre: „Straße"; signiert und datiert unten rechts / signed and dated lower right: „Dix 20", Karsch 23

Kunstsammlung Gera

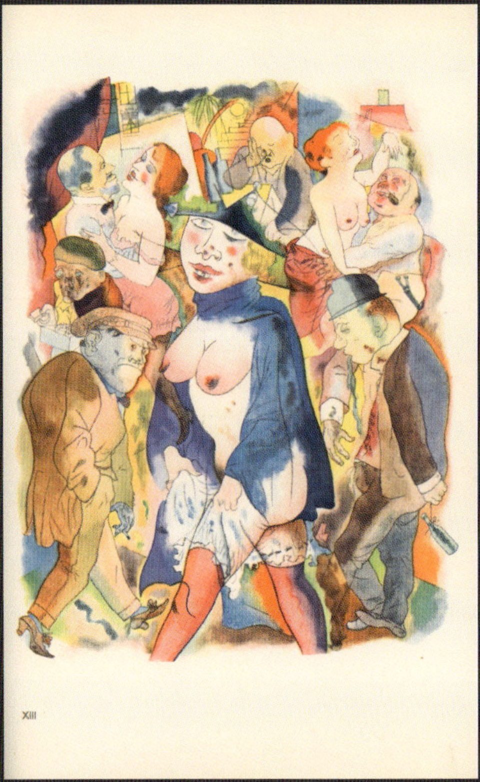

George Grosz, *Walzertraum*,
Blatt XIII aus / plate XIII from
„Ecce Homo", (Vorzugsausgabe),
Ausgabe D: 84 Zeichnungen und
18 Aquarelle / (Special edition),
Edition D: 84 drawings and
18 watercolours, Berlin 1923,
36 × 26 cm

Sammlung Wassermeyer

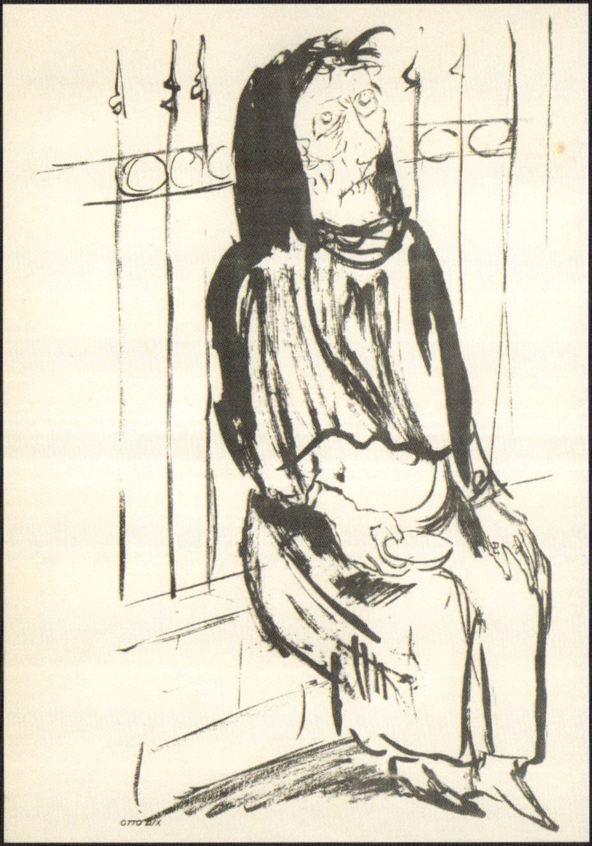

Otto Dix, Ohne Titel / untitled
(Bettlerin / beggar), Blatt 1 von 7 zu /
sheet 1 of 7 from „Hunger.
Hilfe von den Künstlern", 1924,
Offsetdruck nach Lithografie /
offset printing based on lithography,
Bildmaß / image: 28,7 × 18,7 cm,
Blattmaß / sheet: 33,8 × 24 cm

LETTER Stiftung, Köln

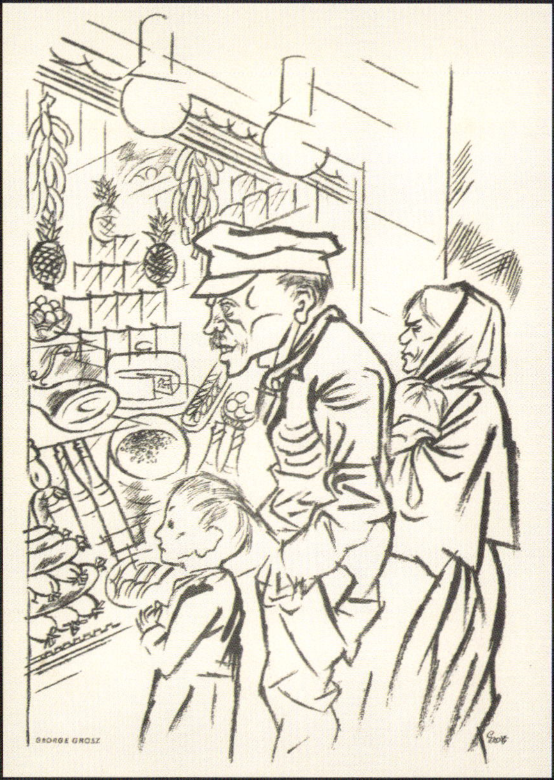

George Grosz, Ohne Titel / untitled (Hunger I), Blatt 2 von 7 zu / sheet 2 of 7 from „Hunger. Hilfe von den Künstlern", 1924, Offsetdruck nach Lithografie / offset printing based on lithography, Bildmaß / image: 27,9 × 19,1 cm, Blattmaß / sheet: 34 × 24 cm

LETTER Stiftung, Köln
© Estate of George Grosz, Princeton, N.J.

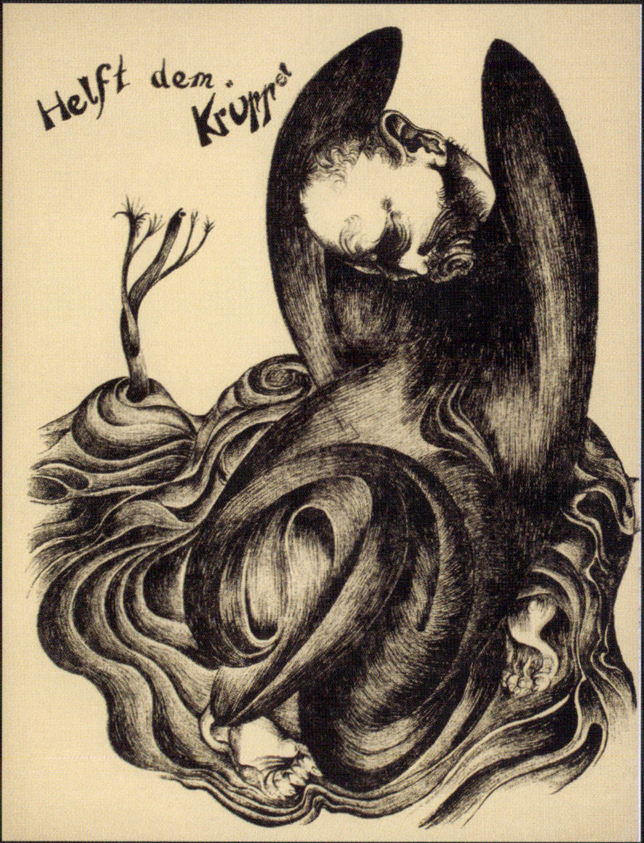

Heinrich Hoerle, *Krüppel*, Mappe mit 13 Lithografien sowie 1 Handzeichnung auf Mappenvorderdeckel / Folder containing 13 lithographs and 1 hand drawing on the front cover of the folder, 1920, Mappe / folder: 64,5 × 49,6 cm, Blätter / sheets: 59 × 46,2 cm

LETTER Stiftung, Köln

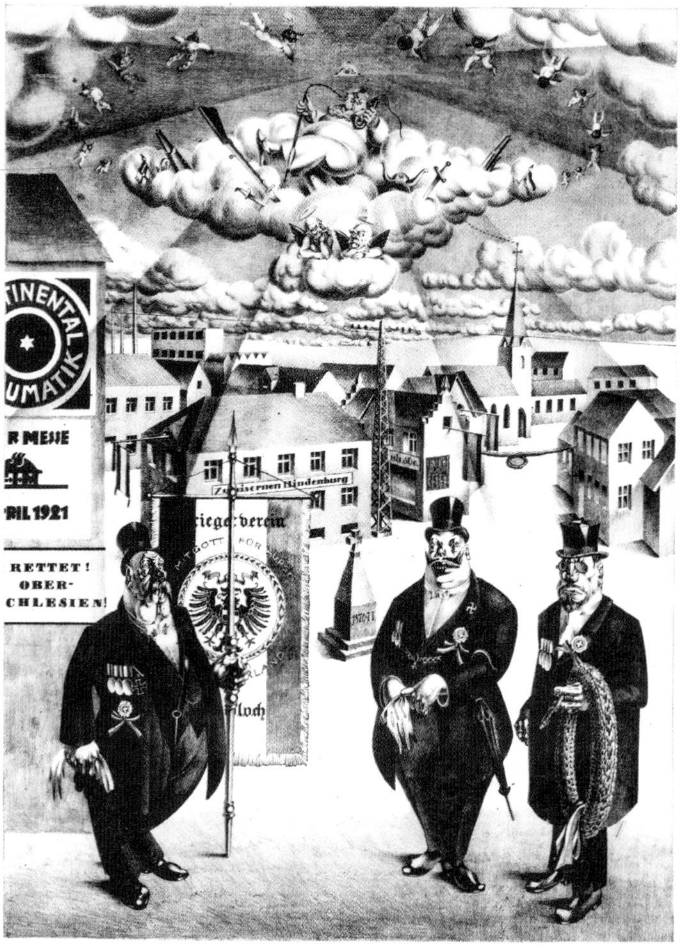

Georg Scholz, *Apotheose des Kriegervereins*, 1921/22,
Lithografie / lithography, 40,2 × 29,8 cm

Galerie Berinson, Berlin

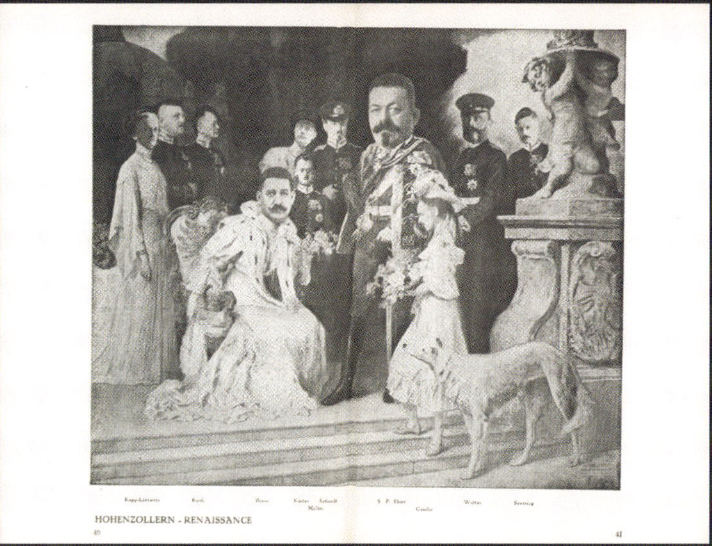

„Hohenzollern-Renaissance", S. / pp. 40/41 aus / from *Das Gesicht der herrschenden Klasse: 55 politische Zeichnungen von George Grosz*, hg. von / edited by Julian Gumperz, Berlin 1921, 23,5 × 16 cm

Sammlung Wassermeyer

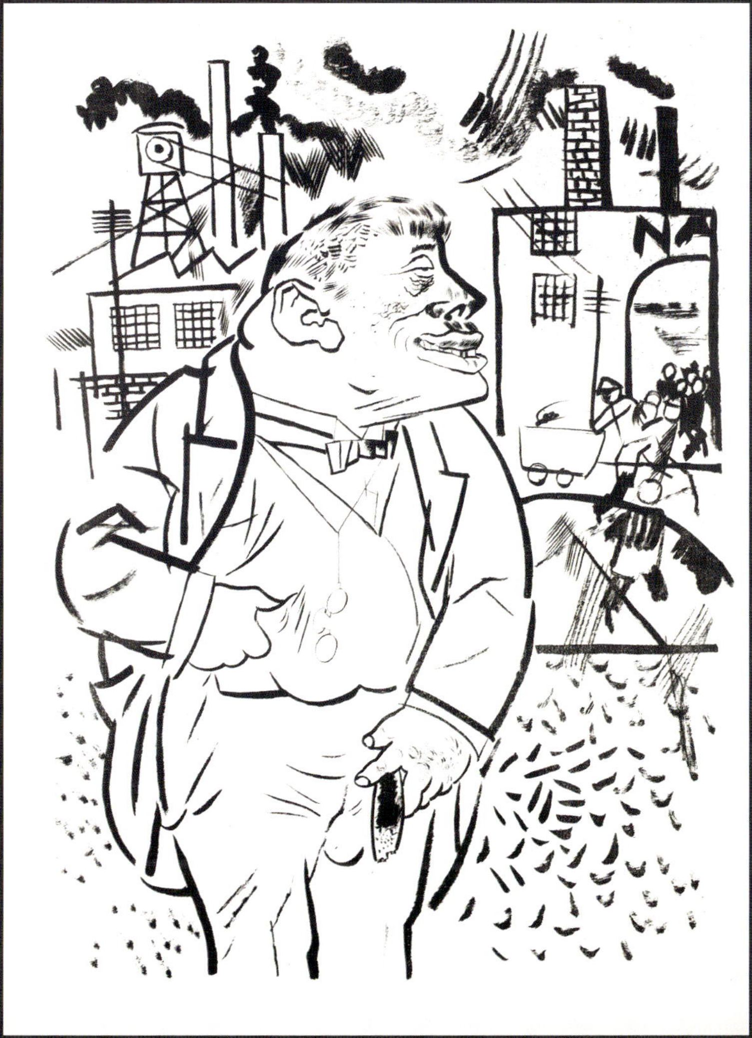

George Grosz, *Ich will alles um mich her ausrotten, was mich einschränkt, dass ich nicht Herr bin*, Blatt 1 aus / plate 1 from „Die Räuber", Mappe mit Illustrationen / portfolio with illustrations, 1922/23, Deckblatt und 9 Blätter / a cover and 9 sheets, je / each 64 × 47,5 cm

Sammlung Wassermeyer

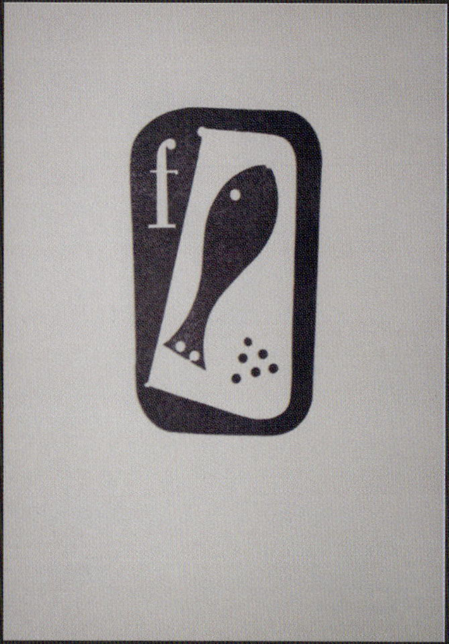

Angelika Fick-Hoerle, *Fisch (f)*, Linolschnitt zu einem Bilderbuch mit Alphabet / linocut for a picture book with alphabet, 40 × 29,5 cm, Verlag Stupid, Köln 1920, Auflage 50, Edition Kölnischer Kunstverein 1982

Nachlass Marta Hegemann

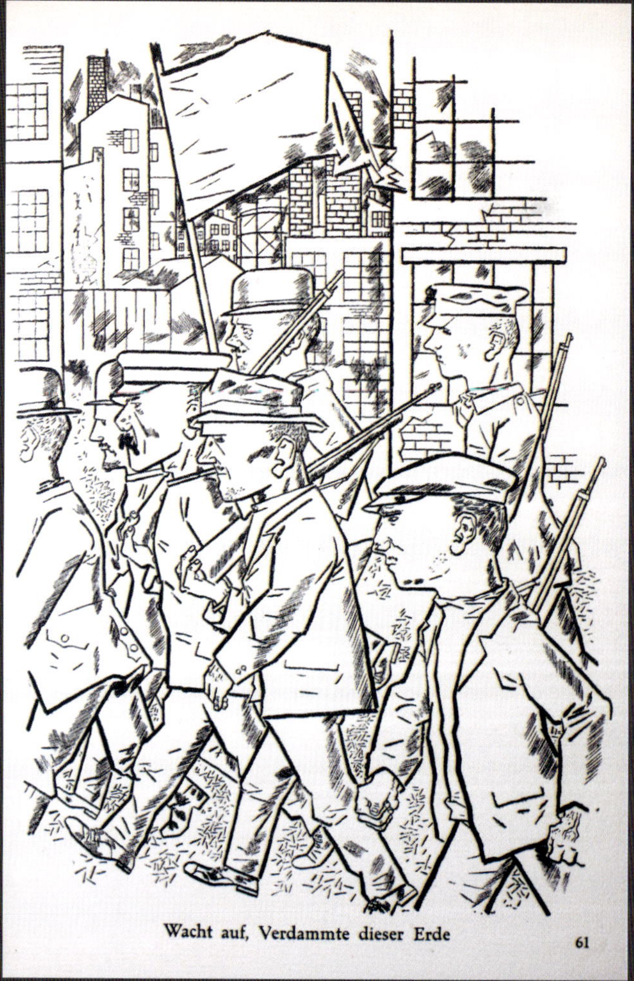

George Grosz, „Wacht auf, Verdammte dieser Erde", S. 61 aus / p. 61 from *Kleine revolutionäre Bibliothek*, Bd. / Vol. 10: *Abrechnung folgt!* 57 politische Zeichnungen mit Signatur Grosz / 57 political drawings with signature by Grosz, Berlin 1923, 28 × 20 cm

Sammlung Wassermeyer

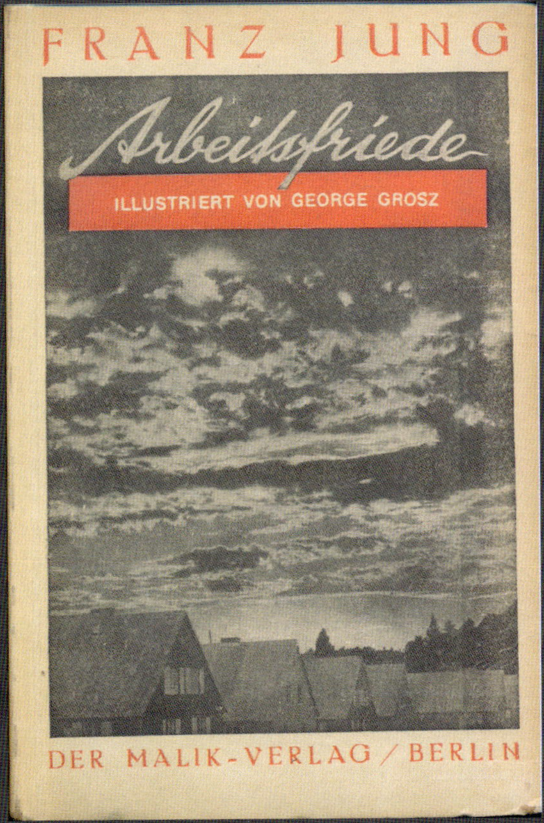

Franz Jung, *Arbeitsfriede*, illustriert von / illustrated by George Grosz, Die Rote Romanserie, Bd. / Vol. 4, Berlin 1922, 19 × 13 cm

Bürgerstiftung für verfolgte Künste, Solingen, Else Lasker-Schüler-Zentrum – Kunstsammlung Gerhard Schneider

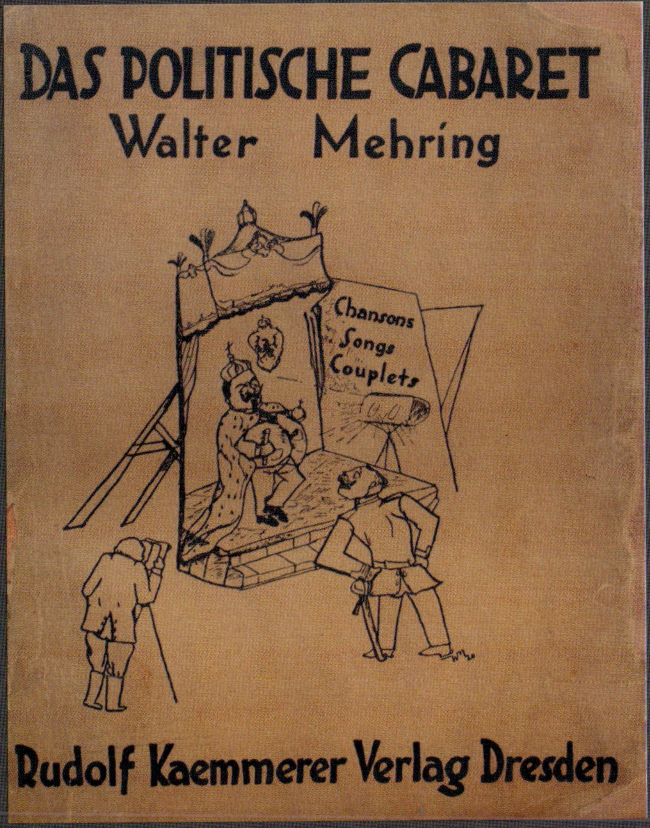

Walter Mehring, *Das politische Cabaret. Chansons Songs Couplets*, Dresden 1920, 18 × 14,5 cm

Sammlung Wassermeyer © Stiftung für Kultur und Jugend, vertreten durch Martin Dreyfus, Zürich

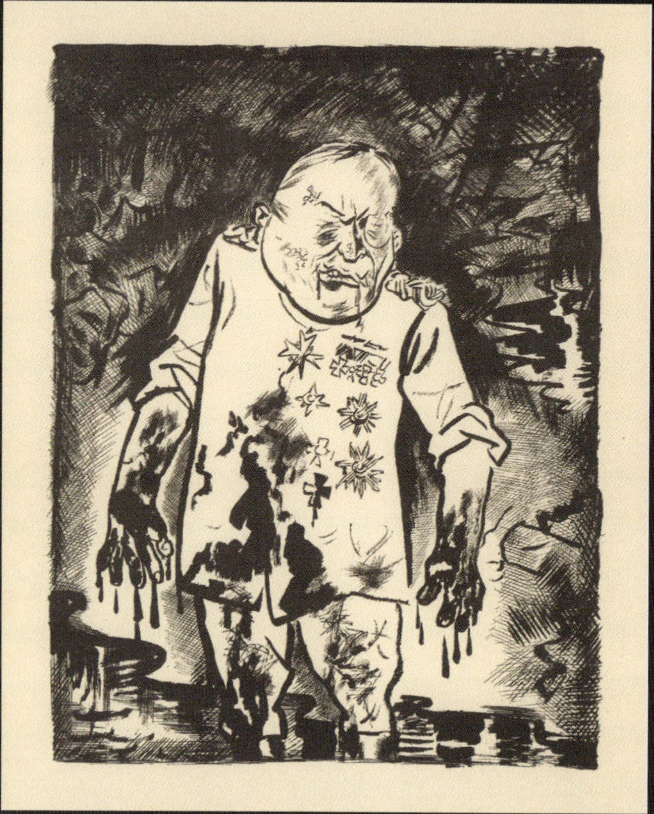

George Grosz, Ohne Titel / untitled (Krieg / war) Blatt 2 von 7 der Mappe / sheet 2 of 7 from portfolio „Krieg", 1924, Fotolithografie in Offsetdruck nach einer Zeichnung / photolithography in offset printing based on a drawing, Bildmaß / image: 22 × 17,7 cm, Blattmaß / sheet: 34,9 × 24 cm

LETTER Stiftung, Köln

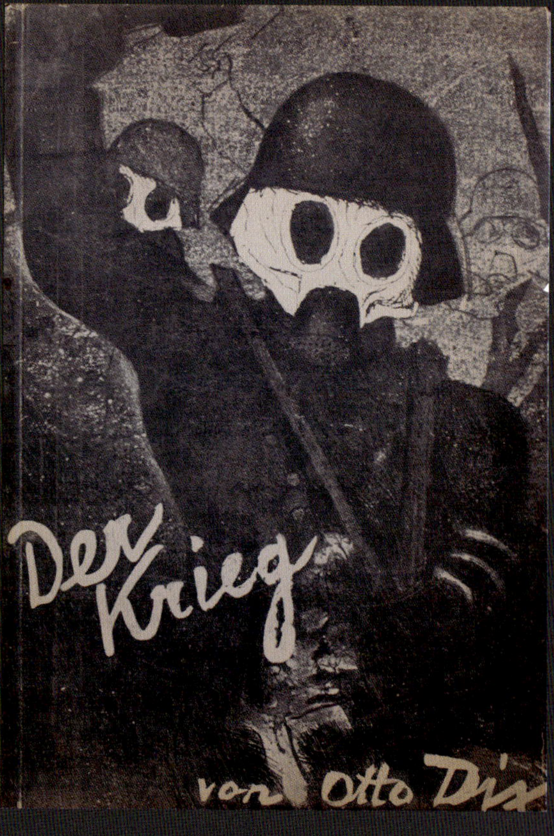

Otto Dix, *Der Krieg*, 50 Radierungen, gebunden / etchings, bound, 24 Offsetdrucke nach den Originalen aus dem Radierwerk von Otto Dix / 24 offset prints based on the originals from Otto Dix's etching workshop, Berlin 1924, 26 × 18,5 cm

Sammlung Wassermeyer

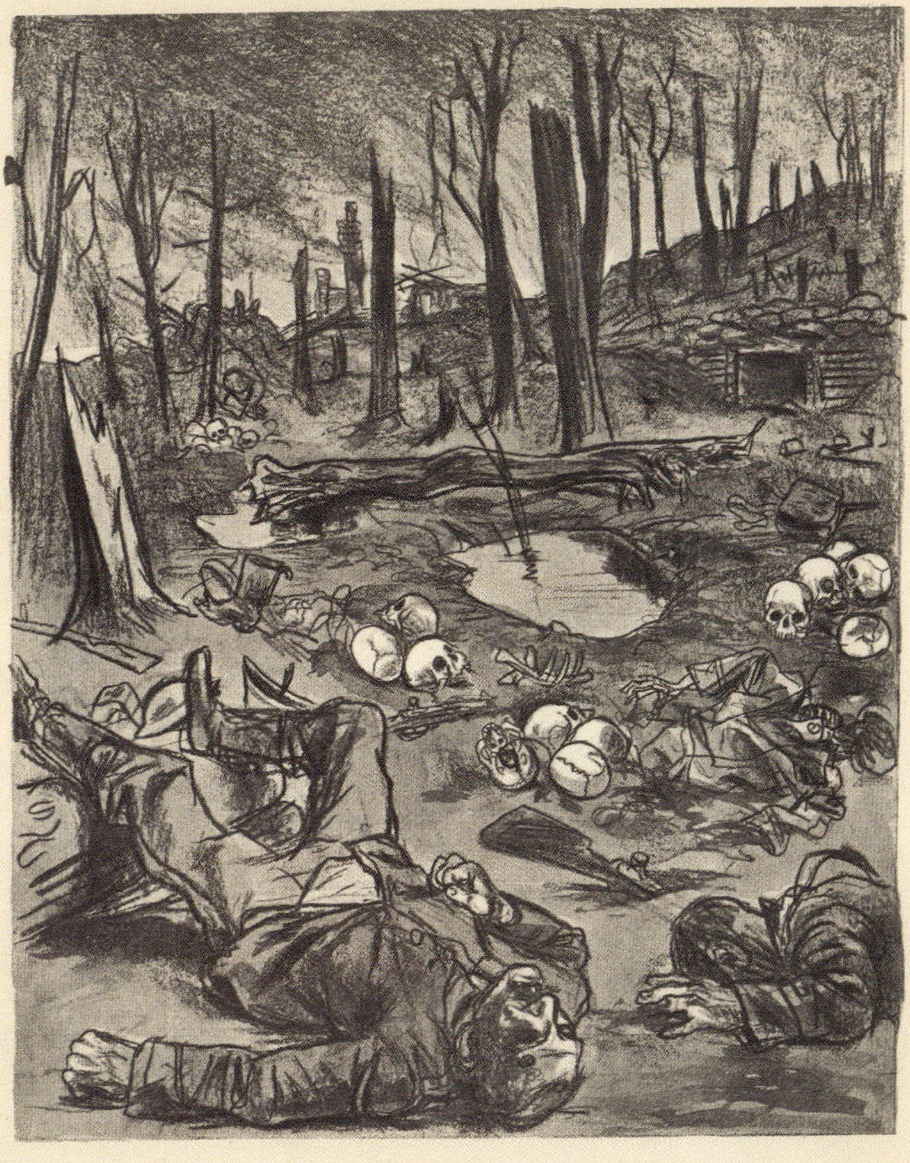

Rudolf Schlichter, *Schlachtfeld*, Blatt 6 von 7 aus der Mappe / sheet 6 of 7 from portfolio „Krieg", 1924, Fotolithografie in Offsetdruck nach einer Zeichnung / photolithography in offset printing based on a drawing, Bildmaß / image: 22 × 18,4 cm, Blattmaß / sheet: 35 × 23,9 cm

LETTER Stiftung, Köln

Dada Musik

Leise böse, laut verstörend.
Dada ist mit Musik politisch.

Dada Music

Softly vitriolic, loudly disturbing.
Dada gives music a political edge.

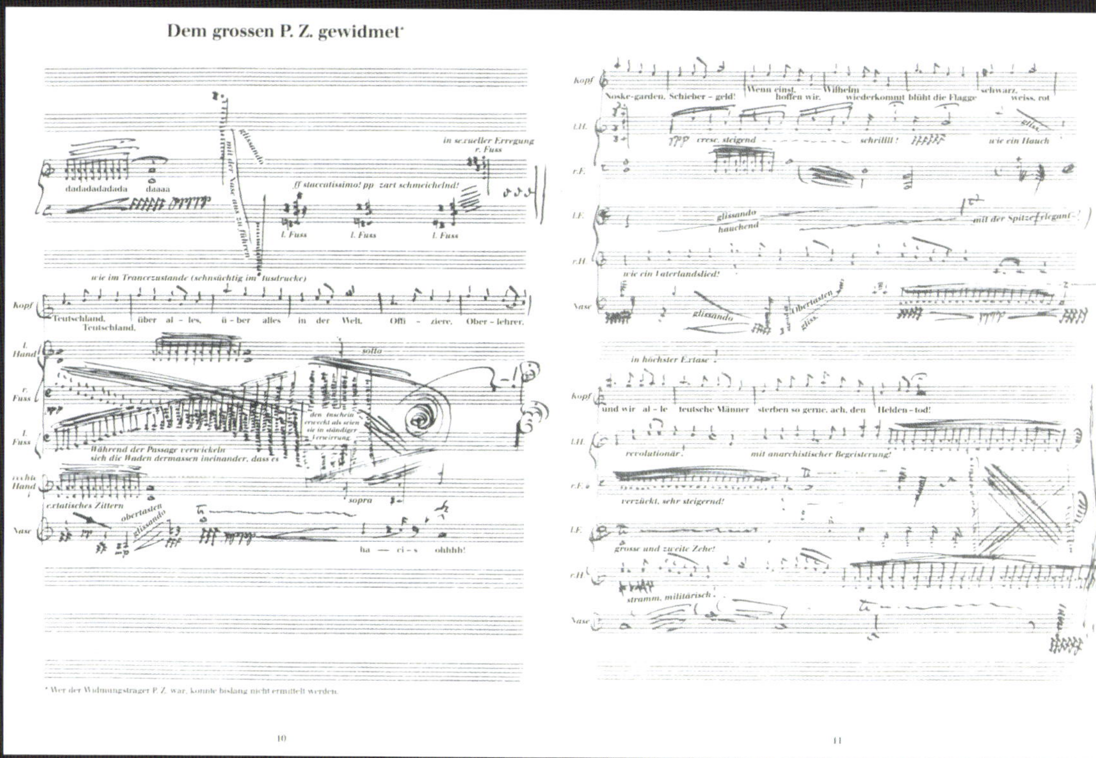

Erwin Schulhoff, *Symphonia germanica*, 1919, Partitur / score, Ebony Band Edition, Amsterdam 2020, S. / pp. 10/11

Dada gewesen

**In den frühen 1920er-Jahren ist Dada vorbei.
Nicht aber das politische Engagement der Künstler:innen.**

Dada Has Been

**By the early 1920s, Dada is over.
The artists' political activism is not.**

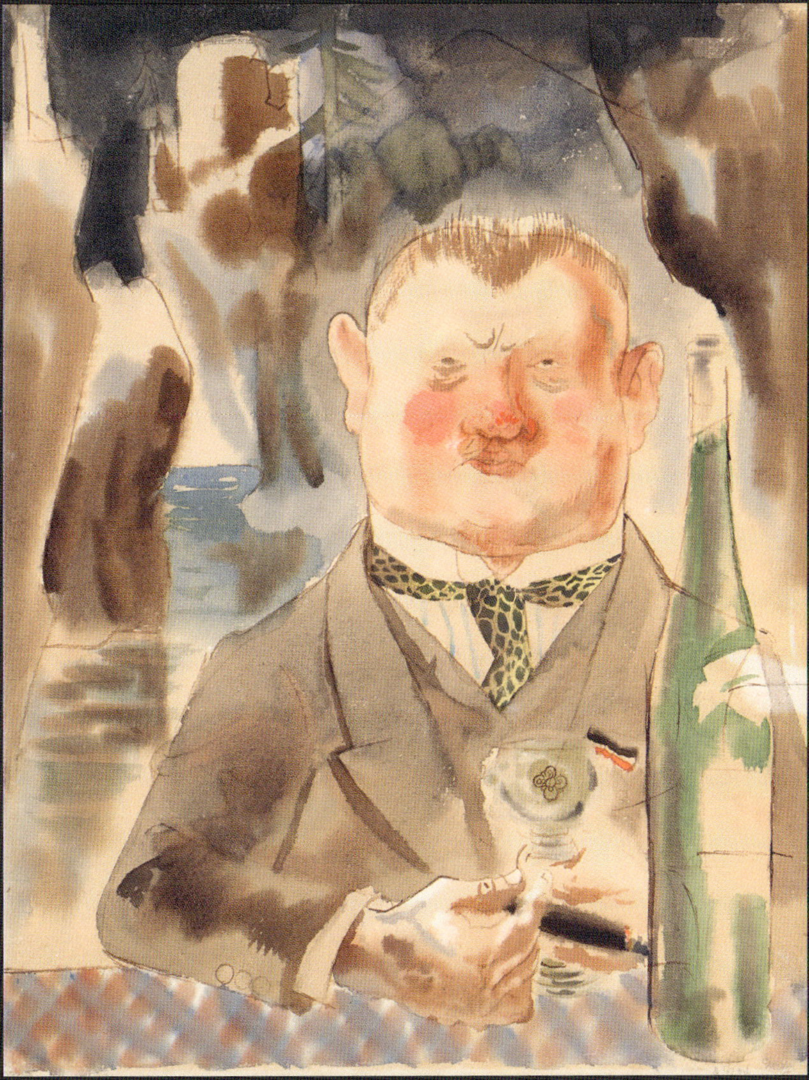

George Grosz, *Der Spießbürger*, ca. / c. 1928, Tusche, Aquarell und Gouache auf Papier / India ink, watercolour and gouache on paper, 59,2 × 45,4 cm

Sammlung Judin, Berlin © Estate of George Grosz, Princeton, N.J.

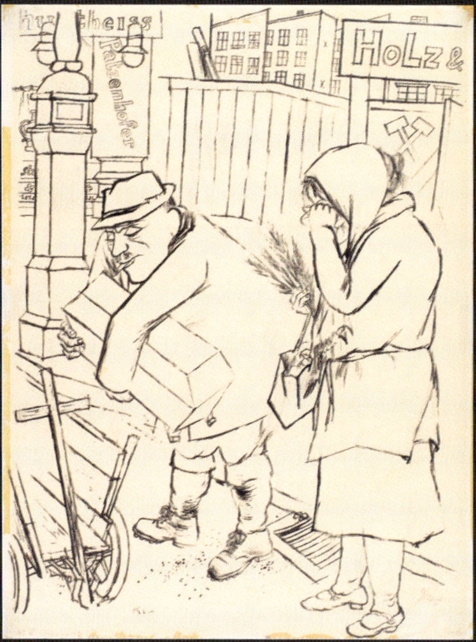

George Grosz, *Begräbnis III. Klasse - Ein Engelchen mehr, ein Rekrut weniger*, 1928, Tusche auf Papier / ink on paper, 60,1 × 46,1 cm

Sammlung Judin, Berlin

John Heartfield, *Krieg und Leichen – immer noch Hoffnung der Reichen*, 1933/1953, Plakat / poster, 83 × 118 cm

Galerie Berinson, Berlin

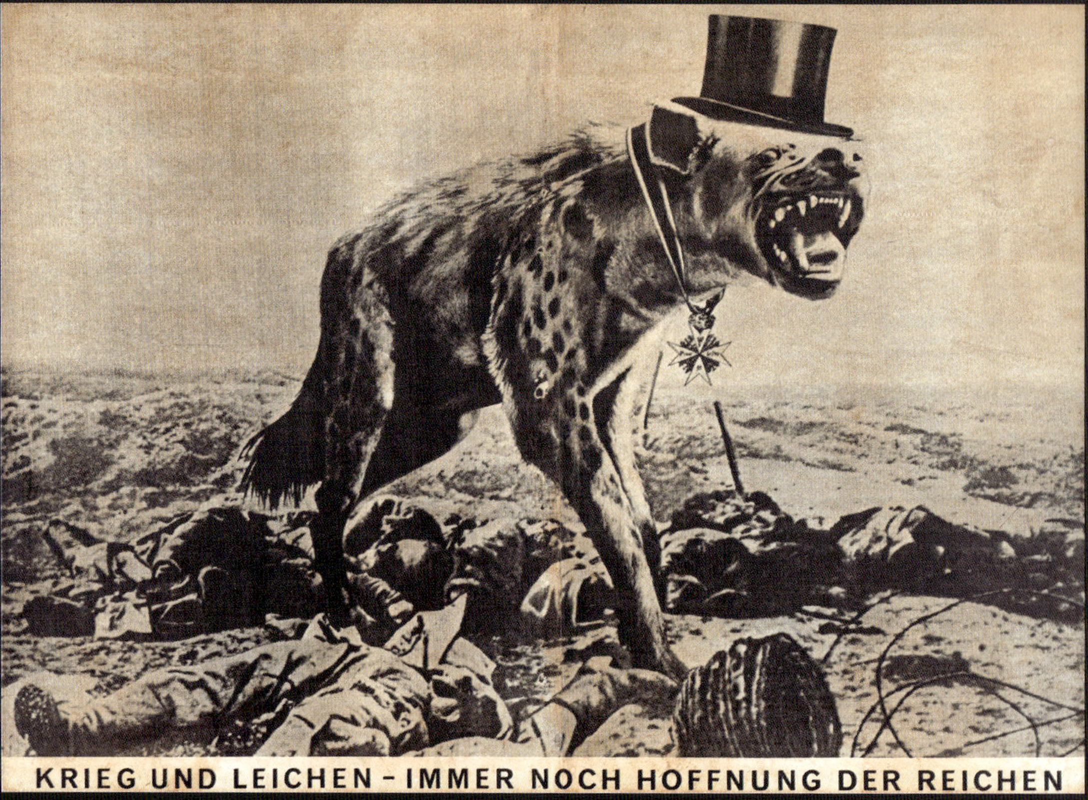

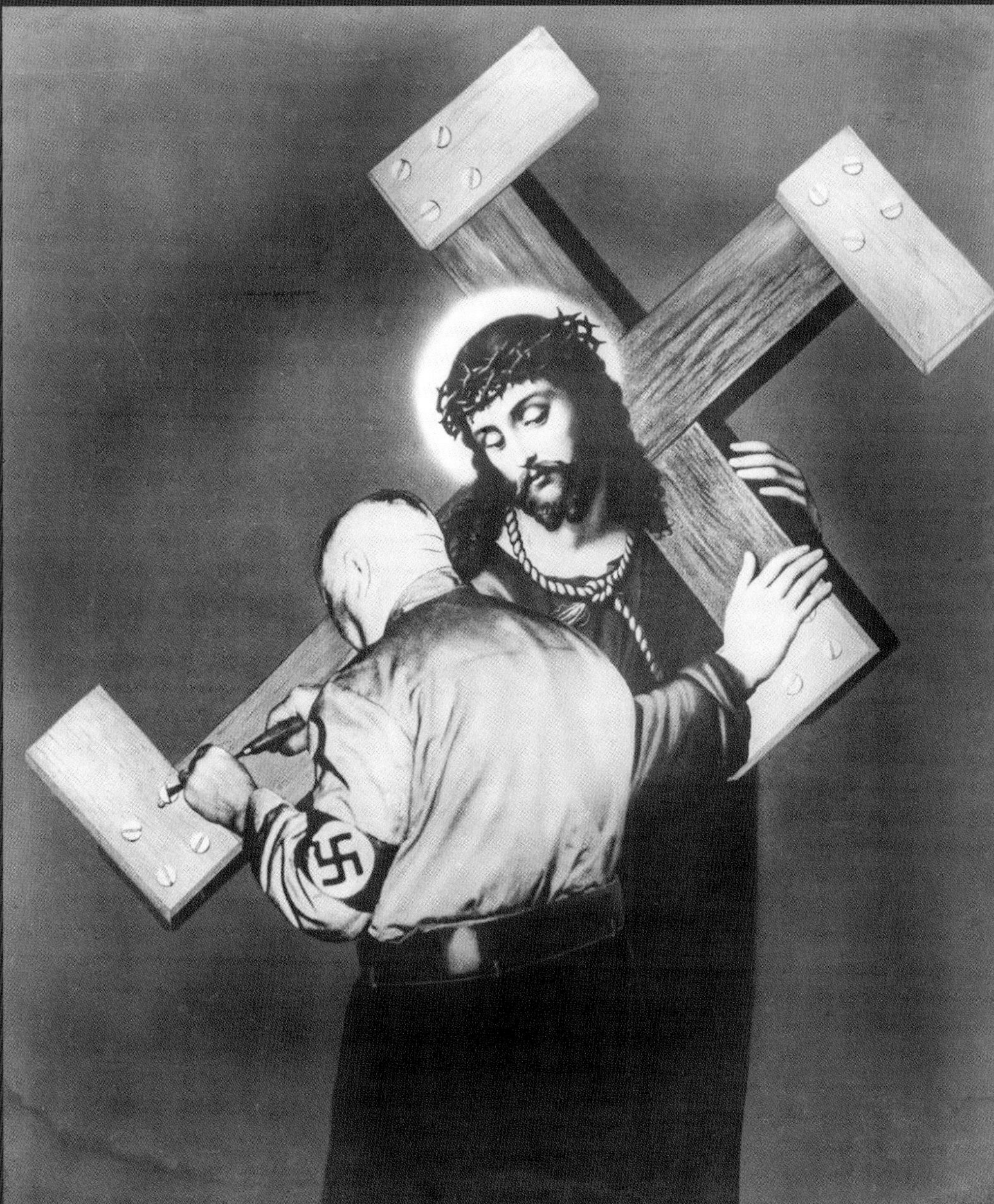

John Heartfield, *Zur Gründung der Staatskirche. Das Kreuz war noch nicht schwer genug*, 1933, Silbergelatineabzug um 1964 / silver gelatin print around 1964, 86,5 × 72,5 × 3 cm

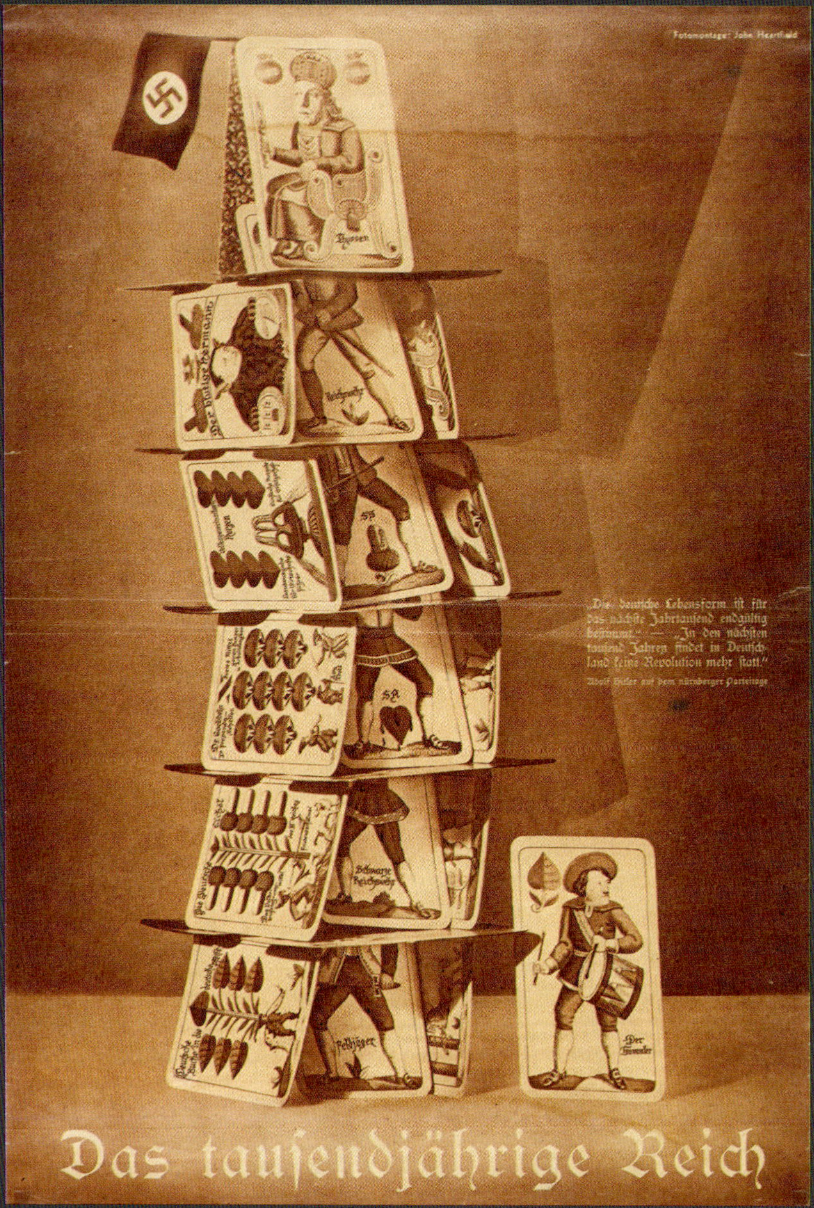

John Heartfield, *Das tausendjährige Reich*, Blatt aus / sheet from *Arbeiter-Illustrierte-Zeitung (AIZ)*, Jg. XIII, Nr. 38, 20. September 1934 / Vol. XIII, № 38, 20 September 1934, Kupfertiefdruck / copperplate engraving, 38 × 26,5 cm

Akademie der Künste, Berlin, Kunstsammlung, Inv. JH 87

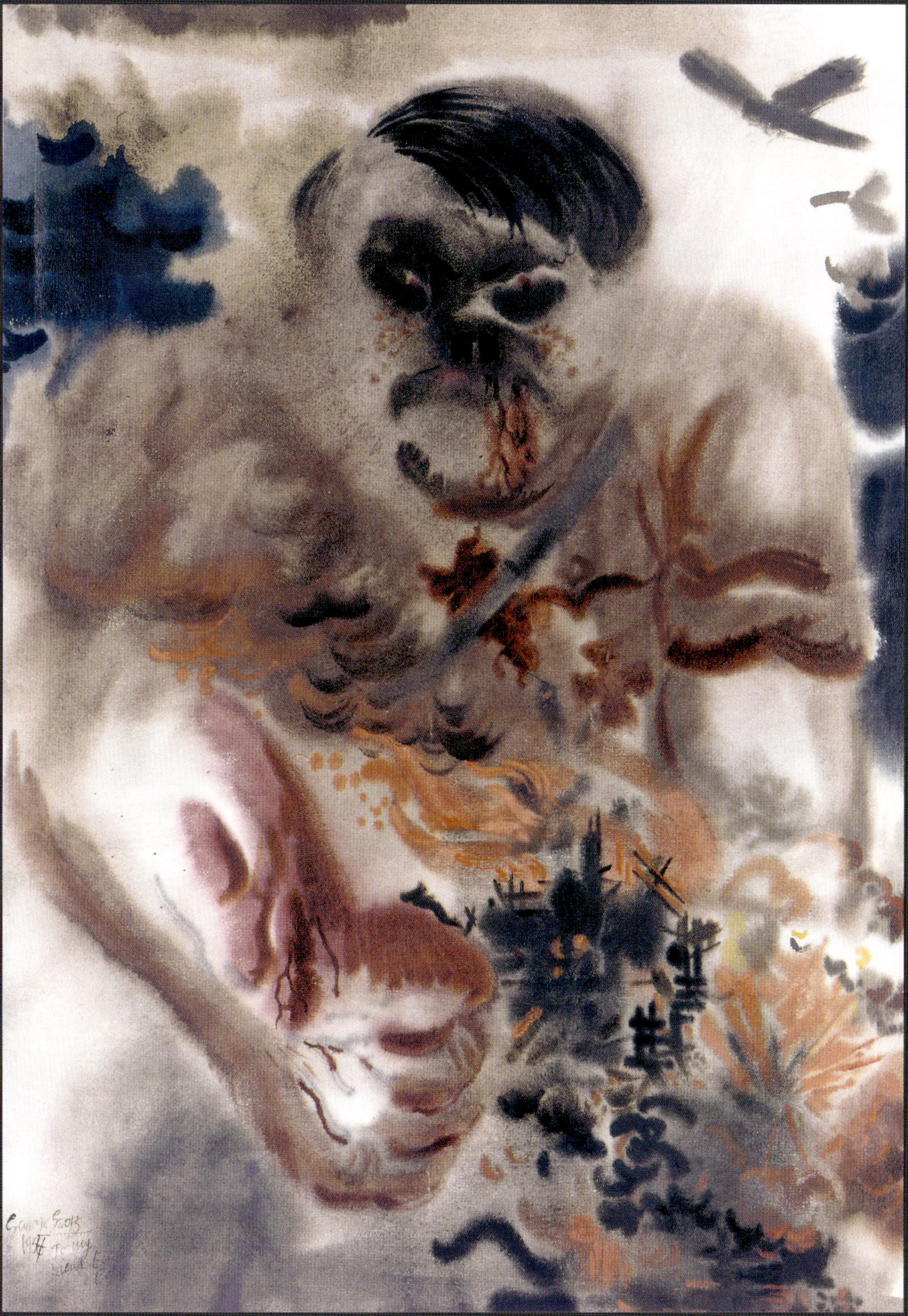

George Grosz, *The Menace*, 1934, Aquarell auf Papier / watercolour on paper, 61 × 44,5 cm

Sammlung Judin, Berlin © Estate of George Grosz, Princeton, N.J.

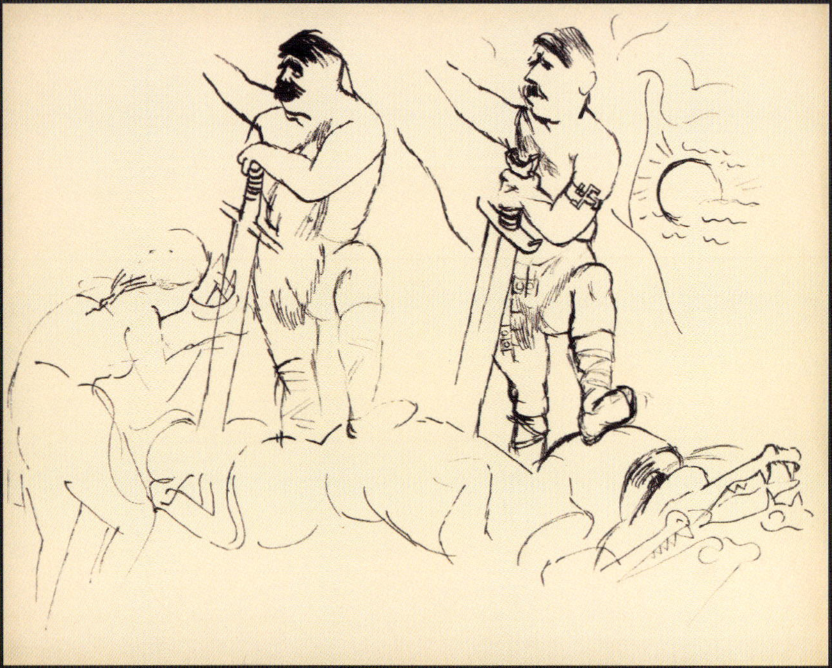

George Grosz, *Siegfried Hitler*, 1935, Tusche auf Papier / ink on paper, 49,5 × 63,2 cm

Sammlung Judin, Berlin

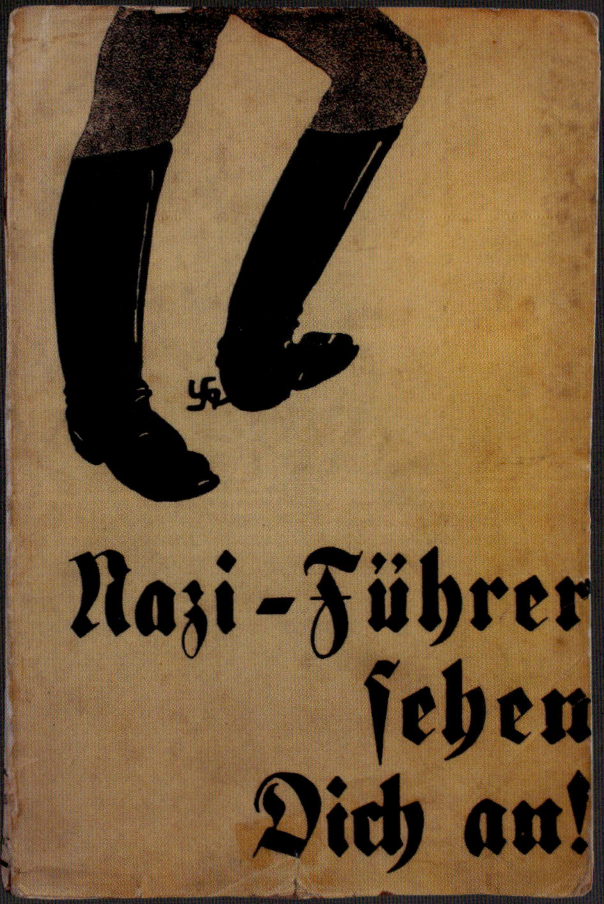

Walter Mehring, *Nazi-Führer sehen Dich an: 33 Biographien aus dem Dritten Reich*, Paris 1934, 19 × 13 cm

Sammlung Wassermeyer

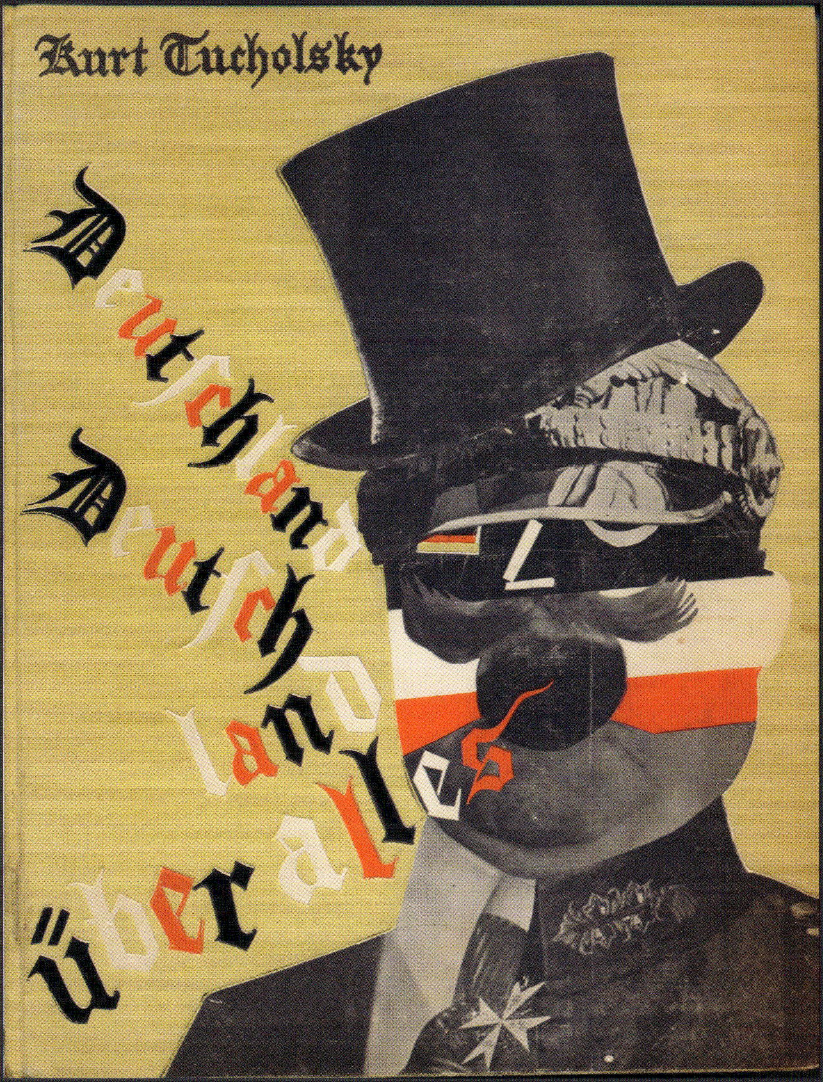

Kurt Tucholsky, *Deutschland Deutschland über alles*. Ein Bilderbuch von Kurt Tucholsky und vielen Fotografen, montiert von John Heartfield / a picture book by Kurt Tucholsky and many photographers, assembled by John Heartfield, Berlin 1929, 24 × 19 cm

Zensur und Verfolgung

Dada eckt an.
Dada kommt vor Gericht.
Ab 1933 werden aus zensierten verfolgte Künste.

Censorship and Persecution

Dada offends. Dada goes on trial.
From 1933, censorship turns to persecution.

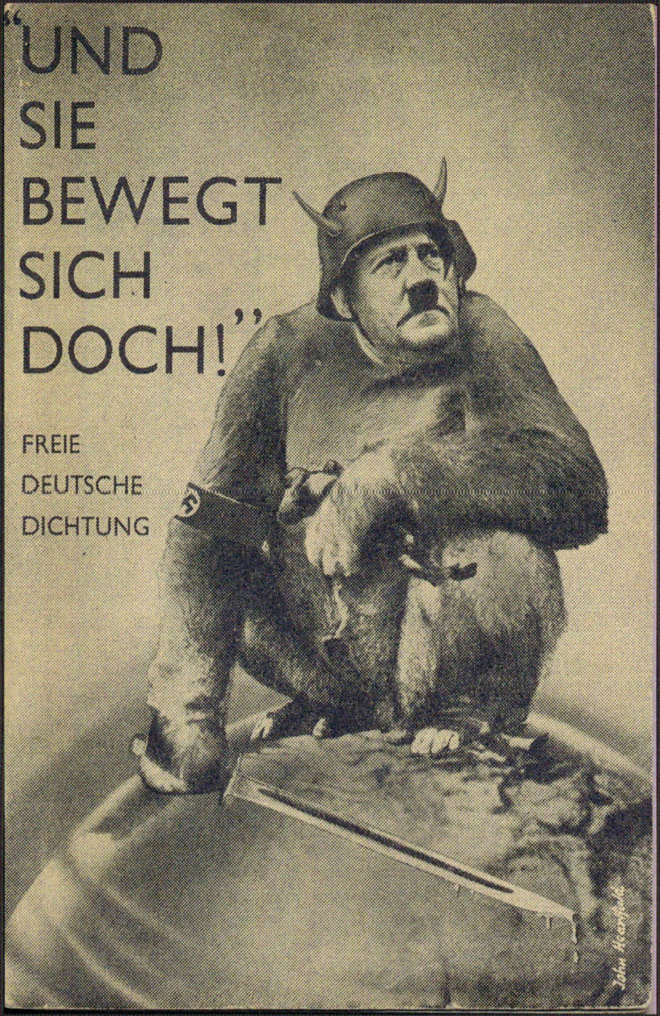

„Und sie bewegt sich doch!" Freie Deutsche Dichtung, hg. von / edited by Verlag Freie Deutsche Jugend, Umschlag von / cover by John Heartfield, London 1941, 18,5 × 12,5 cm

Bürgerstiftung für verfolgte Künste, Solingen

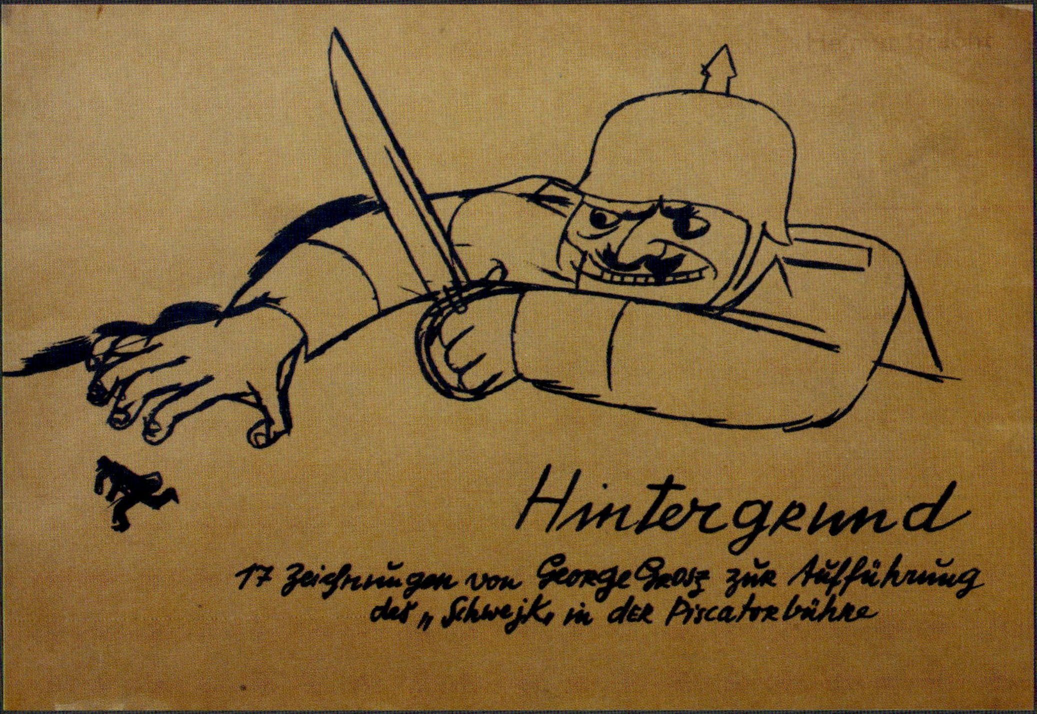

George Grosz, *Hintergrund. 17 Zeichnungen zur Aufführung des „Schwejk" in der Piscatorbühne*, Berlin 1928, Folge von 17 Tafeln / 17 plates, 17 × 26,5 cm

Sammlung Wassermeyer

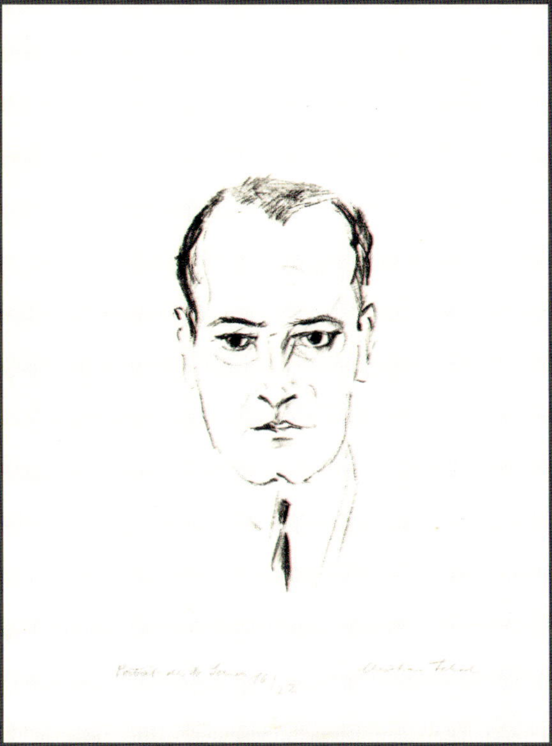

Christian Schad, *Porträt des Dr. Serner*, 1921, Lithografie / lithography, 30 × 22,5 cm

Galerie Berinson, Berlin

Lucy Byford

Dada-Performance

„Dada ist das Cabaret der Welt so gut, wie die Welt das Cabaret Dada ist."[1]

Einige Monate vor Ausbruch des Ersten Weltkriegs begann der Dramaturg Hugo Ball, Pläne für ein expressionistisches Künstlertheater in München zu schmieden. Angetrieben von seiner Überzeugung, dass nur das Theater in der Lage sei, eine neue Gesellschaft zu erschaffen, sollte Balls Bühne als Laboratorium dienen, das auf den ästhetischen Idealen des Künstlers und Theoretikers Wassily Kandinsky basierte.[2] Doch die Kriegserklärung und die rasche Mobilmachung Deutschlands setzten solchen Ambitionen ein jähes Ende. Da Ball somit der Zugang zu den Künstlernetzwerken und finanziellen Ressourcen in München verwehrt blieb, war er gezwungen, für die alternative Einrichtung eines Kabaretts im Exil die Darbietungen auf das Nötigste zu reduzieren. Seit der Gründung des Dadaismus im Februar 1916 war die Geburtsstätte der Bewegung, das Cabaret Voltaire in der Zürcher Spiegelgasse, eine Kreuzung aus Hugo Balls utopischen Vorstellungen eines Künstlertheaters und dem avantgardistischen Performancestil der Schriftstellerin, Tänzerin und Sängerin Emmy Hennings, die Ball 1913 in der Münchner Künstlerkneipe Simplicissimus kennengelernt hatte.[3] Als Hennings zusammen mit Ball das Kabarett gründete, war sie bereits eine Berühmtheit in der deutschen Künstlerszene.[4] (Abb. 1) Mit Hennings als Diseuse und Ball am Klavier entwickelten die beiden das Projekt als einen Ort, der von und für Künstler betrieben wurde, die sich dort täglich zum Auftritt trafen.[5] Angesichts der breiten Vielfalt von Nationalitäten, die während des Krieges in die neutrale Schweiz übergesiedelt waren, entstanden bei diesen Zusammenkünften schnell auch Kooperationen zwischen Bürgern der Kriegsparteien. Über kulturelle und sprachliche Unterschiede hinweg einten ihre Experimente nicht vor allem stilistische Gemeinsamkeiten, sondern ein gemeinsames Bekenntnis zu anarchischer Rebellion, Institutionskritik und gewagten künstlerischen Experimenten.

On Dada performance

'Dada is a cabaret of the world, just as the world is Dada's cabaret'[1]

Months before the outbreak of the First World War, the dramaturg Hugo Ball was busy devising plans for an Expressionist artists' theatre in Munich. Driven by his conviction that "only the theatre is capable of creating the new society", Ball's stage was to serve as a laboratory founded on the aesthetic ideas of the artist and theorist Wassily Kandinsky.[2] But the announcement of war and Germany's rapid mobilisation quickly put an end to such ambitions. Denied access to the artist networks and financial resources available in Munich, Ball's alternative outfit of a cabaret in exile forced him to strip down performance to its fundamentals. As the birthplace of Dadaism since its founding in February 1916, the Cabaret Voltaire in Zurich's Spiegelgasse was a cross-pollination between Ball's utopian notions of artists' theatre and the avant-garde performance style of the writer, dancer, and singer Emmy Hennings, whom Ball first met at Munich's Simplicissimus *Künstlerkneipe* (artists' pub) back in 1913.[3] By the time Hennings founded the cabaret with Ball, she was a celebrity in her own right in German bohemian society.[4] (fig. 1) With Hennings as diseuse lead and Ball accompanying on the piano, the duo conceived the project as a space run by and for artists who would meet daily to perform.[5] Given the diverse array of nationalities who relocated to neutral Switzerland during the war, these gatherings quickly forged collaborations between citizens from warring nations. Transcending cultural and linguistic difference, the experiments they generated were unified not along stylistic lines, but through a mutual commitment to anarchic rebellion, institutional critique, and daring artistic experimentation.

Die Messlatte höher legen: Anti-Poesie, Anti-Musik, Anti-Tanz

Das von einer Gruppe von Kriegsdienstverweigerern gegründete Dada lehnte den Krieg von Haus aus ab, was – wenn auch nicht immer vordergründig – in der Konzeption der Bewegung mitschwang. Eines der frühesten im Cabaret Voltaire aufgeführten Stücke, *Totentanz*, ist eine makabre Parodie auf eine bekannte preußische Militärballade, deren Text Ball so verfälschte, dass am Ende Soldaten marschieren, „bis sich vom Gelenke das Hüftbein dreht".[6] Abgesehen von dieser bemerkenswerten Ausnahme waren die meisten Werke des Zürcher Dadaismus nicht explizit pazifistisch, sondern beschäftigten sich eher mit dem Benennen der tiefgreifenden gesellschaftlichen Spaltungen, die zu diesem todbringenden Krieg geführt hatten. Ball verkündete seine Diagnose 1917 in einer Rede im Cabaret Voltaire und beschrieb darin eine Ära, die „sich als blinder Zusammenprall entfesselter Kräfte offenbart" habe, sodass sich die Welt „als ein blindes Über- und Gegeneinander entfesselter Kräfte [zeigte]. Der Mensch verlor sein himmlisches Gesicht, wurde Materie, Zufall, Konglomerat, Tier, Wahnsinnsprodukt abrupt und unzulänglich zuckender Gedanken."[7] Insbesondere fragten die Dadaisten, ob die Unfähigkeit der Gesellschaft, die irrationalen Seiten des Unbewussten anzuerkennen und sich mit ihnen auseinanderzusetzen, für den Konflikt mitverantwortlich sei. Balls Lautpoesie folgte ergo der Entscheidung, „der Sprache, die der Journalismus missbraucht und korrumpiert hat, abzuschwören" und das Irrationale in den Vordergrund zu stellen, auf der Suche nach dem Punkt, an dem Sprache in reinen Ausdruck übergeht oder in eine „Poesie ohne Worte".[8]

Es blieb jedoch die Frage, wie man Performance und Lyrik adäquat zu der modernen Welt, die von den Geräuschen der mechanisierten Kriegsführung und Industrie widerhallte, auf die Bühne bringen könne. Als Antwort übernahmen die Dadaisten das Prinzip des „Bruitismus" der italienischen Futuristen (*rumorismo*, lautes, geräuschvolles Sprechen oder Lärmen mit improvisierten Instrumenten) und verbanden es mit Elementen des deutschen expressionistischen Primitivismus.[9] Die „primitivistische" Kunst dieser Zeit entstand auf der Grundlage kolonialistischer und typischerweise der Fantasie entsprungenen Interpretationen von nicht-westlicher Ästhetik, Musiktraditionen und Sprache. So enthielten die lärmenden Dada-Performances „primitivistische" Elemente wie die Masken von Marcel Janco und das Trommeln von Richard Huelsenbeck, das die Rezitationen von „chants nègres" begleitete, die kurz vor Huelsenbecks Ankunft in Zürich entstanden waren.[10] Der rumänische Künstler und Dada-Mitbegründer Tristan Tzara erweiterte die literarischen Möglichkeiten des Lautausdrucks durch die „Simultandichtung" – ein Lyrikgenre, in dem jedes Werk aus einer Reihe unterschiedlicher, manchmal mehrsprachiger Teile besteht.[11] Das gleichzeitige Rezitieren dieser Stücke bewirkt, dass die klanglichen und nonverbalen Elemente der Aufführung mit der sprachlichen Bedeutung jeder einzelnen Zeile der Gedichte interagieren oder diese überlagern. In seiner *Symphonia germanica* (1919) bediente sich der in Prag geborene Dada-Komponist Erwin

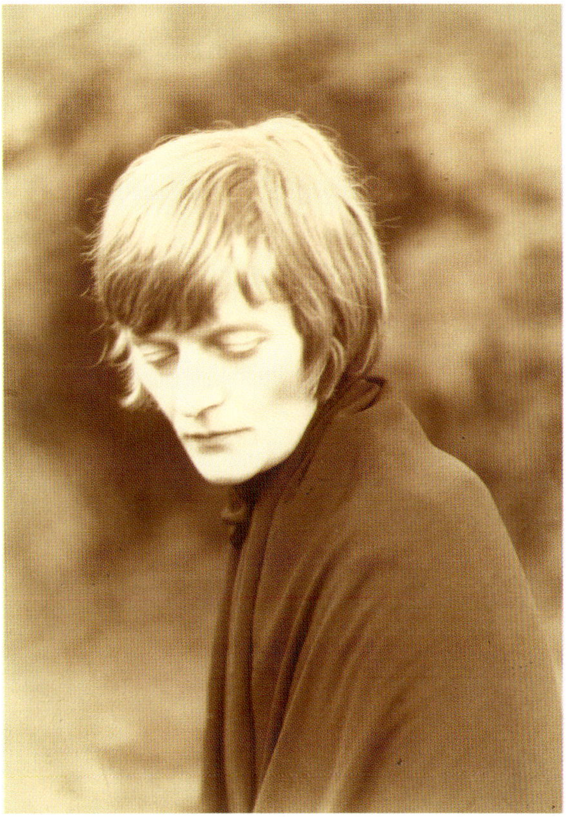

Abb./fig. 1
Unbekannter Fotograf / unknown photographer, Emmy Hennings-Ball, o.J. / n.d., Vintage Print, 17 × 12,5 cm

Galerie Berinson, Berlin

Up the Ante: Anti-Poetry, Anti-Music, Anti-Dance

Founded by a group of draft evaders, Dada opposed the war by default, if not by design. One of the earliest pieces performed in the Cabaret Voltaire, *Totentanz* (Dance of Death), is a macabre parody of a famous Prussian military ballad, whose lyrics Ball doctored to describe soldiers marching "bis sich vom Gelenke das Hüftbein dreht" (until the hipbone twists off the joint).[6] Aside from this notable exception, most Zurich Dada pieces were not explicitly pacifist and were more concerned with identifying the profound societal shifts that had led to such a deadly war. Ball disclosed his diagnosis in a speech delivered at the Cabaret Voltaire in 1917, citing an era that had "revealed itself as a blind clash of unleashed forces", so that "man lost his heavenly face, became matter, chance, conglomerate, beast, a mad product of abruptly and inadequately twitching thoughts".[7] In particular, the Dadaists questioned whether society's inability to acknowledge and reckon with the irrational sides of the unconscious was partly to blame for the conflict. Ball's *Lautpoesie* (sound poetry) subsequently opted to "renounce the language that journalism has abused and corrupted" and bring the irrational mind into full view, in search of the point at which speech slips into pure expression, or "poetry without words".[8]

Schulhoff der Überlagerungstechniken des Bruitismus und der Simultangedichte und setzt musikalische Auszüge aus Chopins *Trauermarsch* und der populären Militärmelodie „Ich hatt' einen Kameraden" gegen eine satirische Neufassung von „Deutschland, Deutschland über alles".[12] In einer bissigen Satire auf die Kriegspropaganda verschmelzen vormals trauervolle oder triumphale militärische und nationalistische Melodien zu einer dissonanten und tragikomischen Kakophonie. Zusammengenommen thematisierten Bruitismus, Simultandichtung und atonale Experimente wie die *Anti-Symphonie* (1919) des dadaistischen Komponisten Jefim Golyscheff den vermeintlichen Angriff der Moderne auf die Sinne, indem sie traditionelle europäische Harmoniebegriffe zugunsten rhythmischer und rasender Empfindungen ablehnten.[13]

Bereits am 14. Juli 1916 veranstaltete Tzara den ersten öffentlichen Dada-Abend im Zürcher Saal zur Waag und brachte das Publikum derart in Rage, dass die Polizei gerufen werden musste, um die Ordnung wiederherzustellen.[14] Bald darauf begannen neue Dada-Gruppierungen – ab 1918 in Deutschland und ab 1920 in Frankreich – vor Publikum dadaistische Arbeiten vorzuführen, die mit spöttischer und aggressiver Kritik durchsetzt waren.[15] Am 27. März 1920 rezitierte der Pariser Dadaist André Breton vom unbeleuchteten Bühnenrand des Théâtre de l'Œuvre für das Publikum Francis Picabias *Manifeste Cannibale*: „Was macht Ihr hier, eingepfercht wie ernsthafte Schalentiere – denn Ihr seid ernsthaft, nicht wahr? [...] Ihr liebt den Tod, den die anderen sterben. A mort, bringt sie um, laßt sie verrecken! Nur Geld stirbt nicht, es reist nur ein wenig fort."[16] Mit wachsender Popularität des Dadaismus und Zuschauerzahlen von über tausend kam es bei den Aufführungen immer wieder zu Gewaltausbrüchen, wobei die Spannungen Anfang 1920 während der Tournee der Berliner Dadaisten durch Ostdeutschland und Böhmen ihren Höhepunkt erreichten.[17] Ziel dieser bewussten Provokationen war es, gegen den Status der Kunst als kommerzielle Ware zu protestieren, zu zeigen, wie leicht man die Presse manipulieren und damit die öffentliche Meinung beeinflussen kann, und vor allem, laut Udo Rukser, einem Mitglied der Berliner Dadaisten, „wie der Künstler dem Bürger etwas von seiner inneren Unruhe, die ihn nie in Gewohnheit einschlafen läßt, mitteilen, wie er den Erstarrten durch äußere Beunruhigung zu neuem Leben aufrütteln will, um ihm den Mangel an innerer Not und Bewegung zu ersetzen".[18]

Trotz häufiger Berichte über Störungen der Aufführungen kam es bei den Dada-Performances insbesondere in ihrer Anfangsphase in Zürich nicht unbedingt zu tätlichen Auseinandersetzungen. Philip Mann interpretiert Balls phonetisches Gedicht *Seepferdchen und Flugfische*, das 1917 in der Galerie Dada aufgeführt wurde, als eine beinahe onomatopoetische Beschreibung eines Ozeans voller Leben, indem der imaginäre Ausdruck „billabi billabi" das Rollen der Wellen, „ballubasch" ihr Brechen am Ufer und „zack hitti zopp" das Hin- und Herflitzen kleiner Fische suggeriert.[19] Ab 1918 unternahm der Berliner Dadaist Raoul Hausmann mit „optophonetischer" Poesie den Versuch, die gesprochene Sprache noch weiter zu zerlegen und Verse auf die Einheiten von Lauten zu redu-

Yet the question remained of how to stage performance and poetry fit for the modern world, characterised by the sounds of mechanised warfare and industry. The Dada response was to adopt the Italian Futurist technique of "bruitism" (i.e. riotous noise-making with the voice or makeshift instruments) and fuse this with notions derived from German Expressionist Primitivism.[9] The period's 'Primitivist' art was created on the basis of colonial and typically fantasy-driven interpretations of non-Western aesthetics, musical traditions, and language. Thus Dada bruitist performance incorporated 'primitivist' elements, such as masks by Marcel Janco and drumming by Richard Huelsenbeck, the latter of which accompanied recitals of so-called *chants nègres* developed shortly before Huelsenbeck came Zurich.[10] Romanian artist and Dada co-founder Tristan Tzara extended the literary possibilities of noise-making through "simultaneous poetry", a genre of poetry in which each piece comprises of a series of distinct – sometimes multilingual – parts.[11] The simultaneous recital of these parts causes the sonic and non-verbal elements of the performance to interact with or override the linguistic meaning of each line of poetry. In his *Symphonia germanica* (1919), the Prague-born Dadaist composer Erwin Schulhoff borrows techniques of overlay from bruitism and simultaneous poetry, setting musical phrases from Chopin's *Trauermarsch* (Funeral March) and the popular military tune *Ich hatt' einen Kameraden* against a satirical rewrite of *Deutschland, Deutschland über alles*.[12] In a scathing satire of war propaganda, formerly sombre or triumphant militarist and nationalist melodies converge in a discordant and tragicomic cacophony. Taken together, bruitism, simultaneous poetry, and experiments in atonality, such as Dadaist composer Jefim Golyscheff's *Anti-Symphony* (1919), reacted to modernity's assault on the senses by rejecting traditional European ideals of harmony in favour of rhythmic and frenzied sensation.[13]

As early as 14 July 1916, Tzara staged the first public Dada soirée in Zurich's Saal zur Waag, incensing the audience to such a degree that the police were called to resume order.[14] Soon new groups of Dadaists – in Germany from 1918, and in France from 1920 – began to perform Dada material interspersed with mocking and aggressive critiques before live audiences.[15] On 27 March 1920, Paris Dadaist André Breton addressed the audience from the unlit stage of the Théâtre de l'Œuvre, reciting Francis Picabia's *Manifeste Cannibale* (Cannibal Manifesto): "What *are* you doing here, parked like serious oysters – for you are serious, aren't you? [...] You like death for other people. Death, death, death. It's only money which doesn't die!"[16] As Dadaism's popularity grew and audience sizes swelled to over one thousand spectators, the performances saw outbreaks of sporadic violence, with tensions climaxing in early 1920 during the Berlin Dadaists' tour in Eastern Germany and Bohemia.[17] The aim of these deliberate provocations was threefold: to rally against the status of art as a commodified product; to demonstrate the ease with which one could manipulate the press and thus shape public discourse; and, above all, accor-

zieren, aus denen die Sprache besteht (Phoneme).[20] Diese Neuerung entwickelte Kurt Schwitters in Hannover zu ihrer äußersten Form weiter: einer 35-minütigen *Sonate in Ur-Lauten* oder *Ursonate*, die ab etwa 1922 über ein Jahrzehnt hinweg entstand.[21]

Sophie Taeuber-Arp, als Schweizerin einheimisches Mitglied der Züricher Gruppe, führte einen Tanz zu *Seepferdchen und Flugfische* auf und setzte Balls wortlose Poesie in Körperbewegungen um.[22] Die virtuose Taeuber-Arp, ausgebildet in Tanz, Design, Textilkunst und Malerei, erweiterte die Möglichkeiten der Dada-Aufführungen, indem sie den Gründern des Kabaretts den Ausdruckstanz der Rudolf-Laban-Schule nahebrachte.[23] Eines der seltenen noch erhaltenen Fotos von Taeuber-Arp vermittelt einen Eindruck von den Kostümen, die für ihre Dada-Performances angefertigt wurden.[24] (Abb. 2) Der frühe Dada-Tanz wandte Labans expressive Choreografietechnik auf disproportionierte und einengende Kostüme an, die die Kontrolle der Tänzer über ihren Körper

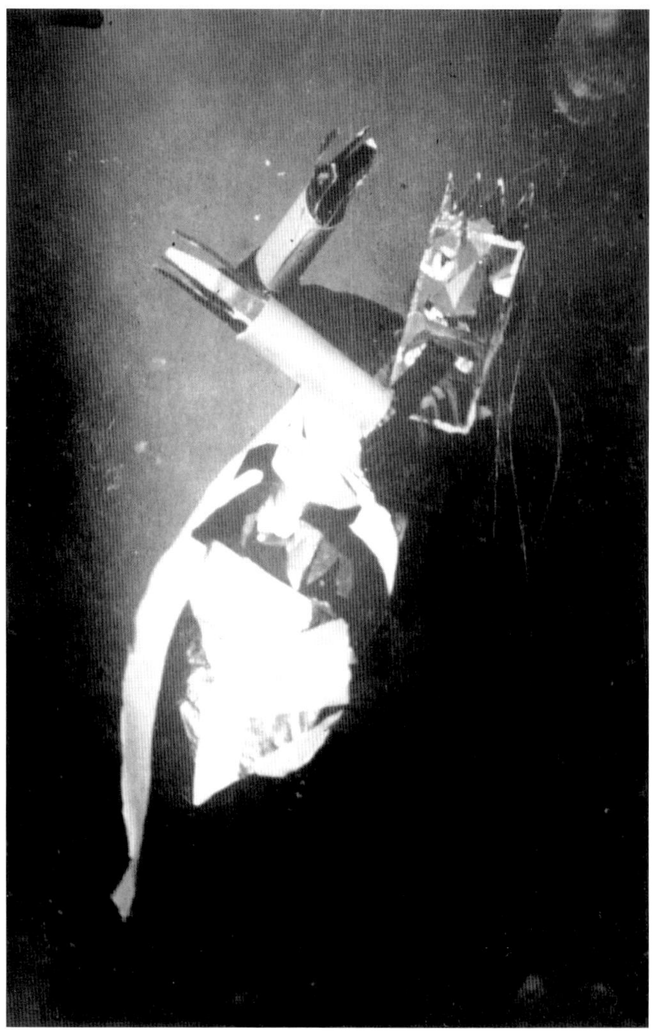

Abb./fig. 2
Unbekannter Fotograf / unknown photographer, wahrscheinlich Sophie Taeuber-Arp tanzend in einer von Marcel Janco entworfenen Maske / believed to be Sophie Taeuber-Arp dancing in a mask designed by Marcel Janco, 1917

Archiv Stiftung Arp e.V., Berlin/Rolandswerth

ding to Berlin Dada affiliate Udo Rukser, to "shake [the spectator] into a new life [and] compensate for the citizen's lack of inner urgency and vitality".[18]

Despite frequent reports of disorder, Dada performance was not necessarily violent, particularly during its initial phase in Zurich. Philip Mann interprets Ball's phonetic poem *Seepferdchen und Flugfische* (Seahorses and Flying Fish), performed at the Galerie Dada in 1917, as a near onomatopoeic description of an ocean teeming with life, in which the imagined phrase "billabi billabi" conjures the rolling of waves, or "ballubasch" waves crashing on a shore, and "zack hitti zopp" small fish flitting back and forth.[19] From 1918, the "optophonetic" poetry of Berlin Dadaist Raoul Hausmann sought to distintegrate spoken language yet further, reducing verse to the units of sound that form speech (phonemes).[20] This innovation was developed by Kurt Schwitters in Hannover into its most extravagant form: a thirty-five minute *Sonate in Ur-Lauten* (Sonata in Primordial Sounds), or *Ursonata*, developed from around 1922 over the course of a decade.[21]

Local Swiss member of the Zurich group, Sophie Taeuber-Arp, performed a dance to accompany *Seahorses and Flying Fish*, converting Ball's wordless poetry into bodily movement.[22] The virtuoso Taeuber-Arp, trained in dance, design, textiles, and painting, opened up further possibilities for Dada performance by introducing the cabaret founders to the 'Ausdruckstanz' (expressive dance) of the Rudolf Laban school.[23] A rare surviving photograph of Taeuber-Arp gives a sense of the costumes fabricated for Dada performances.[24] (fig. 2) Early Dada dance applied Laban's expressive choreographic technique to disproportioned and restrictive costumes, reducing the bodily control of the dancer to explore ideas of grotesque, near-mechanised movement. Taeuber-Arp's costume may therefore be said to embody the Dadaist fondness of unpredictability, where the principle of chance was applied as a tool able to 'transcend the barriers of causality and of conscious volition'.[25] Dada dance, and Dada performance more broadly, valued spontaneity and improvisation as catalysts for authentic gestures that were less conditioned by societal norms and directives.

At its most extreme, Dada performance descended into silence. In 1919, Schulhoff released his jazz-inspired *Fünf Pittoreske*, "warmly dedicated" to Berlin Dadaist George Grosz. Consisting purely of rests, the composition *In Futurum* amounts to twelve seconds of silence when performed, predating John Cage's postwar *4'33* composition by 33 years.[26] Like many Dadaists, Schulhoff's work was classified as 'degenerate'. He was arrested after the Nazis invaded Czechoslovakia, dying in a Bavarian prison in 1942 at the age of 48.[27]

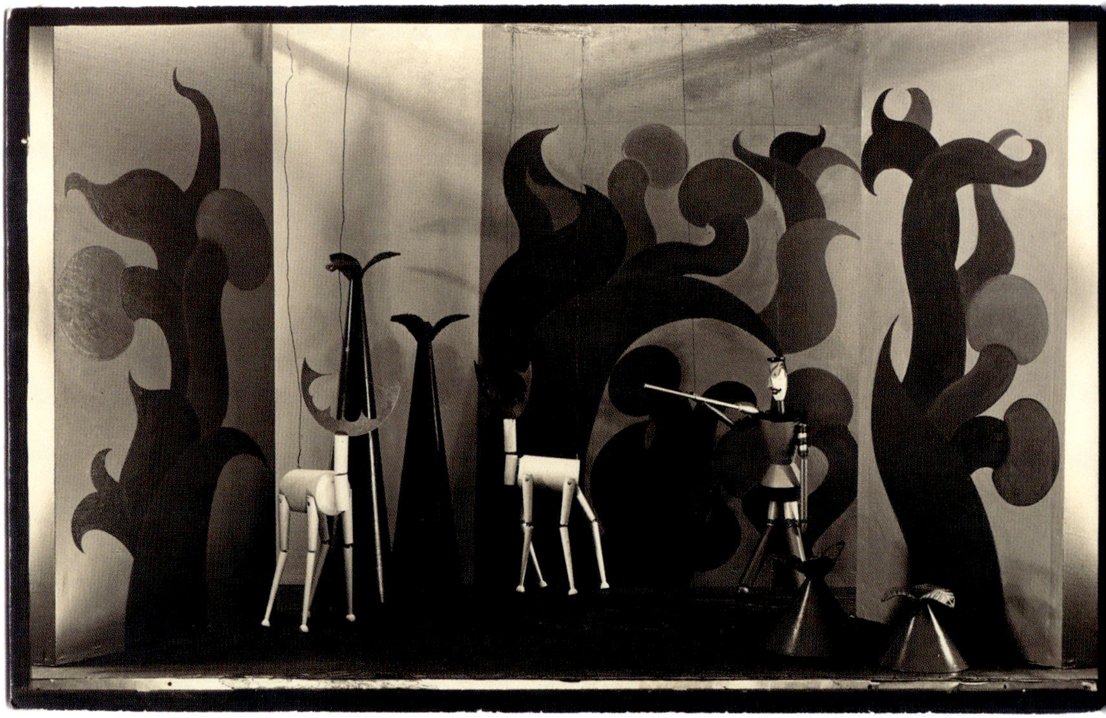

Abb./fig. 3
Ernst Linck, Bühne von / set for *König Hirsch*, 1918, mit Marionetten designed von / featuring marionette designs by Sophie Taeuber-Arp, Gelatinesilberabzug / gelatin silver print, 13,9 × 22,3 cm

Archiv Stiftung Arp e.V., Berlin/Rolandswerth

einschränkte, um groteske, fast mechanisierte Bewegungen zu provozieren. So verkörpert Taeuber-Arps Kostüm die Vorliebe der Dadaisten für das Unvorhersehbare, wobei das Prinzip des Zufalls als Werkzeug diente, um „die Grenzen der Kausalität und des bewussten Willens zu überwinden".[25] Bei Dada-Tanz und Dada-Performance im weiteren Sinne galten Spontaneität und Improvisation als Katalysatoren für authentische Gesten, die wenig von gesellschaftlichen Normen und Regeln geprägt waren.

In ihrer extremsten Form versank die Dada-Performance in Stille. 1919 veröffentlichte Schulhoff sein vom Jazz inspiriertes Werk *Fünf Pittoreske*, das er dem Berliner Dadaisten George Grosz „herzlich widmete". Die Komposition *In Futurum* besteht ausschließlich aus Pausen und dauert bei der Aufführung zwölf Sekunden – entstanden 33 Jahre vor John Cages Nachkriegskomposition *4′33*.[26] Wie viele Arbeiten der Dadaisten wurde auch Schulhoffs Werk als „entartet" eingestuft. Nach dem Einmarsch der Nationalsozialisten in die damalige Tschechoslowakei wurde er verhaftet und starb 1942 im Alter von 48 Jahren in einem bayerischen Gefängnis.[27]

Dada Theatre: Plays and Puppenspiele

Dada plays and dramatic sketches bear the hallmarks of the *Kleinbühne* (variety) performance and literary cabarets from which they developed.[28] For instance, the Dada performer may at any moment address the audience as a kind of master of ceremonies, and *Puppenspiele* (marionette plays) abound in their repertoires. Taeuber-Arp designed marionettes for René Morax's translation of Carol Gozzi's eighteenth-century *The Stag King* (1762), reimagined as a parody of psychoanalysis.[29] In the updated play, which premiered at the Swiss Marionette Theatre in 1918, King Deramo is also transformed into a stag as per the original narrative, but can only return to his human state when "Freudanalyticus" conjures the potent magic of the "Urlibido" (primal libido) fairy.[30] Taeuber-Arp explored the otherworldly dimensions of puppetry, distilling fable characters into dream-like geometric forms, whose delicate limbs produced lithe, uncanny movements.[31] (fig. 3)

In other examples of Dada marionette design, aesthetic concerns were secondary to political content and collaboration. For example, Dresden Dadaist and German Communist Party member Otto Griebel drew on his experience of crafting hand puppets for *Kasperl* theatres to design comic agitprop scenery and props for Bernhard Strzelewicz's *Rote Truppe* (red troop) Communist cabaret, founded in 1924.[32] In a more commercial example, renowned Berlin theatre director Max Reinhardt, when relaunching his *Schall und Rauch* (Sound and Smoke) cabaret in late 1919, approached Dadaist Walter Mehring to write the script for the satirical puppet play that would headline the opening night. The resulting satire of the government, *Einfach Klassisch! Eine Orestie mit glücklichem Ausgang* (Simply Classical! An Orestia With a Happy Ending), featured marionettes designed and fabricated by Dada colleagues Grosz and John Heartfield.[33] (fig. 4) *Einfach Klassisch!* was notable for its early incorporation of film projections, anticipating the uptake of similar techniques by theatre director Erwin Piscator in service of revolutionary "epic theatre".[34]

Piscator's first exposure to Dada was through Heartfield's brother, Wieland Herzfelde, whom he met in the trenches of World War One.[35] His early contact with the Dadaists led to later collaborations, such as Grosz's marionette and figurine designs for Piscator's 1928 adaptation of *Die Abenteuer des braven Soldaten Schwejk* (The Adventures of the Good Soldier Švejk), based on Jaroslav Hašek's unfinished dark comedy published between 1921 and 1923.[36] Švejk is a Czech soldier who reports to the Austro-Hungarian army for duty in a wheelbarrow and crutches, and whose feckless, beaming idiocy always seems to allow him to evade military responsibility. (fig. 5) In a nod to the novel's iconic cartoons by Josef Lada, Grosz designed life-sized cutout characters for the production, placing satirical illustration on the stage, while

Dada-Theater: Stücke und Puppenspiele

Dada Theaterstücke und -sketche tragen die Handschrift der Kleinbühne und des literarischen Kabaretts, aus denen sie hervorgegangen sind.[28] So kann der Dada-Darsteller beispielsweise das Publikum jederzeit als eine Art Zeremonienmeister ansprechen, und Puppenspiele sind im Dada-Repertoire reichlich vertreten. Taeuber-Arp entwarf Marionetten für René Morax' Übersetzung von Carol Gozzis *Il re cervo* (*König Hirsch*, 1762) aus dem 18. Jahrhundert, das als Parodie auf die Psychoanalyse neu interpretiert wurde.[29] In dem modernisierten Stück, das 1918 im Schweizer Marionettentheater uraufgeführt wurde, verwandelt sich König Deramo wie in der ursprünglichen Erzählung in einen Hirsch, kann aber erst dann wieder zu seiner menschlichen Gestalt zurückkehren, wenn der „Freudanalytikus" die mächtige Magie der Fee „Urlibido" beschwört.[30] Taeuber-Arp erkundete die transzendenten Dimensionen des Puppenspiels und reduzierte die Fabelfiguren zu traumhaften, geometrischen Formen, deren zarte Gliedmaßen geschmeidige, geheimnisvolle Bewegungen vollführen.[31] (Abb. 3)

In anderen Beispielen für Dada-Marionetten traten ästhetische Belange hinter politische Inhalte und Kooperationen zurück. So nutzte beispielsweise der Dresdner Dadaist und KPD-Mitglied Otto Griebel seine Erfahrungen in der Herstellung von Handpuppen für Kasperltheater, um komische Agitprop-Kulissen und Requisiten für Bernhard Strzelewicz' 1924 gegründetes kommunistisches Kabarett Rote Truppe zu entwerfen.[32] Ein kommerzielleres Beispiel ist der renommierte Berliner Theaterregisseur Max Reinhardt, der bei der Neuauflage seines Kabaretts Schall und Rauch Ende 1919 den Dadaisten Walter Mehring bat, das Drehbuch für ein satirisches Puppenspiel zu schreiben, das am Eröffnungsabend aufgeführt werden sollte. Die daraus resultierende Politsatire *Einfach Klassisch! Eine Orestie mit glücklichem Ausgang* wurde von Marionetten begleitet, die die Dadaisten George Grosz und John Heartfield entworfen und hergestellt hatten.[33] (Abb. 4) Bemerkenswerterweise integrierte die Inszenierung bereits Filmprojektionen und nahm damit die Verwendung ähnlicher Techniken durch den Regisseur Erwin Piscator im Dienste des revolutionären „epischen Theaters" vorweg.[34]

Abb./fig. 4
George Grosz, *Agamemnon*, 1919,
Tusche und Aquarell für / ink and watercolour for Walter Mehring,
Einfach Klassisch! Eine Orestie mit glücklichem Ausgang,
48,7 × 37,2 cm

Sammlung Judin, Berlin

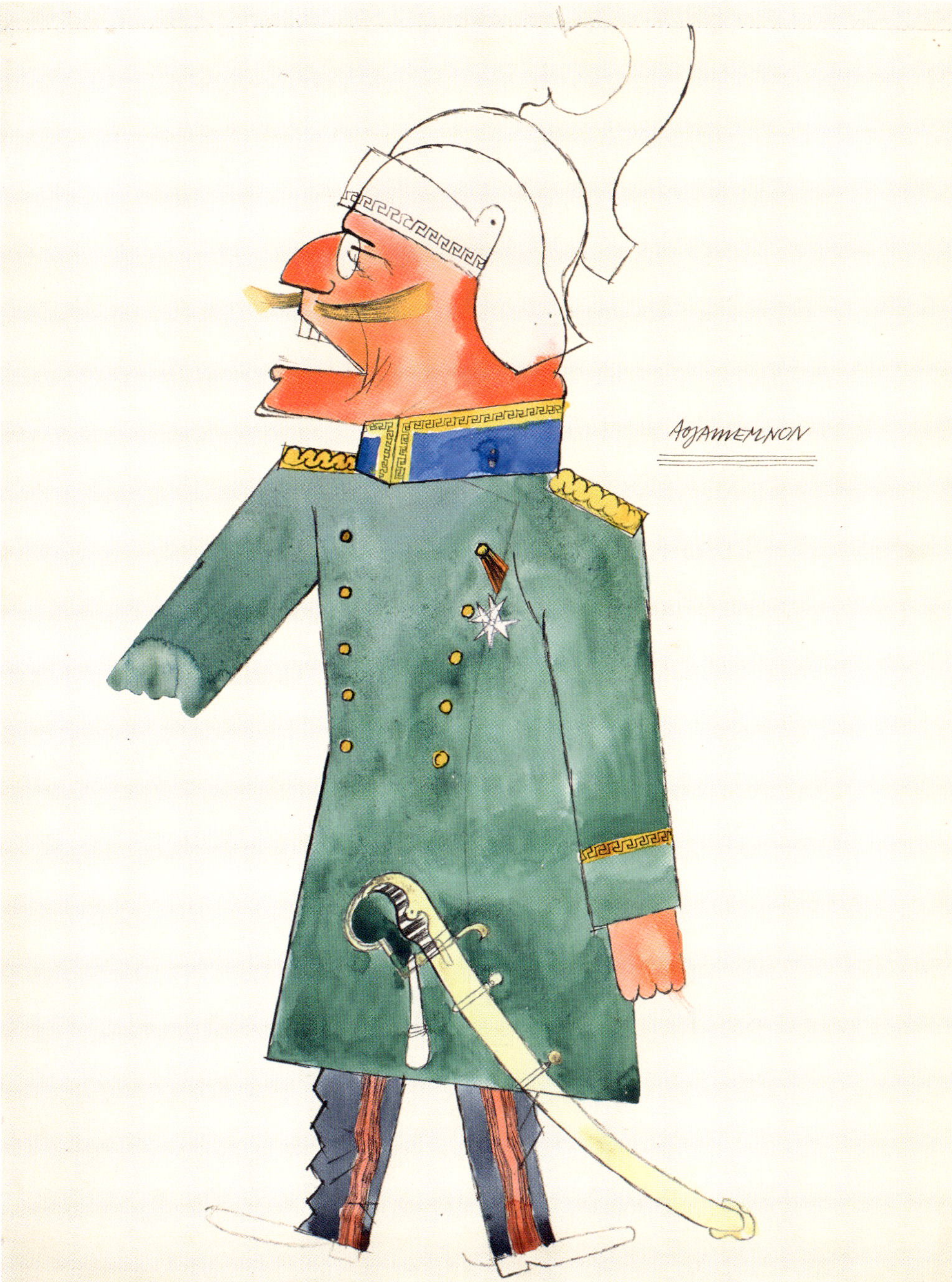
AGAMEMNON

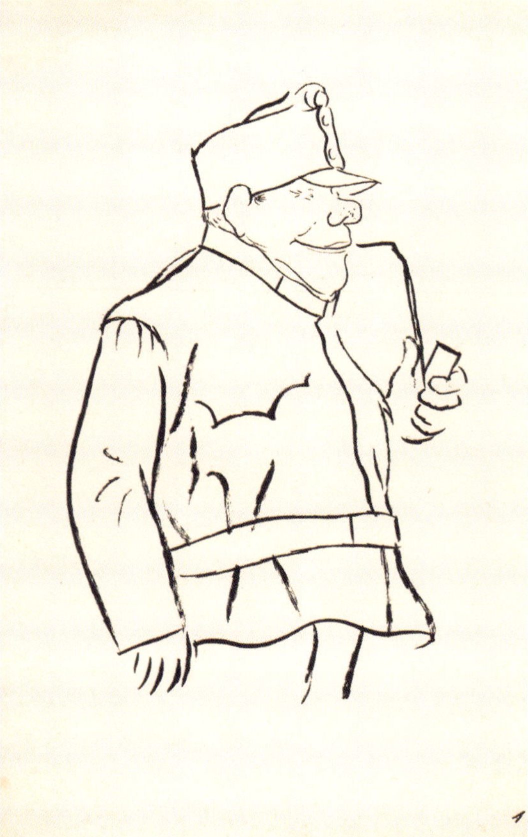

Abb. / fig. 5
George Grosz,
17 Zeichnungen zur Aufführung des „Schwejk" in der Piscatorbühne / 17 drawings for the play „The Adventures of the Good Soldier Švejk" at the Piscatorbühne, Berlin 1928, Folge von 17 Tafeln / 17 plates, Tafel 1 / plate 1, 17 × 26,5 cm

Sammlung Wassermeyer

Piscators erste Begegnung mit Dada kam über Heartfields Bruder Wieland Herzfelde zustande, den er in den Schützengräben des Ersten Weltkriegs kennengelernt hatte.[35] Sein früher Kontakt zu den Dadaisten führte später zu Kooperationen wie Grosz' Marionetten- und Figurenentwürfen für Piscators Adaption von *Die Abenteuer des braven Soldaten Schwejk* aus dem Jahr 1928, basierend auf Jaroslav Hašeks unvollendeter schwarzer Komödie, die zwischen 1921 und 1923 veröffentlicht wurde.[36] Schwejk ist ein tschechischer Soldat, der sich mit Rollstuhl und Krücken zum Dienst in der österreichisch-ungarischen Armee meldet und dessen freudestrahlende Dummheit es ihm immer wieder ermöglicht, sich der militärischen Verantwortung zu entziehen. (Abb. 5) In Anlehnung an die ikonischen Karikaturen zum Roman von Josef Lada entwarf Grosz lebensgroße Scherenschnitte für die Inszenierung und brachte sie als satirische Illustration auf die Bühne, während Piscator versuchte, die Theaterzeit „ohne Anfang und Ende" zu vermitteln, indem er ein mechanisches Laufband in den Bühnenboden einbauen ließ, auf dem Schauspieler marschierten oder Figuren befestigt waren.[37]

Als Dada 1920 in Paris Fuß fasste, hatte die Stadt bereits das avantgardistische Theater von Alfred Jarry, Guillaume Apollinaire und F. T. Marinetti gesehen, was möglicherweise erklärt, warum dort mehr Dada-Aufführungen produziert wurden als von anderen Gruppen.[38] Das Dada-Theater stellte die Konventionen von

Piscator sought to convey theatrical time "without beginning or end" by building a mechanical treadmill into the stage floor, onto which actors marched or figurines were attached.[37]

When Dada took root in Paris in 1920, the city had already played host to the avant-garde theatre of Alfred Jarry, Guillaume Apollinaire, and F. T. Marinetti, which may account for why the Paris group produced more plays than any other Dada outpost.[38] Dada theatre overturned conventions of plot, characterisation, and scenery. In Tzara's *Le cœur à gaz* (The Gas-Powered Heart), performed in 1921, and later in 1923 featuring costumes by Sonia Delaunay, the narrative action takes the form of a nonsensical exchange between a collection of facial features, consummating the bodily disintegration first begun by Dada masks and costumes in Zurich, and anticipating the solitary monologuing mouth of Samuel Beckett's *Not I* (1972).[39] During the First World War, medical advances led to the advent of modern reconstructive surgery, resulting in far fewer casualties, but often leaving patients permanently disfigured.[40] A line recited by Philippe Soupault playing the part of 'Ear', hints at the dehumanising, even existential impacts of such scars: "He is not a being because he consists of pieces".[41]

Dada at Large: Manifestations and Interventions

In spite of their many innovations in the realms of recital, cabaret, and theatre, perhaps the most artistically and politically radical Dada performances were the actions they staged outside of traditional arts venues, which were themselves based on a technique of performative protest first piloted by the Italian Futurists.[42] Reflective of Tzara's declaration that "the new artist protests, he no longer paints", these spectacles took the body of the artist as their medium and the world as their stage.[43] Dada manifestations largely evolved from media hoaxes, the first of which was a pistol duel between Tzara and Arp in Zurich, allegedly officiated by the romantic poet J. C. Heer, who immediately refuted the reports after reading his name in the Swiss papers.[44] Among the Berlin group, Hausmann and Johannes Baader were first to feed hoaxes to the media, and Baader soon garnered a reputation for staging unannounced interventions.[45] For example, on 17 November 1918, he interrupted a service in the imperial Berlin Cathedral during the first sermon held there following the Kaiser's announced abdication.[46] In the Dada magazine *Die freie Strasse*, an anonymous author (probably Baader) identifies ritual and holy speech as tools for maintaining religious authority: "A church service is magic. If someone who does not belong to the circle speaks, the magic is disrupted".[47] For his one-man protests, Baader stepped into the role of a pseudo-prophet, staging carefully-timed disruptions within the official proceedings of institutions he opposed.

Handlung, Charakterisierung und Bühnenbild auf den Kopf. In Tristan Tzaras *Le cœur à gaz* (Das Gasherz), uraufgeführt 1921 und später 1923 mit Kostümen von Sonia Delaunay gespielt,[39] läuft die Handlung als unsinniger Dialog zwischen einer Ansammlung von Sinnesorganen ab. Damit wird zum einen die körperliche Auflösung vollendet, die in den Dada-Masken und -Kostümen in Zürich ihren Anfang genommen hatte, zum anderen nimmt es schon den einsamen Monolog des Mundes in Samuel Becketts *Not I* (1972) vorweg. Medizinische Fortschritte während des Ersten Weltkriegs förderten die Entwicklung einer modernen rekonstruktiven Chirurgie, was einen Rückgang der Opferzahlen zur Folge hatte, wobei aber die Patienten oft dauerhaft entstellt blieben.[40] Eine von Philippe Soupault in der Rolle des „Ohrs" gesprochene Zeile deutet auf die entmenschlichenden, ja existenziellen Auswirkungen solcher Narben hin: „Er ist kein Wesen, weil er aus Teilen besteht."[41]

Dada im Großen: Manifestationen und Interventionen

Trotz ihrer zahlreichen Innovationen in den Bereichen Rezitation, Kabarett und Theater waren die künstlerisch und politisch vielleicht radikalsten Dada-Performances jene Aktionen, die außerhalb der traditionellen Kunststätten abliefen und auf einer Technik des performativen Protests basierten, die erstmals von den italienischen Futuristen vorgeführt wurde.[42] In Anlehnung an Tzaras Erklärung „l'artiste nouveau proteste: il ne peint plus" (Der neue Künstler protestiert: Er malt nicht mehr) machten diese Spektakel den Körper des Künstlers zum Medium mit der Welt als Bühne.[43] Die Manifestationen des Dadaismus entwickelten sich größtenteils aus absichtlich platzierten Zeitungsenten, von denen die erste ein Pistolenduell zwischen Tzara und Arp in Zürich ankündigte, das angeblich von dem romantischen Dichter J. C. Heer geleitet wurde, der die Berichte jedoch umgehend widerlegte, nachdem er seinen Namen in den Schweizer Zeitungen gelesen hatte.[44] In der Berliner Gruppe waren Raoul Hausmann und Johannes Baader die ersten, die Falschmeldungen an die Presse gaben, und Baader war bald bekannt dafür, unangekündigte Interventionen zu inszenieren.[45] So unterbrach er beispielsweise am 17. November 1918 einen Gottesdienst im Berliner Dom während der ersten Predigt, die dort nach der Ankündigung der Abdankung des Kaisers gehalten wurde.[46] In der Dada-Zeitschrift *Die freie Strasse* entlarvt ein anonymer Autor (wahrscheinlich Baader) rituelle und sakrale Sprache als Mittel zur Aufrechterhaltung religiöser Autorität: „Gottesdienst ist Magie. Spricht einer, der nicht zum Kreis gehört, wird die Magie gestört."[47] Für seine Ein-Mann-Proteste schlüpfte Baader in die Rolle eines Pseudopropheten mit sorgfältig geplanten Störungen innerhalb der offiziellen Abläufe von Institutionen, denen er ablehnend gegenüberstand.

Meanwhile in Paris, as part of the Grand Saison Dada, Breton orchestrated a mock trial for the head of the far-right "league of patriots", Maurice Barrès.[48] During the performance, held on 13 May 1921, the Dadaists appeared in white clerical gowns carrying a tailor's dummy to represent the accused, with ten spectators invited to participate as jury members.[49] This was not the first time the Paris Dadaists had levelled a critique against the French far-right, as during his very first live appearance in Paris on 23 January 1920 at the Palais des Fêtes, Tzara recited a speech by the anti-migrant politician and journalist Léon Daudet, drowning out its xenophobic rhetoric with the ringing of an electric bell.[50] However, the more logical structure and moralising approach adopted in the Barrès trial resulted in a rift between Tzara and Picabia in one camp, who believed that Dada should not be beholden to any ideological programme, and an increasingly party-political, revolutionary faction led by Breton in the other.[51] In 1924, Breton, Soupault, and Louis Aragon published the *Manifeste du surréalisme*, breaking with Dadaism for good.[52]

The Ironic Pose: Identity as Dada Performance

Prior to this ideological split, Dada interventions defamed the authorities or lampooned public figures without a clear consensus over which institutions and individuals should take their place – that is, with the notable exception of the comedian Charlie Chaplin. Dadaists in Paris, New York, and Berlin idolised Chaplin for his physical comedy critiques of class structures and modernity's demands on the body.[53] A series of photographic portraits in *Der Dada* show Berlin Dadaist Gerhard Preiss performing a "Dada Trot" dance in a skin-tight leotard and bowler hat, striking a series of awkward poses in a nod to Chaplinesque choreography. (fig. 6) The piece's subtitle, "dance for a wooden puppet", shows how the Dadaists reframed the art of slapstick in metaphysical terms, intrigued by the questions it posed around the relationship between animating consciousness (spirit) and the physical body (matter).[54]

Beyond war-torn Europe on the other side of the Atlantic, the Dadaists turned their attention to society's rampant commercialisation, viewing this broad phenomenon through the lenses of anti-capitalist thought, gender, and psychoanalysis.[55] A photograph by New York Dadaist Man Ray shows Marcel Duchamp posing as a female model named 'Rrose Sélavy'. The portrait of Duchamp's alter ego was then reproduced on the label of a faux Dada perfume, ironising both the figure of the male artist and consumer gratification.[56] Within the realm of gender parody, however, the New York Dadaist par excellence was the German-born artist and poet Elsa von Freytag-Loringhoven, who moulded scraps of urban detritus into worn *objet trouvés* (found objects) for her appearances among the avant-garde circles of Greenwich Village. (fig. 7) During a life modelling interview, she disarmed the male gaze of her artist

Unterdessen inszenierte Breton in Paris im Rahmen der *Grand Saison Dada* einen Scheinprozess gegen den Vorsitzenden der rechtsextremen „Liga der Patrioten", Maurice Barrès.[48] Bei der Aufführung am 13. Mai 1921 traten die Dadaisten in weißen Priestergewändern auf und trugen eine Schneiderpuppe, die den Angeklagten darstellte. Zehn Zuschauer waren eingeladen, als Geschworene teilzunehmen.[49] Es war nicht das erste Mal, dass die Pariser Dadaisten Kritik an der französischen extrem Rechten übten. Bereits bei seinem ersten Auftritt in Paris am 23. Januar 1920 im Palais des Fêtes rezitierte Tzara eine Rede des Politikers und Journalisten Léon Daudet und übertönte dessen fremdenfeindliche Rhetorik mit dem Schrillen einer elektrischen Klingel.[50] Die logischere Struktur und der moralisierende Ansatz beim Barrès-Prozess führten jedoch zu einer Spaltung zwischen Tzara und Picabia auf der einen Seite, die der Ansicht waren, dass Dada keinem ideologischen Programm verpflichtet sein solle, und einer zunehmend parteipolitisch geprägten, revolutionären Fraktion unter der Führung von Breton auf der anderen Seite.[51] 1924 veröffentlichten Breton, Soupault und Louis Aragon das *Manifeste du surréalisme* und brachen endgültig mit dem Dadaismus.[52]

Die ironische Pose: Identität als Dada-Performance

Vor dieser ideologischen Spaltung diffamierten Dada-Interventionen die Obrigkeit oder verspotteten Persönlichkeiten des öffentlichen Lebens, ohne dass ein klarer Konsens darüber bestand, welche Institutionen und Personen an ihre Stelle treten sollten – mit der bemerkenswerten Ausnahme des Komikers Charlie Chaplin. Dadaisten in Paris, New York und Berlin verehrten Chaplin für seine physische Komik, mit der er Klassenstrukturen und die Anforderungen der Moderne an den Körper kritisierte.[53] Eine Serie von Fotoporträts in *Der Dada* zeigt den Berliner Dadaisten Gerhard Preiss, wie er in Anlehnung an Chaplins Choreografien in einem hautengen Trikot mit Melone den „Dada-Trot" aufführt und dabei eine Reihe unbeholfener Posen einnimmt. (Abb. 6) Der Untertitel „Tanz für eine Holzpuppe" verdeutlicht, wie die Dadaisten die Kunst des Slapsticks in metaphysischer Hinsicht neu interpretierten, fasziniert von den Fragen, die sie hinsichtlich des Verhältnisses zwischen beseeltem Bewusstsein (Geist) und physischem Körper (Materie) aufwarf.[54]

Abb./fig. 6
Unbekannter Fotograf / unknown photographer, *Dada-Trott: Der dadaistische Holzpuppentanz vorgeführt vom Musikdada Preiss / Dada Trot: the dadaistic wooden puppet dance performed by the Musikdada Preiss*, Abbildung aus / image from Richard Huelsenbeck, Wozu war Dada da? Rückblick auf eine nun schon historisch gewordene Bewegung, in: *Der Uhu*, Berlin, 3. Jg., Heft 5, Februar 1927, S. 89 / Vol. 3, issue 5, February 1927, p. 89

Privatbesitz / Private collection

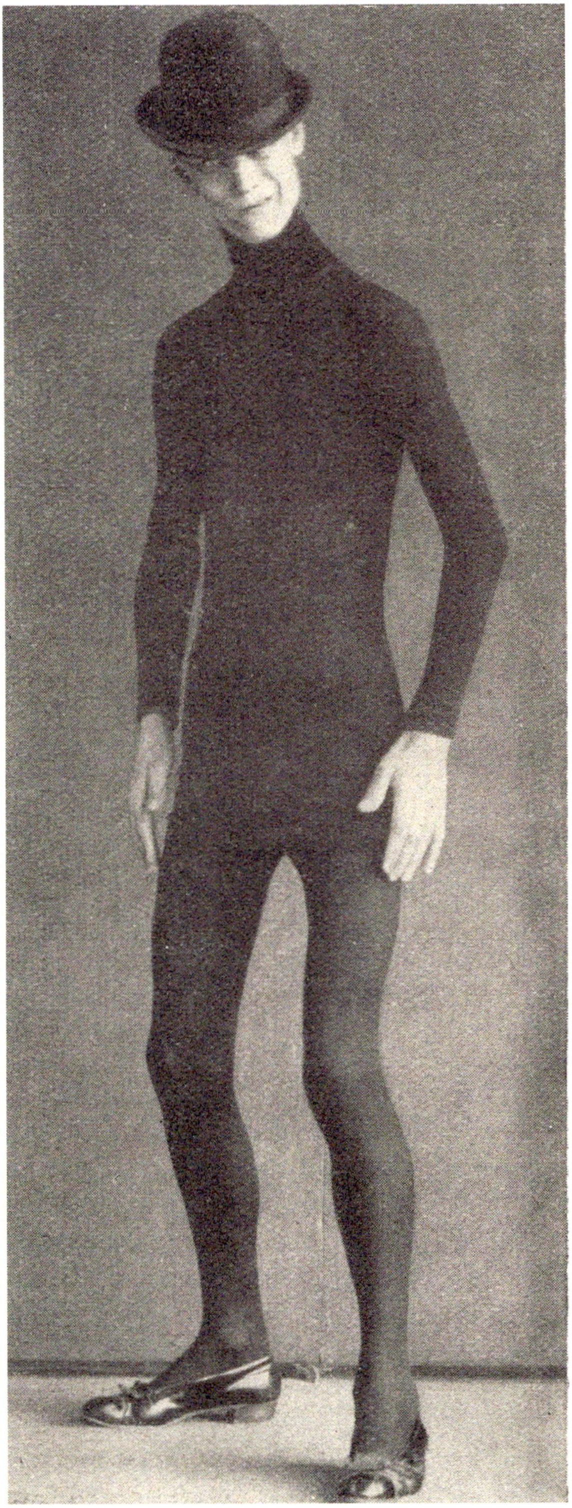

Abb./fig. 7
Unbekannter Fotograf / unknown photographer, Baroness von Freytag-Loringhoven, 10. Januar 1922 / 10 January 1922, digitale Datei vom Originalnegativ / digital file from original negative

Library of Congress, George Grantham Bain Collection

Jenseits des vom Krieg zerrütteten Europas auf der anderen Seite des Atlantiks richteten die Dadaisten ihre Aufmerksamkeit auf die zügellose Kommerzialisierung der Gesellschaft und betrachteten dieses weitreichende Phänomen durch die Linse antikapitalistischen Denkens, Genderfragen und der Psychoanalyse.[55] Eine Fotografie des New Yorker Dadaisten Man Ray zeigt Marcel Duchamp als weibliches Model „Rrose Sélavy" posierend. Das Porträt von Duchamps Alter Ego wurde dann auf dem Etikett eines fingierten Dada-Parfüms reproduziert, was sowohl die Figur des männlichen Künstlers als auch die Konsumgier ironisierte.[56] Im Bereich der Geschlechterparodie war jedoch die New Yorker Dadaistin par excellence die in Deutschland geborene Künstlerin und Dichterin Elsa von Freytag-Loringhoven. Aus dem Müll der Großstadt gestaltete sie abgewetzte *Objets trouvés* für ihre Auftritte in den Avantgarde-Kreisen von Greenwich Village. (Abb. 7) Während eines Interviews als Aktmodell entkräftete sie den männlichen Blick ihres Künstlerkollegen George Biddle, indem sie „nackt" für ihn posierte, während sie einen BH trug, der aus alten Tomatendosen bestand, die mit einer Schnur zusammengehalten wurden.[57] Bei einer anderen Gelegenheit erinnert sich Biddle an ein Kleid, in das Freytag-Loringhoven etwa achtzig gestohlene Spielzeugfiguren eingenäht hatte – eine Aktion, die sechs Jahrzehnte vor ihrer Zeit an die Punkästhetik erinnert.[58]

Ein weiteres Dada-Werk, das Kinderspielzeug und feministische Ironie vereint, ist ein fotografisches Porträt der Berliner Dadaistin Hannah Höch, die als Figurine verkleidet eine ihrer Puppenskulpturen in den Händen hält.[59] (Abb. 8) Höchs Porträt, ein Kommentar zum ambivalenten Verhältnis zwischen Geschlechterpolitik und künstlerischer Identität, unterstreicht zudem die Bedeutung von Karnevalstraditionen, Ballkultur und Künstlerfesten für die Entstehung des Dadaismus. Bevor Taeuber-Arp mit der Fertigung avantgardistischer Dada-Kostüme begonnen hatte, war sie bereits eine geübte Herstellerin ausgefallener Ball- und Karnevalskostüme.[60] Zu den von den Dadaisten veranstalteten Festivitäten gehören ein „Faschingsfest" im Cabaret Voltaire am 23. März 1916, der „Grand Bal Dada", den die Pariser Dadaisten am 5. März 1920 in Genf abhielten, und ein „Faschings Dada Ball" am 20. Januar 1921 im Berliner Marmorsaal am Zoo, organisiert von Baader.[61] Solche Zusammenkünfte veranschaulichen, wie Dada durch seine öffentliche Erklärung der permanenten Rebellion die Kategorien von Hoch- und Populärkultur verwirrte und zwischen politischer Agitation und saturnalen Ausschweifungen fluktuierte.

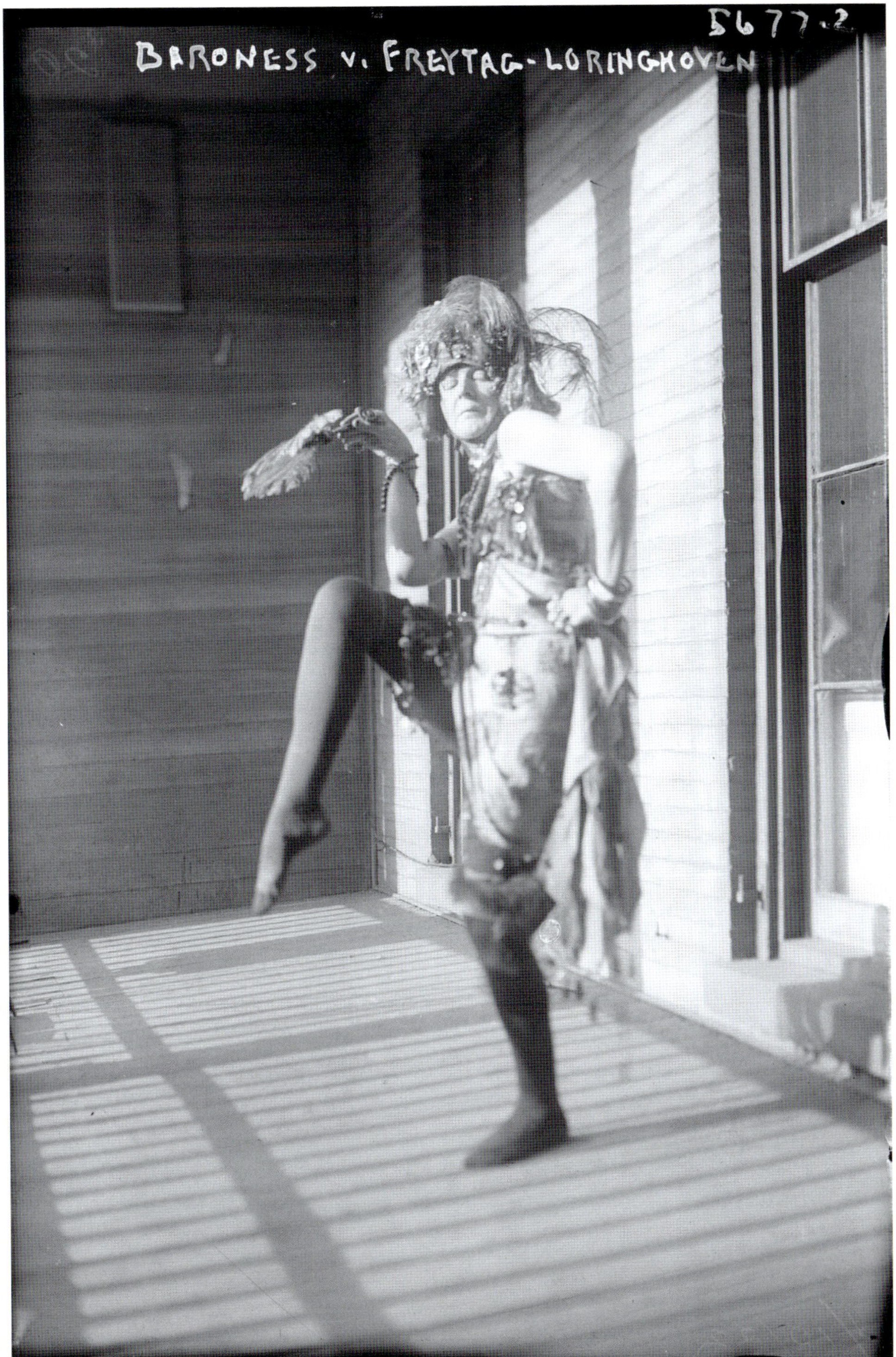
5677-2
BARONESS v. FREYTAG-LORINGHOVEN

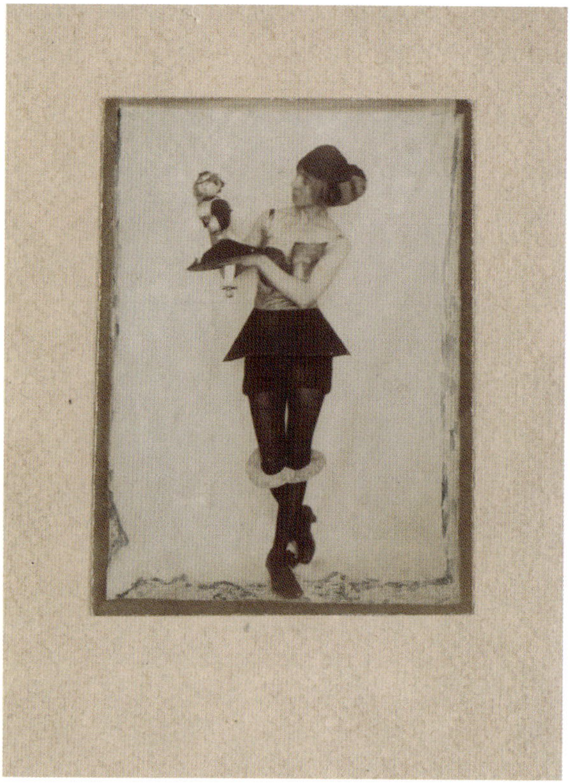

Abb./fig. 8
Unbekannter Fotograf / unknown photographer, Hannah Höch als Figurine mit einer ihrer Dada-Puppen / dressed as a figurine with one of her Dada-dolls, ca. / c. 1920, Blattmaß / picture: 11,8 × 8,5 cm, Rahmenmaß / plate: 27 × 21 × 2,5 cm, BG-HHC F 264/79 (a)

Scan: Anja Elisabeth Witte, Berlinische Galerie – Landesmuseum für Moderne Kunst, Fotografie und Architektur

Finales und Entwicklungen der Dada-Performance

Im Kern waren Dada-Performances radikale und disruptive Spektakel in sehr vielseitigen Formaten. Sie reichten von der ikonoklastischen Lautpoesie in Zürich über ironische Gender-Performances in New York bis hin zu explosiven Bühnenauftritten in Paris und Berlin, deren Schocktaktik darauf abzielte, die Zuschauer im direkten Gegenüber zu provozieren.

Unter den verschiedenen Kreisen der Bewegung übernahmen die Berliner Dadaisten am unmittelbarsten revolutionäre Themen wie extremistische und parteigeistige Sprache sowie satirischen Zorn. Auch die Übernahme institutioneller oder öffentlicher Räume war adressierter Bestandteil ihrer Performances und führte zu Interventionen, die von den Bedingungen der wirtschaftlichen Umbrüche und politischen Unruhen bestimmt waren, unter denen sie entstanden.

Die Einzelschicksale der Dadaisten im Bereich Theater und Performance spiegeln wider, was sie aus dem Schmelztiegel des Dadaismus weiterverfolgten. Grosz und Heartfield nahmen durch ihre Zusammenarbeit mit Piscator und Brecht sowie Griebel durch sein Wirken mit dem Kabarett der Roten Truppe die agitatorischen und realpolitischen Stränge der Bewegung auf und lenkten sie, um das revolutionäre Bewusstsein des Publikums zu schulen.[62] Mehring wurde später einer der Hausdichter des Schall und Rauch und begleitete die Entwick-

peer, George Biddle, by posing for him 'in the nude' whilst donning a bra fashioned from old tomato cans strung together with string.[57] On another occasion, Biddle recalls a dress into which Freytag-Loringhoven had sewn around eighty shoplifted toy ornaments, an act evoking punk aesthetics six decades before the fact.[58]

A further Dada piece to incorporate children's toys and feminist irony is a photographic portrait of Berlin Dadaist Hannah Höch, who appears dressed as a figurine, holding one of her own *Puppe* (doll) sculptures in a 'ball costume' ensemble.[59] (fig. 8) Höch's portrait, a comment on the fraught relationship between gender politics and artistic identity, also highlights the significance of carnival traditions, ball culture, and *Künstlerfeste* (artist parties) to the emergence of Dada. Taeuber-Arp, before she began constructing avant-garde Dada costumes, was a seasoned fabricator of outlandish ball and carnival costumes.[60] Balls and carnival parties hosted by the Dadaists include a *Faschingsfest* held at the Cabaret Voltaire on 23 March 1916, a *Grand Bal Dada* organised by the Paris Dadaists in Geneva for 5 March 1920, and a *Faschings Dada Ball* [sic], organised by Baader and held in Berlin's Marmorsaal am Zoo on 20 January 1921.[61] Such gatherings illustrate how Dada, through its declaration of permanent rebellion, confounded categories of high and low culture, fluctuating between political agitation and saturnalian abandon.

Conclusion: Finales and Evolutions of Dada Performance

At their core, Dada performances were dynamic spectacles, with eclectic and highly unpredictable formats. These spanned iconoclastic sound poetry in Zurich, ironic performances of gender in New York, or explosive staged appearances in Paris and Berlin, whose shock tactics aimed to provoke spectators in real time. Among the movement's various circles, the Dadaists in Berlin most directly imported insurrectionist themes of extremist and factional language, satirical ire, and occupations of institutional or public space into their performances, producing interventions that were irrevocably shaped by the conditions of economic upheaval and political unrest in which they were conceived.

The different fates of the Dadaists in the realm of theatre and performance reflected what each artist took from the melting pot of Dada. Grosz and Heartfield, through their work with Piscator and Brecht, and Griebel, through collaborations with the Rote Truppe cabaret, embraced the agitational and realist strains of the movement, redirecting these to train the revolutionary consciousness of audiences.[62] Mehring went on to serve as one of the house poets for *Schall und Rauch*, overseeing the evolution of Berlin cabaret from imperial-era comedy to biting Weimar satire.[63] Tzara's theatre developed Dada's existential aspects, while the dramatised retribution of the Barrès trial set

lung des Berliner Kabaretts von der Komödie der Kaiserzeit bis hin zur bissigen Weimarer Satire.[63] Tzara entwickelte in seinem Theater die existentialistischen Aspekte des Dadaismus weiter, während die als Bühnenstück inszenierte Vergeltung des Barrès-Prozesses Bretons oppositionelle Fraktion auf den Weg zum revolutionären Kommunismus führte, der im Surrealismus mündete.[64] Die psychologische Nutzung von Schock und Aggression in den späten Dada-Rezitationen, insbesondere von Breton, Tzara, Hausmann und Huelsenbeck, ebnete wiederum den Weg für Elemente von Antonin Artauds „Theater der Grausamkeit".[65] Vor ihrem frühen Tod im Jahr 1927 persiflierte Freytag-Loringhoven die Kultur der Vereinigten Staaten und ihre eigene objektivierte Position darin, indem sie sich mit Versatzstücken der Stadt schmückte, um dem avantgardistischen Gebot der Verschmelzung von Kunst und Leben zu folgen.[66] Schließlich bildeten die Dada-Manifestationen, die jenseits der konventionellen Schauplätze Galerie, Bühne und Konzertsaal stattfanden, einen bedeutenden Präzedenzfall für nachfolgende Bewegungen wie die Situationistische Internationale von 1957 oder für spätere Varianten der öffentlichen Performancekunst wie den Wiener Aktionismus und die partizipative Kunst von Christoph Schlingensief.[67]

1 Zit. nach Alexis „Ein Besuch in Cabaret Dada", in: Dada-Almanach, hg. von Richard Huelsenbeck, Berlin 1920, S. 140.

2 Hugo Ball, A Dada Diary by Hugo Ball, hg. von John Elderfield, übers. von Ann Raimes, Berkeley 1996, S. 8 [dt. Ausgabe des Tagebuchs: Hugo Ball, Die Flucht aus der Zeit, München 1927]; Deborah Lewer, Kleinkunst and Gesamtkunstwerk in Munich and Zurich: Der Blaue Reiter and Dada, in: German Expressionism: Der Blaue Reiter and its Legacies, hg. von Dorothy Price, Manchester 2020, S. 105–122, hier S. 108–111.

3 John Erickson, Dada Performance, Poetry, and Art, Boston 1984, S. 2.

4 Ruth Hemus, Dada's Women, New Haven 2009, S. 18.

5 Hans Richter, Dada: Art and Anti-Art, London 2016, S. 16.

6 Hugo Ball, Totentanz (1916), in: Christa Baumberger und Nicola Behrmann, Emmy Hennings Dada, Zürich 2016, S. 162.

7 Hugo Ball, Der Künstler und die Zeitkrankheit. Ausgewählte Schriften, hg. von Hans Burkhard Schlichting, Kassel 1984, S. 41.

8 Hugo Ball, Tagebuch 1996 (wie Anm. 2), S. 55, 70f.

9 John Elderfield, Nachwort, in: ebd., S. 250. Zum futuristischen Bruitismus siehe Günter Berghaus, Theatre, Performance, and the Historical Avant-Garde, New York 2005, S. 170; Luigi Russolo, Art of Noises, übers. von Barclay Brown, New York 1986, S. 24, 28.

10 Adrian Curtin, Vibration, Percussion, and Primitivism in Avant-Garde Performance, in: Vibratory Modernism, hg. von Anthony Enns und Shelly Trower, New York 2013, S. 227–247, hier S. 229–234; Richard Huelsenbeck, Memoirs of a Dada Drummer, hg. von Hans J. Kleinschmidt, übers. von Joachim Neugroschel, New York 1974, S. 9.

11 Hugo Ball, in: Richter 2016 (wie Anm. 5), S. 15.

Breton's opposing faction on a path towards revolutionary Communism, ending in Surrealism.[64] In turn, the psychological applications of shock and aggression seen in late Dada recitals, particularly by Breton, Tzara, Hausmann, and Huelsenbeck, paved the way for elements of Antonin Artaud's *Theatre of Cruelty*.[65] Before her untimely death in 1927, Freytag-Loringhoven burlesqued United States culture and her objectified position within it, adorning herself with fragments of the city to fulfil the avant-garde imperative to fuse art and life.[66] Finally, Dada manifestations that took place beyond the conventional arenas of the gallery, the stage, and the recital hall set a significant precedent for subsequent movements, such as the Situationist International in 1957, in addition to succeeding variants of public performance art, such as Viennese Actionism and the participatory art of Christoph Schlingensief.[67]

1 "Dada ist das Cabaret der Welt so gut, wie die Welt das Cabaret Dada ist", quoted from Alexis, 'Ein Besuch in Cabaret Dada', in: Dada Almanach, ed. Richard Huelsenbeck, Berlin 1920, p. 140.

2 Hugo Ball, Flight out of Time: a Dada Diary, 1886-1927, ed. John Elderfield, trans. Ann Raimes, Berkeley 1996, p. 8; Deborah Lewer, *Kleinkunst* and *Gesamtkunstwerk* in Munich and Zurich: Der Blaue Reiter and Dada, in: German Expressionism: Der Blaue Reiter and its Legacies, ed. Dorothy Price, Manchester 2020, pp. 105–122, here pp. 108–111.

3 John Erickson, Dada Performance, Poetry, and Art, Boston 1984, p. 2.

4 Ruth Hemus, Dada's Women, New Haven 2009, p. 18.

5 Hans Richter, Dada: Art and Anti-Art, London 2016, p. 16.

6 Hugo Ball, Totentanz (1916), trans. in: Elza Adamowicz, Dada Bodies: Between Battlefield and Fairground, Manchester 2019, p. 30.

7 "Die Welt zeigte sich als ein blindes Über- und Gegeneinander entfesselter Kräfte. Der Mensch verlor sein himmlisches Gesicht, wurde Materie, Zufall, Konglomerat, Tier, Wahnsinnsprodukt abrupt und unzulänglich zuckender Gedanken.', Hugo Ball, Der Künstler und die Zeitkrankheit. Ausgewählte Schriften, ed. Hans Burkhard Schlichting, Kassel 1984, p. 41. Translations by author unless otherwise stated.

8 Hugo Ball, Diary 1996 (see footnote 2), pp. 55, 70, 71.

9 John Elderfield, Afterword, in: Hugo Ball, Diary 1996 (see footnote 2), p. 250. On Futurist bruitism, see Günter Berghaus, Theatre, Performance, and the Historical Avant-Garde, New York 2005, p. 170, and Luigi Russolo, Art of Noises, trans. Barclay Brown, New York 1986, pp. 24, 28.

12 Tobias Widmaier, „Erwin ist ganz verdadat …“: Der „Musikdada“ Erwin Schulhoff in Dresden 1919/20, in: Überdada, Componist und Expressionist. Erwin Schulhoff in Dresden. Mit Briefen, Dokumenten und seinem Tagebuch, hg. von Matthias Herrmann, Baden-Baden 2023, S. 65–78, hier S. 73.

13 Hanne Bergius, Das Lachen Dadas: die Berliner Dadaisten und ihre Aktionen, Gießen 1989, S. 338.

14 Debbie Lewer, Dada's Genesis: Zurich, in: A Companion to Dada and Surrealism, hg. von David Hopkins, Oxford 2016, S. 21–37, hier S. 26; Tristan Tzara, Chronique Zurichoise, übers. von Ralph Manheim, in: The Dada Painters and Poets. An Anthology, hg. von Robert Motherwell, Cambridge, MA 1981, S. 236.

15 Jeanpaul Goergen, Urlaute dadaistischer Poesie. Der Berliner Dada-Abend am 12. April 1918, Hannover 1994; Erickson 1984 (wie Anm. 3), S. 54.

16 Ebd., S. 56, dt. Übersetzung aus: Dada Almanach 1920 (wie Anm. 1), S. 48.

17 Bergius 1989 (wie Anm. 13), S. 352–377.

18 Hanne Bergius, Dada Berlin and its Aesthetic of Effects: Playing the Press, in: Dada and the Press, hg. von Harriett Watts, New Haven 2004, S. 67–73; Udo Rukser in: Richter 2016 (wie Anm. 5), S. 101, dt. Übersetzung aus: Dada Almanach 1920 (wie Anm. 1), S. 41.

19 Philip Mann, Hugo Ball. An Intellectual Biography, London 1987, S. 88f.

20 Raoul Hausmann, Am Anfang war Dada, hg. von Karl Riha und Günter Kämpf, Gießen 1972, S. 67f.; Matthew Biro, The Dada Cyborg. Visions of the New Human in Weimar Berlin, Minneapolis 2009, S. 131.

21 Motherwell 1981 (wie Anm. 14), S. 28; Kurt Schwitters, Merz 24: Ursonate, Hannover 1932.

22 Hugo Ball, Tagebuch 1996 (wie Anm. 2), S. 102.

23 Ruth Hemus, Sex and the Cabaret: Dada's Dancers, in: Nordlit 21, 2007, S. 91–101, hier S. 94.

24 Die Urheberschaft des Kostüms in dieser Aufnahme ist umstritten, siehe Nell Andrew, Dada Dance: Sophie Taeuber's Visceral Abstraction, in: Art Journal 73/1, 2014, S. 12–29, hier S. 14.

25 Richter 2016 (wie Anm. 5), S. 57.

26 Widmaier 2023 (wie Anm. 12), S. 61.

27 Herrmann 2023 (wie Anm. 12), S. 7, 120.

28 Lewer 2020 (wie Anm. 2), S. 105–122.

29 Medea Hoch, Interplay of the Arts on Stage: The King Stag Marionettes and Stage Sets, in: Sophie Taeuber-Arp. Living Abstraction, hg. von Walburga Krupp, Anne Umland und Charlotte Healy (Ausst.-Kat. Museum of Modern Art), New York 2021, S. 95–98, hier S. 95.

30 Ebd.; Adamowicz 2019, S. 37.

31 Hoch 2021 (wie Anm. 29), S. 97.

32 Otto Griebel, Ich war ein Mann der Straße. Lebenserinnerungen eines Dresdner Malers, Frankfurt am Main 1986, S. 91–93, 157, 214.

33 Kurt Wafner, Einfach Klassisch! Und noch mehr. Eine Nachbetrachtung, in: Schall und Rauch, Faksimile, Berlin 1985, S. 1–22, hier S. 8.

34 Mel Gordon, Dada Berlin. A History of Performance, 1918–1920, in: The Drama Review 18/2, 1974, S. 114–124, hier S. 122.

35 Stephan Dörschel, Der Schwejk an der Piscatorbühne – eine theaterhistorische Recherche, in: Was sind das für Zeiten? Grosz, Brecht & Piscator, Berlin 2024, S. 14–27, hier S. 17.

36 Jaroslav Hašek, Osudy dobrého vojáka Švejka za světové války, 1921–1923.

37 Erwin Piscator, Das laufende Band (1957), in: ebd., S. 19.

38 Mel Gordon, Dada Performance, New York 1987, S. 102–162; Erickson 1984 (wie Anm. 3), S. 53; Annabelle Melzer, Latest Rage the Big Drum. Dada and Surrealist Performance, Ann Arbor 1980, S. 49.

39 Tristan Tzara, Le cœur à gaz, Uraufführung Galerie Montaigne, Paris 1921.

40 Stanton Garner, The Gas Heart. Disfigurement and the Dada Body, in: Modern Drama 50/4, 2007, S. 500–516, hier S. 505.

41 Ebd., S. 508.

42 Claire Bishop, Artificial Hells: Participatory Art and the Politics of Spectatorship, London 2012, S. 46f.

43 Zit. nach Tristan Tzara, Manifeste Dada 1918, in: Dada 3, Dezember 1918.

44 Richter 2016 (wie Anm. 5), S. 66.

45 Adrian Sudhalter, Johannes Baader and the Demise of Wilhelmine Culture: Architecture, Dada, and Social Critique, 1875–1920, Diss. New York University 2005, S. 231–237.

46 Karl Riha, Der Oberdada: Im Urteil der Dadaisten, in: Johannes Baader, Oberdada. Schriften, Manifeste, Flugblätter, Billets, Werke u. Taten, hg. von Hanne Bergius, Gießen 1977, S. 196.

47 Kleine Mitteilung und Anfragen, in: Die freie Strasse 9: Gegen den Besitz!, November 1918.

48 Melzer 1980 (wie Anm. 38), S. 153f.

49 Bishop 2012 (wie Anm. 42), S. 72.

50 Erickson 1984 (wie Anm. 3), S. 55.

51 Bishop 2012 (wie Anm. 42), S. 73.

52 Elizabeth Legge, Nothing Ventured: Paris Dada into Surrealism, in: A Companion to Dada and Surrealism, hg. von David Hopkins, Oxford 2016, S. 89–109, hier S. 100.

10 Adrian Curtin, Vibration, Percussion, and Primitivism in Avant-Garde Performance, in: Vibratory Modernism, ed. Anthony Enns and Shelly Trower, New York 2013, pp. 227–247, pp. 229–234. Richard Huelsenbeck, Memoirs of a Dada Drummer, ed. Hans J. Kleinschmidt, trans. Joachim Neugroschel, New York 1974, p. 9.

11 Hugo Ball trans. in: Richter 2016 (see footnote 5), p. 15.

12 Tobias Widmaier, '"Erwin ist ganz verdadat...": Der "Musikdada" Erwin Schulhoff in Dresden 1919/20, in: Überdada, Componist und Expressionist: Erwin Schulhoff in Dresden, ed. Matthias Herrmann, Baden-Baden 2023, pp. 65–78, p. 73.

13 Hanne Bergius, Das Lachen Dadas: die Berliner Dadaisten und ihre Aktionen, Gießen 1989, p. 338.

14 Debbie Lewer, Dada's Genesis: Zurich, in: A Companion to Dada and Surrealism, ed. David Hopkins, Oxford 2016, pp. 21–37, here p. 26; Tristan Tzara, Chronique Zurichoise, trans. Ralph Manheim in: The Dada Painters and Poets: An Anthology, ed. Robert Motherwell, Cambridge, MA. 1981, p. 236.

15 Jeanpaul Goergen, Urlaute dadaistischer Poesie. Der Berliner Dada-Abend am 12. April 1918, Hannover 1994; Erickson 1984 (see footnote 3), p. 54.

16 Francis Picabia, Manifeste Cannibale, trans. in: Erickson 1984, p. 56.

17 Bergius 1989 (see footnote 13), pp. 352–377.

18 Hanne Bergius, Dada Berlin and its Aesthetic of Effects: Playing the Press, in: Dada and the Press, ed. Harriett Watts, New Haven 2004, pp. 67–73; Udo Rukser trans. in Richter 2016 (see footnote 5), p. 101.

19 Philip Mann, Hugo Ball: An Intellectual Biography, London 1987, pp. 88–89.

20 Raoul Hausmann, Am Anfang war Dada, ed. Karl Riha and Günter Kämpf, Gießen 1972, pp. 67–68; Matthew Biro, Dada Cyborg: Visions of the New Human in Weimar Berlin, Minneapolis, 2009, p. 131.

21 Motherwell 1981, xxviii; Kurt Schwitters, Merz 24: Ursonate, Hannover 1932.

22 Ball 2016, p. 102.

23 Ruth Hemus, Sex and the Cabaret: Dada's Dancers, in: *Nordlit* 21 (2007): pp. 91–101, p. 94.

24 The authorship of the costume in this particular image is disputed, see Nell Andrew, Dada Dance: Sophie Taeuber's Visceral Abstraction, in: Art Journal 73.1 (2014): pp. 12–29, here p. 14.

25 Richter 2016 (see footnote 5), p. 57.

26 Widmaier 2023 (see footnote 12), pp. 65–78, here p. 61.

27 Herrmann 2023 (see footnote 12), p. 120, p. vii.

28 Lewer 2020, pp. 105–122.

29 Medea Hoch, Interplay of the Arts on Stage: The *King Stag* Marionettes and Stage Sets, in: Sophie Taeuber-Arp: Living Abstraction, eds. Walburga Krupp, Anne Umland, and Charlotte Healy (ex. cat. Museum of Modern Art, New York), New York 2021, pp. 95–98, here p. 95.

30 Hoch 2021 (see footnote 29), p. 95; Adamowicz 2019, p. 37.

31 Hoch 2021 (see footnote 29), p. 97.

32 Otto Griebel, Ich war ein Mann der Straße: Lebenserinnerungen eines Dresdner Malers, Frankfurt am Main 1986, pp. 91–93, 157, 214.

33 Kurt Wafner, Einfach Klassisch! Und noch mehr: Eine Nachbetrachtung, in: Schall und Rauch, facsimile, Berlin 1985, pp. 1–22, here p. 8.

34 Mel Gordon, Dada Berlin: A History of Performance, 1918-1920, in: The Drama Review 18.2 (1974), pp. 114–124, here p. 122.

35 Stephan Dörschel, Der Schwejk an der Piscatorbühne – eine theaterhistorische Recherche, in: Was sind das für Zeiten? Grosz, Brecht & Piscator, ed. Stephan Dörschel, Berlin 2024, pp. 14–27, here p. 17.

36 Jaroslav Hašek, *Osudy dobrého vojáka Švejka za světové války* (The Fateful Adventures of the Good Soldier Švejk during the World War), 1921–1923.

37 Erwin Piscator, Das laufende Band (1957), in: Dörschel, Grosz, Brecht & Piscator, p. 19.

38 For English translations of Paris Dada plays, see Mel Gordon, Dada Performance, New York 1987), pp. 102–162; Erickson 1984 (see footnote 3), p. 53; Annabelle Melzer, Latest Rage the Big Drum: Dada and Surrealist Performance, Ann Arbor, MI. 1980, p. 49.

39 Tristan Tzara, *Le cœur à gaz*, first performance Galerie Montaigne, Paris 1921.

40 Stanton Garner, The Gas Heart: Disfigurement and the Dada Body, in: Modern Drama 50.4 (2007), pp. 500–516, here p. 505.

41 Stanton 2007 (see footnote 40), p. 508.

42 Claire Bishop, Artificial Hells: Participatory Art and the Politics of Spectatorship, London 2012, pp. 46–47.

43 "L'artiste nouveau proteste: il ne peint plus", quoted from Tzara, Manifeste Dada 1918, in: *Dada* 3, December 1918.

44 Richter 2016 (see footnote 5), p. 66.

45 Adrian Sudhalter, Johannes Baader and the Demise of Wilhelmine Culture: Architecture, Dada, and Social Critique, 1875-1920, diss., New York University 2005, pp. 231–237.

46 Karl Riha, Der Oberdada: Im Urteil der Dadaisten, in: Johannes Baader, Oberdada: Schriften, Manifeste, Flugblätter, Billets, Werke u. Taten, ed. Hanne Bergius, Gießen 1977, p. 196.

53 Jed Rasula, Envisioning America: Jazzbandism and Chaplinism, in: Modern Times: Transatlantic Encounters in the 1920s, hg. von Przemysław Strożek u. a. (Staatliche Kunstsammlungen Dresden, Archiv der Avantgarden, 2025), S. 100–167.

54 Der dadaistische Holzpuppentanz vorgeführt vom Musikdada Preiss, in: Der Dada, Dezember 1920, S. 3.

55 Alan Antliff, Anarchy, Politics and Dada, in: Making Mischief. Dada Invades New York, hg. von Francis Naumann und Beth Venn, New York 1996, S. 209–213.

56 Marcel Duchamp, Belle Haleine, Eau de Voilette (Beautiful Breath, Veil Water), 1921.

57 Irene Gammel, Baroness Elsa. Gender, Dada, and Everyday Modernity – A Cultural Biography, Cambridge 2003, S. 200f.

58 Ebd., S. 283f.

59 Abb. 446: Ballkostüm Höch 1921–24, in: 100 Jahre Kunst im Aufbruch. Die Berlinische Galerie zu Gast in Bonn, hg. von Petra Kruse (Ausst.-Kat. Berlinische Galerie, Berlin), Köln 1998, S. 317.

60 Natalia Sidlina, Activating Form: The Ball Costumes, in: Ausst.-Kat. New York 2021 (wie Anm. 29), S. 39–41.

61 Deborah Lewer, Dada, Carnival and Revolution, in: Regarding the Popular: Modernism, the Avant-Garde and High and Low Culture, hg. von Sascha Bru, Laurence Nuijs und Benedikt Hjartarson, Berlin/Boston 2011, S. 99–114, hier S. 102; Jody Blake, Tumulte noir: The relationship between Dada and Jazz, in: Dada Africa. Dialogue with the Other, hg. von Ralf Burmeister u. a. (Ausst.-Kat. Berlinische Galerie), Berlin 2016, S. 47; Bergius 1989 (wie Anm. 13), S. 372.

62 Anthony Coles, John Heartfield. Ein politisches Leben, Köln 2014, S. 129–142.

63 Wafner 1985 (wie Anm. 33), S. 19.

64 Vgl. Erica O'Neill, First Adventure to Final Flight: The Theatre of Tristan Tzara, Oxford 2025.

65 John Erickson, The Language of Presence: Sound Poetry and Artaud, in: boundary 14, 1/2, 1985, S. 279–290.

66 Peter Bürger, Theorie der Avantgarde, Göttingen 2017, S. 49–54.

67 Krzysztof Fijalkowsk, The Unsurpassable: Dada, Surrealism and the Situationist International, in: The Situationist International: A Critical Handbook, hg. von Alastair Hemmens und Gabriel Zacarias, London 2020, S. 27–42; Kerstin Sommer, „Dada is Dead – Long live Dada": The Influence of Dadaism on Contemporary Performance Art, in: Dada and Beyond, hg. von Elza Adamowicz und Eric Robertson, New York 2012, S. 46f.

47 Kleine Mitteilung und Anfragen, in: *Die freie Strasse*, issue 9, Gegen den Besitz!, November 1918.

48 Melzer 1980 (see footnote 38), pp. 153–154.

49 Bishop 2012 (see footnote 42), p. 72.

50 Erickson 1984 (see footnote 2), p. 55.

51 Bishop 2012 (see footnote 42), p. 73.

52 Elizabeth Legge, Nothing Ventured: Paris Dada into Surrealism, in: A Companion to Dada and Surrealism, ed. David Hopkins, Oxford 2016, pp. 89–109, here p. 100.

53 Jed Rasula, Envisioning America: Jazzbandism and Chaplinism, in: Modern Times: Transatlantic Encounters in the 1920s, ed. Przemysław Strożek et al. (Dresden: Staatliche Kunstsammlungen Dresden, Archiv der Avantgarden, 2025), pp. 100–167.

54 Der dadaistische Holzpuppentanz vorgeführt vom Musikdada Preiss, in: *Der Dada*, December 1920, issue 3.

55 Alan Antliff, Anarchy, Politics and Dada, in: Making Mischief: Dada Invades New York, eds. Francis Naumann, Beth Venn, New York 1996, pp. 209–213.

56 Marcel Duchamp, *Belle Haleine, Eau de Voilette (Beautiful Breath, Veil Water)*, 1921.

57 Irene Gammel, Baroness Elsa: Gender, Dada, and Everyday Modernity, A Cultural Biography, Cambridge, MT. 2003, pp. 200–201.

58 Gammel 2003 (see footnote 57), pp. 283–284.

59 *Ballkostüm Höch 1921–24*, fig. 446 in: 100 Jahren Kunst im Aufbruch: Die Berlinische Galerie zu Gast in Bonn, ed. Petra Kruse (ex. cat. Berlinische Galerie, Berlin), Cologne 1998, p. 317.

60 Natalia Sidlina, Activating Form: The Ball Costumes, in: ex. cat. New York 2021 (see footnote 29), pp. 39–41.

61 Deborah Lewer, Dada, Carnival and Revolution, in: Regarding the Popular: Modernism, the Avant-Garde and High and Low Culture, eds. Sascha Bru, Laurence Nuijs, and Benedikt Hjartarson, Berlin, Boston 2011, pp. 99–114, p. 102; Jody Blake, Tumulte noir: The relationship between Dada and Jazz, in: Dada Africa: Dialogue with the Other, ed. Ralf Burmeister et al. (ex. cat. Berlinische Galerie, Berlin), Berlin 2016, p. 47; Bergius 1989 (see footnote 13), p. 372.

62 Anthony Coles, John Heartfield: Ein politisches Leben, Cologne 2014, pp. 129–142.

63 Wafner 1985 (see footnote 33), p. 19.

64 See Erica O'Neill, First Adventure to Final Flight: The Theatre of Tristan Tzara, Oxford 2025.

65 John Erickson, The Language of Presence: Sound Poetry and Artaud, in: boundary 2, 14.1/2 (1985), pp. 279–290.

66 Peter Bürger, Theory of the Avant-Garde, trans. Michael Shaw, Manchester 1984, pp. 49–54.

67 Krzysztof Fijalkowsk, The Unsurpassable: Dada, Surrealism and the Situationist International, in: The Situationist International: A Critical Handbook, eds. Alastair Hemmens and Gabriel Zacarias, London 2020, pp. 27–42; Kerstin Sommer, "Dada is Dead – Long live Dada": The Influence of Dadaism on Contemporary Performance Art, in: Dada and Beyond, eds. Elza Adamowicz and Eric Robertson, New York 2012, pp. 46–47.

Agathe Mareuge

„Dada Weltkrieg und kein Ende, Dada Revolution und kein Anfang“

Dada als Revolution der Kunst und Revolution der Sprache

„Ich will meinen eigenen Unfug, und Vokale und Konsonanten dazu, die ihm entsprechen“

So drückt sich Hugo Ball in dem Manifest aus, das er am 14. Juli 1916 beim Dada-Abend im Züricher Zunfthaus zur Waag vorträgt. (Abb. 1) Unfug, Unsinn, Chaos, Destruktion … so wird die Dada-Bewegung oft wahrgenommen. Und Dada Zürich – mitten im Ersten Weltkrieg in der neutralen Schweiz entstanden – habe sich, so heißt es ebenso häufig, bloß auf die Kunst und auf die Sprache konzentriert und blieb der Politik fern. Dada Berlin hingegen, im Kontext der Deutschen Revolution 1918/19 herausgebildet, sei vor allem politisch gewesen. Somit werden die zwei größten Orte der Dada-Bewegung im deutschsprachigen Raum gegeneinander gesetzt, wobei die anderen (Köln, Hannover) gerne beiseitegelassen werden. Es kann aber argumentiert werden, dass Dada in Zürich genauso politisch-revolutionär war, bloß mit anderen Mitteln. Fest steht, dass die Zürcher Dadaist:innen nicht auf eine „engagierte Kunst“ abzielten. Dabei würde sich die Kunst in den Dienst der Politik stellen, also nicht frei sein. Im Gegenteil dazu wollte Dada Zürich kritisch sein, und das ist nur möglich durch eine Befreiung der Kunst von den Ideologien, das heißt durch eine Distanz gegenüber der Politik. Es bedeutet aber bei weitem nicht, dass diese Kunst am Ende doch nicht politisch wirkt. Allein schon den Glauben an die Kraft der Kunst und der Poesie mitten in einem Weltkrieg kann man als politisch betrachten, genauso

“Dada world war and no end, Dada revolution and no beginning”

Dada as revolution in art and revolution in language

“I want my very own nonsense, and vowels and consonants to match”

These are the words of Hugo Ball, as set out in the manifesto he delivered at the Dada evening at the Zunfthaus zur Waag in Zurich on 14 July 1916. (fig. 1) Silliness, nonsense, chaos, destruction... the Dada movement is often seen in these terms. And Dada Zurich, which emerged at the height of World War I in neutral Switzerland, is just as often said to have focused solely on art and language and to have steered clear of politics. Dada Berlin on the other hand, which arose within the context of the German revolution in 1918/19, is seen as particularly political. This pits the two largest German-speaking cities involved in the Dada movement against each other, while conveniently sidelining others (Cologne, Hannover). There is an argument to be made, however, that Dada in Zurich was equally political and revolutionary, only by other means. What is certain is that the Zurich Dadaists' aim was not "politically engaged art". In that case art would serve politics, meaning it would not be free. Dada Zurich to the contrary wanted to be critical, which was only possible if art was liberated from ideological constraints, that is, by keeping a distance between itself and politics. This, however, certainly does not mean that such art in the end had no political impact. At the height of the World War, the mere belief in the power of art and poetry could itself be seen as a political act, as could the gathering of international and indeed 'enemy' artists (German, French, Rumanian...). Unlike the Futurists, Dadaists were also pacifists.

Dada ist eine neue Kunstrichtung. Das kann man daran sehen, dass bis jetzt niemand etwas davon ~~weiss~~ und morgen ganz Zürich davon reden wird. Dada stammt aus dem Lexikon . Es ist furchtbar einfach. Im Französischen bedeutets ~~Hottogaul~~, Steckenpferd. Im Deutschen heissts Addio, Rutschts mir den Puckel runter, Auf Wiedersehen ein andermal! Im Rumänischen ~~heisst~~ es: "Ja wahrhaftig, Sie haben Recht, so ists. Jawohl, wirklich. Machen wir." Und so weiter. [Ein internationales Wort. Sehr leicht zu verstehen. Furchtbar einfach. Wenn man eine Kunstrichtung draus macht, muss das bedeuten, man will Komplikationen wegnehmen. Dada Psychologie, Dada Deutschland samt Indigestionen und Nebelkrampfen, Dada Literatur, Dada Bourgeoisie, und ihr, allerwerteste Dichter, die ihr um den nackten Punkt herumdichtet. Dada Weltkrieg und kein Ende, Dada Revolution und kein Anfang, Dada ihr Freunde und Auchdichter, allerwerteste, Manufakturisten und Testikelträger Dada Tzara, Dada Huelsenbeck, Dada m'dada, Dada m'dada, Dadá dera, dadádera dadadera dada. [Wie erlangt man die ewige Seligkeit? Indem man Dada sagt. Wie wird man berühmt? Indem man Dada sagt. Mit edlem Gestus und mit feinem Anstand. Bis zum Irrsinn. Bis zur Beuwsstlosgkiet. Wie kann man alles ~~Ekelhafte~~, ~~Schleimige~~, Aufdringliche, Fette, Normierte, Vermoralisierte, Europäisierte, Enervierte, ~~Faulende~~, ~~Stinkende~~, ~~Steissige~~, Sitzende abtun? Indem man Dada sagt. Dada ist die Weltseele, Dada ist der Clou. Dada ist die beste Lilienmilchseife der Welt. ~~Das Salvarsan unserer infizierten Gehirne~~. Dada Herr Rubiner. Dada Herr ~~Dr~~. Korrodi. Dada Herr Anastasius Lilienstein. ~~Dada Herr Marinetti~~.

Das heisst auf Deutsch: Die Gastfreundschaft der Schweiz ist über alles zu schätzen. Und im Aesthetischen kommts auf die Qualität an.

[Ich lese Verse, die nichts weniger vorhaben als : die conventionelle Sprache ad acta zu legen. Dada Johann Christian Goethe. Dada Stendhal. Dada Bibel und Nietzsche. Dada m'dada, Dada m'dada. Dada mhm- dada da. Auf den Rytmus kommts ~~mir~~ an. Auf meinen eigenen. Ich will keine Worte, die andre erfunden haben. Alle Worte haben andre erfunden. Ich will meinen eigenen Rytmus, und Vokale und Consonanten dazu, die von mir selbst sind. Wenn

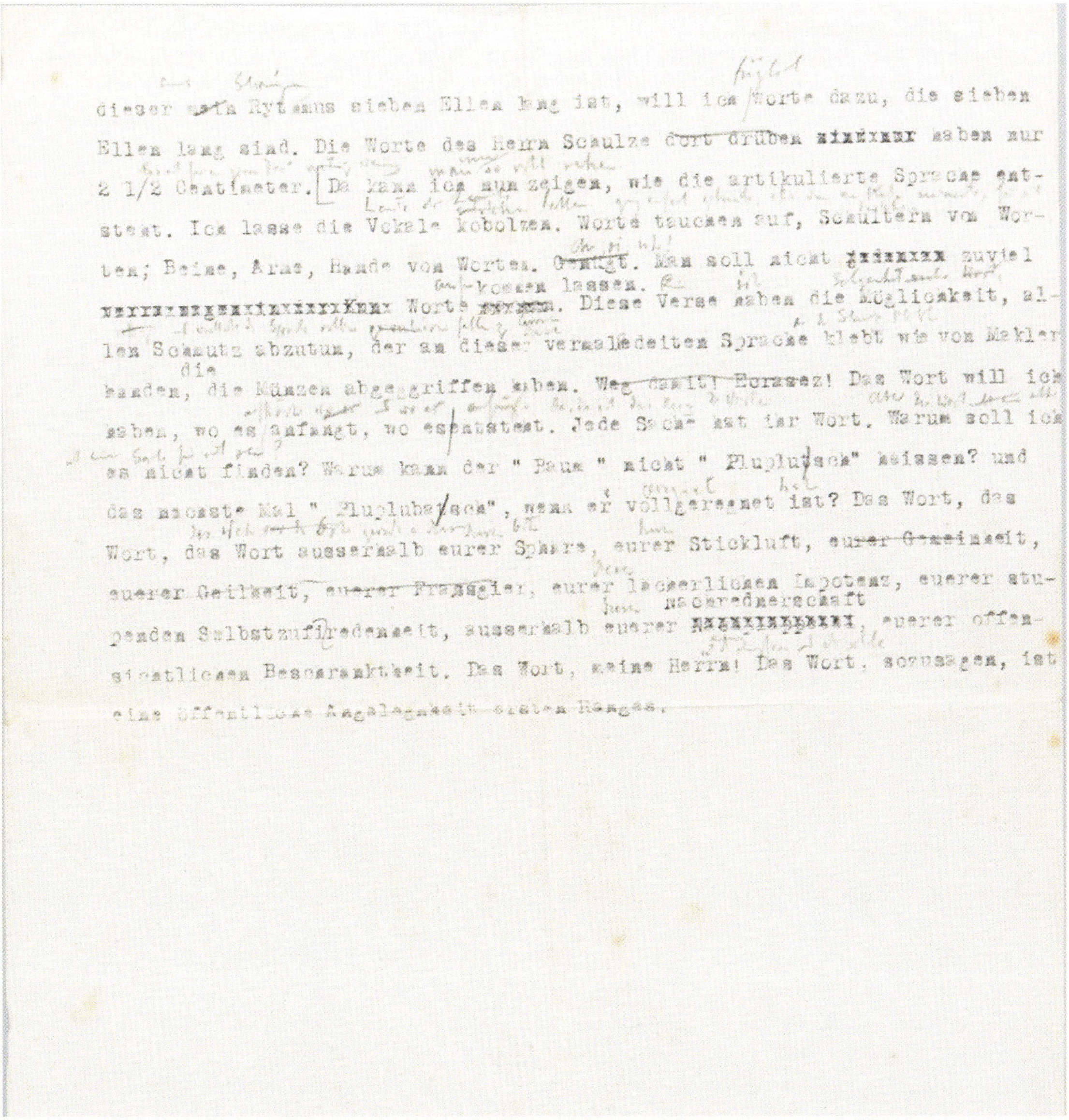

dieser [illegible] Rytmus sieben Ellen lang ist, will ich Worte dazu, die sieben Ellen lang sind. Die Worte des Herrn Schulze [illegible] haben nur 2 1/2 Centimeter. Da kann ich nun zeigen, wie die artikulierte Sprache entsteht. Ich lasse die Vokale kobolzen. Worte tauchen auf, Schultern von Worten; Beine, Arme, Hände von Worten. Genügt. Man soll nicht [illegible] zuviel [illegible] Worte [illegible] kommen lassen. Diese Verse haben die Möglichkeit, allen Schmutz abzutun, der an dieser vermaledeiten Sprache klebt wie von Maklerhänden, die die Münzen abgegriffen haben. Weg damit! Bonsoir! Das Wort will ich haben, wo es anfängt, wo es entsteht. Jede Sache hat ihr Wort. Warum soll ich es nicht finden? Warum kann der " Baum " nicht " Pluplusch" heissen? und das nächste Mal " Pluplubasch", wenn er vollgeregnet ist? Das Wort, das Wort, das Wort ausserhalb eurer Sphäre, eurer Stickluft, eurer Gemeinheit, euerer Geilheit, euerer Fressgier, eurer lächerlichen Impotenz, euerer stupenden Selbstzufriedenheit, ausserhalb euerer Nachrednerschaft, euerer offensichtlichen Beschränktheit. Das Wort, meine Herrn! Das Wort, sozusagen, ist eine öffentliche Angelegenheit ersten Ranges.

Abb./fig. 1
Hugo Ball, Typoskript des Manifests vom 14. Juli 1916, Zürich / typescript of the manifesto from 14 July 1916, Zurich

Schweizerisches Literaturarchiv (SLA), Bern,
Nachlass Hennings-Ball, SLA-HEN-D-01-A-02-b-01

wie das Zusammentreffen internationaler, ja im Prinzip ‚feindlicher' (deutscher, französischer, rumänischer …) Künstler:innen. Anders als die Futuristen waren die Dadaisten auch Pazifisten.

Aber was genau geschieht mit der Sprache in den Texten der Züricher Dadaist:innen? Inwiefern ist ihr Umgang mit der Sprache revolutionär und höchst politisch, zumal in einem Kontext, in dem Propaganda, insbesondere Kriegspropaganda, immer stärker wurde? Lesen wir noch einmal aus dem Manifest von Ball und versuchen wir zu verstehen, was es mit dem „Unfug" auf sich hat.

> „Dada. […] Ein internationales Wort. Nur ein Wort und das Wort als Bewegung. Sehr leicht zu verstehen. Es ist furchtbar einfach. […] Dada Weltkrieg und kein Ende, Dada Revolution und kein Anfang."

Und weiter:

> „Ich lese Verse, die nichts weniger vorhaben als: auf die konventionelle Sprache zu verzichten. […] Ich will keine Worte, die andere erfunden haben. Alle Worte haben andere erfunden. Ich will meinen eigenen Unfug, und Vokale und Konsonanten dazu, die ihm entsprechen."

Es geht darum, sich die Sprache wieder anzueignen und dabei vom einzelnen Wort auszugehen – so wie es ausgesprochen wird („Das Wort, das Wort, das Weh gerade an diesem Ort, das Wort"). Die performative Dimension ist umso wichtiger, als der Text zunächst unangekündigt (er steht nicht auf dem Programm des Dada-Abends) von Hugo Ball vorgetragen und erst viel später veröffentlicht wurde, wobei seine spätere Bezeichnung als „Eröffnungs-Manifest" falsch ist, wurde er doch von Ball selbst als eine „kaum verhüllte Absage an die Freunde" betrachtet: „Hat man je erlebt, dass das erste Manifest einer neu gegründeten Sache die Sache selbst von ihren Anhängern widerrief?"[1] Wie Tobias Wilke gezeigt hat, wurde das Manifest erst nach dem Zweiten Weltkrieg retroaktiv zu einer Gründungsgeste oder einem Ausgangspunkt mit der Funktion einer „Initialzündung" gemacht.[2] Als flüchtiges, einmaliges Ereignis drückt das vorgetragene Ballsche Manifest „ein Verständnis von Dada [aus], das weniger auf die Etablierung eines identitätsstiftenden (Gruppen-)Namens als vielmehr auf die Realisierung einer spezifischen sprachlichen Praxis zielt".[3] Diese spezifische sprachliche Praxis kann besser verstanden werden, wenn das Manifest zusammen mit Gedichten oder „Versen ohne Worte" gelesen wird, die zu dieser Zeit von Ball geschrieben und zum Teil an diesem Abend auch vorgetragen wurden, zum Beispiel das Gedicht *Gadji Beri Bimba*, ausgeführt „in eigenem Kostüm", wie das Programm es ankündigte.

But what exactly happens in terms of language in the texts by Zurich Dadaists? To what degree might their approach to language be both revolutionary and deeply political, in an era of escalating propaganda, particularly war propaganda? Let us read some more in Ball's manifesto to try to understand what is meant by "nonsense".

> "Dada. [...] An international word. Just a single word and the word as movement. Very easy to understand. It is frightfully simple. [...] Dada World War and no end, Dada revolution and no beginning."

And he adds:

> "I will read lines that intend no less than to do without conventional language. [...] I don't want any words invented by others. All words have been invented by others. I want my very own nonsense, and vowels and consonants to match."

The point is to reclaim language and, in so doing, to take the single word as a starting point – in terms of how it is enunciated ("The word, the word – the woe here, in this very spot – the word"). The performative dimension is all the more important as the text was initially read unannounced (it was not in the programme of the Dada evening) and was published only considerably later; hence, its later designation as "opening manifesto" is wrong, since Ball himself saw it as a "thinly veiled rejection of [my] friends"; as he put it: "Have you ever seen a first manifesto of a newly founded thing renouncing that very thing to its followers?"[1] The manifesto, as Tobias Wilke pointed out, was made into a foundational act or a departure point functioning as a so-called initial spark only retroactively, after World War II.[2] As a fleeting, one-time only event, Ball's reading of the manifesto expresses "an understanding of Dada which was aimed less at establishing an identity-shaping (group) name than at realising a specific linguistic praxis".[3] This particular linguistic practice can be better understood by reading the manifesto alongside the poems or "verses without words" that Ball wrote at the time, some of which were presented during the evening – for example the poem *Gadji Beri Bimba*, to be presented "in own costume", as the programme indicated.

> gadji beri bimba glandridi laula lonni cadori
> gadjama gramma berida bimbala glandri galassassa laulitalomini
> gadji beri bin blassa glassala laula lonni cadorsu sassala bim
> gadjama tuffm i zimzalla binban gligla wowolimai bin beri ban
> o katalominai rhinozerossola hopsamen laulitalomini hoooo
> gadjama rhinozerossola hopsamen
> bluku terullala blaulala loooo

gadji beri bimba glandridi laula lonni cadori
gadjama gramma berida bimbala glandri galassassa laulitalomini
gadji beri bin blassa glassala laula lonni cadorsu sassala bim
gadjama tuffm i zimzalla binban gligla wowolimai bin beri ban
o katalominai rhinozerossola hopsamen laulitalomini hoooo
gadjama rhinozerossola hopsamen
bluku terullala blaulala loooo

zimzim urullala zimzim urullala zimzim zanzibar zimzalla zam
elifantolim brussala bulomen brussala bulomen tromtata
velo da bang band affalo purzamai affalo purzamai lengado tor
gadjama bimbalo glandridi glassala zingtata pimpalo ögrögöööö
viola laxato viola zimbrabim viola uli paluji malooo

tuffm im zimbrabim negramai bumbalo negramai bumbalo tuffm i zim
gadjama bimbala oo beri gadjama gaga di gadjama affalo pinx
gaga di bumbalo bumbalo gadjamen
gaga di bling blong
gaga blung

Es handelt sich um eines der ersten „Lautgedichte", die Hugo Ball öffentlich rezitiert hat, zunächst im Juni 1916 im Cabaret Voltaire, einen Monat später im Zunfthaus zur Waag. Ball verzichtet hier komplett auf die konventionelle Sprache und den Anspruch auf einen kohärenten Sinn. Er lässt sich vom Klang imaginierter Sprachen sowie von der Kindersprache beeinflussen. Es geht um ein Experimentieren mit Lauten, um ein Spiel mit der traditionellen Form eines Gedichts. Hier finden sich tatsächlich keine Wörter mehr, die „andere erfunden haben"; der „Unfug" stammt von Hugo Ball selbst und damit nimmt der Dadaist konsequent Abschied von der konventionellen Sprache. Die Kritik an den tradierten Formen der Lyrik, in denen es um die Vermittlung eines Inhalts bei Einhalten bestimmter Regeln (Harmonie, Aufbau, Musikalität, Reimschema …) geht, manifestiert sich in der Materialität des Sprechens, die jetzt den Vorrang hat, sei es die akustische oder die visuelle Materialität. Das ist sowohl in den Lautgedichten von Hugo Ball (später auch von Raoul Hausmann und Kurt Schwitters) als auch in den „Simultangedichten" zu finden, die unter anderem von Marcel Janco, Richard Huelsenbeck, Tristan Tzara und Hans Arp vorgetragen wurden. Zwar sind noch Spuren der konventionellen Sprache vorhanden, doch die Mehrsprachigkeit und Simultanität beim Aussprechen machen die Gedichte auch unverständlich. Somit wird klar, dass die Kritik an der Sprache zugleich eine Kritik an der westlichen Rationalität ist – was auch das Interesse für außereuropäische Kulturen erklärt. Die Sprache ist ja Ausdruck des Verstandes, der Vernunft: Hier gilt also auch, sich von den menschlichen Konventionen zu befreien. Die Verwendung einfacher Materialien aus dem Alltag (auch Lautmalereien) in neuen

zimzim urullala zimzim urullala zimzim zanzibar zimzalla zam
elifantolim brussala bulomen brussala bulomen tromtata
velo da bang band affalo purzamai affalo purzamai lengado tor
gadjama bimbalo glandridi glassala zingtata pimpalo ögrögöööö
viola laxato viola zimbrabim viola uli paluji malooo

tuffm im zimbrabim negramai bumbalo negramai bumbalo tuffm i zim
gadjama bimbala oo beri gadjama gaga di gadjama affalo pinx
gaga di bumbalo bumbalo gadjamen
gaga di bling blong
gaga blung

This is one of the first "sound poems" Hugo Ball recited in public, first in 1916 at the Cabaret Voltaire and a month later at the Zunfthaus zur Waag. Here Ball decisively casts aside conventional language and coherent meaning alike. He is influenced by imaginary languages as well as child language. The intention is to experiment in sound, to playfully subvert the traditional form of a poem. Here, truly no words "invented by others" remain; the "nonsense" originates entirely with Hugo Ball, and the Dadaist, in keeping with these principles, parts with conventional language. The critique of traditional lyrical forms, which seek to convey content while observing conventions of harmony, structure, musicality, or rhyme, is expressed through the materiality of speech, whether acoustic or visual, which is now given precedence. This materiality is evident in both Hugo Ball's sound poems (later also in those of Raoul Hausmann and Kurt Schwitters) and in the "simultaneous poems" recited by Marcel Janco, Richard Huelsenbeck, Tristan Tzara, Hans Arp, and others. Although traces of conventional language remain, the use of multiple languages and simultaneous recitation also render these poems unintelligible. It thus becomes clear that the critique of language is at the same time a critique of Western rationality – which also explains Dada's interest in non-European cultures. Language is a manifestation of the intellect, of reason: consequently, it is also crucial to break free from human conventions in this respect. The deployment of simple day-to-day materials (as well as soundscapes) in innovative combinations reflects a desire to renew language: "I allow vowels to hobgobble", Ball writes in the typescript of the "Dada manifesto".[4] In the published version, the manifesto ends as follows:

> "I simply allow the vowels to fall. Words appear, shoulders of words: legs, arms, hands of words. Ay, oi, oo. One shouldn't let too many words arise. A verse is an opportunity to do without words and language where possible. [...]
>
> Every thing has its word; so the word itself has turned into a thing. Why can't a tree be called pluplusch, and pluplubasch when it has been rai-

Kombinationen soll der Erneuerung der Sprache dienen: „Ich lasse die Vokale kobolzen", schreibt Ball im Typoskript des „Dada-Manifests".[4] So endet das Manifest in der veröffentlichten Fassung:

> „Ich lasse die Laute ganz einfach fallen. Worte tauchen auf, Schultern von Worten; Beine, Arme, Haende von Worten. Ay, oi, u. Man soll nicht zuviel Worte aufkommen lassen. Ein Vers ist die Gelegenheit, möglichst ohne Worte und ohne die Sprache auszukommen. [...]
>
> Jede Sache hat ihr Wort; da ist das Wort selber zur Sache geworden. Warum kann der Baum nicht Pluplusch heißen, und Pluplubasch, wenn es geregnet hat? Und warum muss er überhaupt etwas heißen? Müssen wir denn überall unseren Mund dran hängen? Das Wort, das Wort, das Weh gerade an diesem Ort, das Wort, meine Herren, ist eine öffentliche Angelegenheit ersten Ranges."[5]

Was Ball hier ausdrückt, entspricht ganz genau dem Begriff der Arbitrarität, die in dem auch 1916 posthum veröffentlichten Buch von dem Schweizer Sprachwissenschaftler Ferdinand de Saussure geprägt wurde.[6] Damit meint Saussure, dass die Beziehung zwischen dem Bezeichnenden (Signifikant) und dem Bezeichneten (Signifikat) auf menschlicher Konvention beruht und nicht auf einer naturgegebenen Gesetzmäßigkeit. Im Manifest formuliert es Ball ungefähr so: Warum sollte es nicht anders sein? Anders gesagt: Die Realität kann anders aufgefasst werden als sie bis jetzt immer von uns aufgefasst wurde. Wir können frei damit umgehen. Und der erste Schritt auf diesem Weg ist, die Sprache für sich zu befreien.

Unsinn der Kunst gegen Wahnsinn der Zeit

Im damaligen Kontext ist damit gleichzeitig eine klare Kritik an der bürgerlichen Gesellschaft und darüber hinaus an der westlichen Kultur verbunden. So wird diese rückblickend von Hans Arp im Text *Dadaland* (1938/1948) ausgedrückt:

> „Der Bürger sah im Dadaisten einen lockeren Unhold, revolutionierenden Bösewicht, sittenrohen Asiaten, der es auf seine Glocken, Kassenschränke und Ehren abgesehen hat. Der Dadaist ersann Streiche, um dem Bürger seinen guten Schlaf zu rauben. Er sandte Falschmeldungen an die Zeitungen von haarsträubenden Dada-Duellen, in welche sein Lieblingsschriftsteller, ‚der König der Bernina', verwickelt sein sollte. Der Dadaist ließ den Bürger Wirrwarr und fernes, jedoch gewaltiges Beben verspüren, so dass seine Glocken zu summen begannen, seine Kassenschränke die Stirne runzelten und seine Ehren anliefen. ‚Das Eierbrett', ein Sport- und Gesellschaftsspiel für die oberen Zehntausend, bei welchem die Teilnehmer, vom Scheitel bis zur Sohle

ning? And why should it be called anything at all? Do we really have to stick our mouths into everything? The word, the word – the woe here, in this very spot – the word, gentlemen, is a public matter of the highest order."[5]

What Ball says here is fully in line with the notion of arbitrariness, as coined in a book written by Swiss linguist Ferdinand de Saussure, which was posthumously published in 1916.[6] What Saussure means by arbitrariness, is that the relationship between the sound-image (the signifier) and the concept (the signified) is based on human convention and is not grounded in any law of nature. In the manifesto, Ball formulates it along the following lines: Why should it not be otherwise? In other words: reality can be interpreted differently than we have done thus far. We are free to deal with it as we wish. And the first step along the way is to free language for its own sake.

Art nonsense against folly of the times

In the context of the times, the above was connected to an unmistakable critique of bourgeois society and, what is more, of Western culture. Hans Arp, looking back in the Text *The navel bottle* (1938/1948), articulates it as follows:

> "The bourgeois regarded the Dadaist as a dissolute monster, a revolutionary villain, a barbarous Asiatic, plotting against his bells, his safe-deposits, his honors. The Dadaist thought up tricks to rob the bourgeois of his sleep. He sent false reports to the newspapers of hair-rising Dada duels, in which his favorite author, the 'King of Bernina', was said to be involved. The Dadaist gave the bourgeois a sense of confusion and distant, yet mighty rumbling, so that his bells began to buzz, his safes frowned, and his honors broke out in spots. 'The Eggboard', a game for the upper ten thousand, in which the participants leave the arena covered with eff yolk from top to toe; 'The Navel Bottle', a monstrous home furnishing in which bicycle, whale, brassiere and absinthe spoon are combined; 'The Glove', which can be worn in place of the old-fashioned head – were devised to show the bourgeois the unreality oh his world, the nullity of his endeavors, even of his extremely profitable patrioteerings. This of course was a naïve undertaking on our part, since actually the bourgeois has less imagination than a worm, and in place of a heart has an over-life-size corn which twitches in times of approaching storm – on the stock exchange."[7]

The sneering tone reveals that the Dadaists were not just involved in childish "pranks", that Dada was not "horseplay", as Arp put it. It constitutes a radical rejection of the way Western societies live and have organised over the cen-

mit Eigelb bedeckt, den Kampfplatz verlassen, ‚Die Nabelflasche', ein ungeheuerlicher Gegenstand, in dem sich Fahrrad, Walfisch, Büstenhalter und Absinthlöffel paaren, ‚Der Handschuh', der an Stelle des altertümlichen Kopfes getragen werden kann, sollten dem Bürger die Unwirklichkeit seiner Welt, die Nichtigkeit seiner Bestrebungen, selbst seiner so einträglichen Vaterländereien, veranschaulichen. Dies war natürlich von uns ein naives Unterfangen, da ja der normalorganisierte Bürger über weniger Phantasie als der Wurm verfügt und an Stelle des Herzens ein überlebensgroßes Hühnerauge sitzen hat, welches ihn nur bei Wettersturz, das heißt bei Börsensturz, zwickt."[7]

Der spöttische Tonfall macht deutlich, dass es hier nicht bloß um kindliche „Streiche" der Dadaisten ging, dass Dada kein „Rüpelspiel" war, um es noch einmal mit Arps Worten zu sagen. Es ist eine radikale Ablehnung der Art und Weise, wie die westeuropäischen Gesellschaften leben und sich im Lauf der Jahrhunderte organisiert haben – und welche zur Barbarei geführt hat. Als Beispiel für die Versuche, sich von den gesellschaftlichen Normen der westlichen Kultur zu befreien, können die alternativen Gemeinschaftsformen genannt werden, die einige der Züricher Dadaist:innen auf dem Monte Verità im Tessin erprobt haben.[8] Dort trafen sie sich unter anderem mit dem Choreografen Rudolf von Laban und mit Tänzerinnen aus der Laban-Schule, mit denen sie befreundet waren (Mary Wigman, Suzanne Perrottet, Katja Wulff, Maya Chrusecz u. a.) und die zum Teil an Dada-Veranstaltungen in Zürich teilgenommen haben. Diese Formen des Zusammenlebens waren von Strömungen wie der Lebensreform oder der Anthroposophie beeinflusst und sind über die künstlerischen Experimente hinaus Teil des Avantgardismus der Dada-Bewegung. In der Rückblende wurde dieser Aspekt des kollektiven Zusammenlebens als Bruch mit der normierten bürgerlichen Gesellschaft von den Dadaisten besonders hervorgehoben, und die Kunst wurde dabei als Gegenpol, als Orientierungspunkt und als Befreiungsmittel verstanden. So kann man im „Unsinn der Kunst" eine Befreiung vom „Wahnsinn der Zeit" lesen – um das nicht mehr mit Balls Worten zu sagen („Unfug"), sondern mit denen von Arp:

> „Angeekelt von den Schlächtereien des Weltkrieges 1914, gaben wir uns in Zürich den schönen Künsten hin. Während in der Ferne der Donner der Geschütze grollte, sangen, malten, klebten, dichteten wir aus Leibeskräften. Wir suchten eine elementare Kunst, die den Menschen vom Wahnsinn der Zeit heilen [...] sollte. Wir spürten, dass Banditen aufstehen würden, denen in ihrer Machtbesessenheit selbst die Kunst dazu diene, Menschen zu verdummen."[9]

Diese Hingabe an die Kunst ist nicht als Flucht vor der Wirklichkeit zu verstehen: Es handelt sich vielmehr um eine Form des Widerstands der Dadaist:innen gegen die herrschende Ordnung. *Blödsinn* – also was als Blödsinn wahrgenommen wird – und vor allem *Unsinn* – in der Sprache, in der Kunst – werden benutzt,

turies – and which led to savagery. An example of their attempts to free themselves from the societal norms of Western culture are the alternative communities that some of the Zurich Dadaists tried their hand at on the Monte Verità in Tessin.[8] There, among other people, they met the choreographer Rudolf von Laban and dancers from the Laban school, with whom they were friends (Mary Wigman, Suzanne Perrottet, Katja Wulff, Maya Chrusecz, and others) and some of whom had taken part in Dada events in Zurich. Influenced by movements such as Lebensreform or anthroposophy, these forms of communal living, alongside artistic experiments, constitute a key aspect of Dada's avant-gardism. In hindsight the Dadaists particularly emphasised this aspect of communal living – breaking with the norms of bourgeois society – and art was understood as a counterpoint, as a reference point and as a means of liberation. Consequently, the "nonsense of art" can be read as a liberation from the "folly of the times" – to put it no longer in Ball's words ("nonsense") but in those of Arp:

> "In Zurich in 1915, losing interest in the slaughterhouses of the world war, we turned to the Fine Arts. While the thunder of the batteries rumbled in the distance, we pasted, we recited, we versified, we sang with all our soul. We searched for an elementary art that would, we thought, save mankind from the furious folly of these times [...]. Is it surprising that the 'bandits' could not understand us? Their puerile mania for authoritarianism expects art itself to serve the stultification of mankind."[9]

This dedication to art should not be understood as an escape from reality: it is in fact the Dadaists' form of rebellion against the prevailing order. *Foolishness* [*Blödsinn*]– so everything perceived as foolish – and above all *nonsense* [*Unsinn*] – in language, in art – are used to reflect and visualise human *folly* [*Wahnsinn*]. Dada has no desire to replace the prevailing order by a new one. A particular strength of the movement lies in its refusal to let its critique of the system be followed by the introduction of a new system. There are, however, also sound reasons why Dada is primarily perceived in terms of its destructive dimension: Dada as destruction, as chaos, as negation. Unlike other avant-garde movements (in particular Surrealism, which arises in the wake of Dada in the 1920s) Dada proposes nothing, to be precise: nothing coherent, much less anything systematic. Dada's ideas for art and culture consist of solitary proposals, which may also be contradictory – not only between the various individuals or subjectivities that Dada brings together, often with disparate points of view, but also within individual artists and poets themselves, who wholeheartedly reject the law of noncontradiction.

Abb./fig. 2
Gabrielle Buffet-Picabia, Petit Manifeste, in: *391*, Nr. / № 8, 1919, Sammlung Dadaismus / Dada Collection

Kunsthaus Zürich, Online Dada-Archiv

um den *Wahnsinn* der Menschen zu spiegeln und dabei zu veranschaulichen. Gegen die herrschende Ordnung will Dada keine neue Ordnung einführen. Es ist eine besondere Stärke der Bewegung, dass sie ihrer Kritik am System nicht die Einführung eines neuen Systems folgen lässt. Es ist aber auch ein Grund dafür, warum vor allem das Zerstörerische an Dada wahrgenommen wird: Dada als Destruktion, als Chaos, als Negation. Anders als andere Avantgarde-Bewegungen (vor allem anders als der Surrealismus, der in der Folge von Dada in den 1920er-Jahren entstand) schlägt Dada nichts vor, genauer gesagt: nichts Zusammenhängendes, geschweige denn Systematisches. Dadas Ideen für Kunst und Kultur sind vereinzelte Vorschläge, die auch widersprüchlich sein können – nicht nur zwischen den verschiedenen Individuen oder Individualitäten, die bei Dada zusammentreffen und oft unterschiedliche Positionen beziehen, sondern auch bei den einzelnen Künstlern und Dichtern selbst, die den Satz vom ‚ausgeschlossenen Widerspruch' ganz und gar ablehnen.

Die Sprache der Dadaistinnen

Auch wenn die meisten uns heute bekannten Dada-Texte von Männern geschrieben wurden, lässt sich feststellen, dass auch Frauen Manifeste, programmatische und historiografische Schriften in der Dada-Zeit und den darauffolgenden Jahrzehnten verfasst haben und dass diese Aussagen der Dadaistinnen, die zugleich auch poetisch sind, eine radikale Kritik an der Sprache als Machtinstrument und an der westlichen Rationalität und Zivilisation manifestieren. Hinzu kommt bei diesen Texten, dass die Männlichkeit zusammen mit der westlichen kulturellen Tradition liquidiert werden soll. Die Mittel aber sind gleich: Dekonstruktion der Normen der Sprache und des Rationalen. Bei Gabrielle Buffet-Picabia ist dies insbesondere in zwei von den insgesamt vier kritisch-programmatischen Texten sichtbar, die sie in den Jahren 1919/20 in Zürich und in Paris veröffentlichte: „Petit Manifeste" erschien 1919 im Dada-Magazin *391* in Zürich, „Préface pour *Jésus-Christ Rastaquouère*" (Vorwort zu einem Buch von Francis Picabia) erschien 1920 in Paris. (Abb. 2)

PETIT MANIFESTE

Ces explications seront comme des bourdonnements d'oreille. Mais vous m'en avez demandé et je vous en donnerai jusqu-à ce que votre raison soit pleine de bruit. Il vous faut apprendre que les étoiles sont séparées par des distances incalculables. Le but rit en passant. C'est un trou de langue électrique où danse la ficelle coupée. Mais ceux qui vous ont montré les deux bouts ont abusé de votre innocence. De tous temps la manie des clowns savants fut de croire que le ciel est au dessus de leur tête, ce qui donna naissance à une génération de rapaces conquérants.

Ils avancèrent par bonds grotesques et saugrenus et ne rapportèrent jamais qu'une blague - Ce n'est pas drôle - beaucoup en moururent de chagrin. Voilà donc où nous en sommes: traîner dans l'héroïsme de Nietzche où celui de Jésus, athmosphère engourdie du système vasomoteur. La simplification du bonheur des hommes tourne comme une table et l'articulation des fantômes vit de charité publique. Avançons encore: affirmation sinécure hygroscopique des poètes fermentés — rencontrés en chemin carnassiers moralisateurs, asphyxie hypnotisme hyperbole, hymne hygiénique, et vous êtes seul au monde, ce qui équivaut au sentiment d'un défaut d'équilibre dans l'espace où l'air raréfié de la liberté du vide n'est rempli par aucun corps. Car vous ne savez rien faire tout seul pas même l'amour. Mais n'ayez pas peur: ce qui vous affole en ce moment c'est l'ombre de votre nombril — il ne peut contenir qu'une goutte d'eau - ce bruit effrayant ce sont les battements de votre cœur. Approchez-vous du monstre il ne mord pas — son pelage est comme de la peluche de soie et a les reflets des pigeons ses yeux roulent à droite et à gauche en avant en arrière comme ceux des caméléons dans son ventre ronronne un bruit de moteur, voyez ses pattes, elles bougent . . . . il va sauter . . . . il saute ah ! ah ! ah ! ah ! —

Mais oui — c'est un joujou tout simplement.

Le vieux monsieur est offensé. — Il a cru que l'on s'était moqué de lui. Il ne veut pas admettre que les cailloux rouges et noirs sont un jeu aussi inutile que le bridge — Pourquoi jouez-vous au bridge. Voilà ce qu'il faut demander aux gens qui font des sports divers: honnêtement je ne puis rien vous dire d'autre. —

La cellule se renouvelle seule en formant de beaux dessins vivants ce qui est mieux que tous les champignons esthétiques et que les habits blancs des planteurs obéissants. Les vierges ne sont point coupables de l'organisation inachevée des organes géniaux. Le plaisir compte seul dans les rouages obscurs des détritus de repas périmés. Il n'y a point de degré dans l'hérésie lucide des musiciens qui sont les gens les moins intelligents du monde. Au moyen âge ils l'étaient fort et jouaient au contrepoint combinaison parente du jeu d'échecs — mais depuis le comfort moderne les échecs sont devenus la nourriture des dieux et les portes closes demeurent intactes tant qu'il s'agit de question sexuelle exposée aux adultes cultivés. Il se peut pourtant qu'un courant d'air renverse l'idole et que le dogme prenne l'apparence des jardins sans chocolat qui sont pleins de dangers broyeurs, graînes édentées, chatouillées d'ornements incohérents. — Labeur des gâteaux chimères, l'ouïe voltigeuse du cuisinier des sous-sols automatiques s'échappe comme un sifflet de machine à vapeur par l'organe des croyances à l'abri hypertrophié qui ne sait point parler plusieurs langues. C'est pour cela que: construction gonflée d'oxigène licence odeur économique des grimaces en porcelaine à galons dorés, régime des novices, ou charité marionnettes

Je n'ai pas envie de changer de domicile. —

GABRIELLE BUFFET.

ZURICH — Janvier 1919.

Es gibt keine Verteidigung, kein Urteil, keine Vernunft. [...]
Die Erklärungen, die man bequem hat, ohne sich zu stören, sind:
Warmwasserhahn,
Kaltwasserhahn,
In einem Badezimmer.
Es gibt ein Wohlbefinden bei Erklärungen; Verstehen ist eine Sicherheit, nicht verstehen ein instabiles Gleichgewicht. [...]
Sie sind daran gewöhnt, Ideen, Gefühle wie Gegenstände in einer Wohnung aufzuräumen. [...]
Wann werden wir uns endlich abgewöhnen, alles erklären zu wollen?[10]

Das selbstironisch betitelte „Kleine Manifest", das selten in Dada-Anthologien aufgenommen wird, kann als Dialog mit männlichen Dada-Manifesten aus der Zeit gelesen werden, und Picabias berühmtes „Dada Kannibalen Manifest", das im Jahr darauf vorgetragen und anschließend veröffentlicht wird, ist als eine Art Antwort darauf zu verstehen. So beginnt das Manifest von Buffet-Picabia:

> „Diese Erklärungen werden wie ein Ohrensausen sein. Aber ihr habt mich darum gebeten, und ich gebe euch welche, bis euer Verstand voller Lärm ist. Ihr müsst verstehen, dass die Sterne durch unberechenbare Abstände voneinander entfernt sind."[11]

Der Tonfall macht von Beginn an die Machtverhältnisse klar, die hier auf dem Spiel stehen: Metaphorisch könnten mit dem Bezug auf die Sterne Frauen und Männer im kulturellen Feld gemeint sein, so wie sie sich jeweils strategisch positionieren, um es mit Pierre Bourdieu zu formulieren. Buffet-Picabias Text kann mit dem Manifest „Ombrelle Dada" (Dada-Sonnenschirm) verglichen werden, das Céline Arnauld im Mai 1920 in der Pariser Zeitschrift *Littérature* erscheinen ließ. Beide verwenden denselben humorvollen und zugleich aggressiven Ton wie die männlichen Kollegen in ihren Manifesten, thematisieren damit aber die Frage nach dem Geschlecht und der Rollenverteilung. Arnaulds Manifest fängt so an:

> „Sie mögen mein Manifest nicht? Sind Sie voller Feindschaft hierher gekommen, und werden Sie mich auspfeifen, noch bevor Sie mich gehört haben? Das ist sehr gut!! Machen Sie nur weiter, das Rad dreht sich [. . .]"[12]

Sie setzt fort mit dem Bild eines (phallischen) Telegrafenmasts, der zunächst mühsam, dann immer schneller und höher wächst. Buffet-Picabia hingegen verwendet das Bild eines Ungeheuers, um die Konfrontation zweier Personen zu inszenieren, wobei das Wesen sie selbst bezeichnet:

The language of Dadaist women

Although most of the texts currently known to us were written by men, it is evident that women also wrote manifestos, and programmatic as well as historiographic texts, in Dada times and the decades thereafter; at once poetic and radical, these writings by Dadaist women offer a critique of language as an instrument of power and interrogate Western rationality and civilisation. In addition, these texts aim to obliterate masculinity and the Western cultural tradition. But the approach is the same: the deconstruction of the norms of language and reason. This is particularly evident in two of the four critical and programmatic texts Gabrielle Buffet-Picabia published in 1919/20 in Zurich and Paris: "Petit Manifeste" was published in 1919 in the Dada magazine *391* in Zurich, "Préface pour *Jésus-Christ Rastaquouère*" (preface for a book by Francis Picabia) was published in 1920 in Paris. (fig. 2)

> There is no defence, no judgement, no reason. [...]
> The explanations one has, comfortably, without being disturbed, are:
> hot water tap,
> cold water tap,
> in a bathroom.
> There is a sense of well-being in explanations; comprehension is assurance, non-comprehension an unstable equilibrium. [...]
> You are used to tidying up ideas, feelings, as though they were household items. [...]
> When, at last, will we break free from the need to explain everything?[10]

The self-deprecatingly titled "Small manifesto", which is seldom included in Dada anthologies, can be read as a dialogue with contemporaneous Dada manifestos by men. In fact, Picabia's famous "Dada Cannibal Manifesto", presented and subsequently published a year later, is best understood as a reply to Buffet-Picabia's text. Buffet-Picabia's manifesto begins with the following words:

> "These explanations will be like tinnitus. But you asked me, and I am giving them to you, until your brain is full of noise. You have to understand that between the stars stretch distances beyond calculation."[11]

The tone of the writing immediately establishes the power relations at stake: metaphorically speaking, the stars may be read as referring to women and men within the field of culture and to their respective strategic positionings, in Pierre Bourdieu's sense. Buffet-Picabia's text may be compared to the "Ombrelle Dada" (Dada Umbrella) manifesto, published by Céline Arnauld in May 1920 in the Parisian magazine *Littérature*. Both adopt a tone that is at once

„Nähert euch dem Ungeheuer, es beißt nicht – [...] es wird springen ... es springt ... ah! ah! ah! ah! – Aber doch – ja es ist einfach nur ein Spielzeug. Der alte Herr ist beleidigt. – Er hat geglaubt, dass man sich über ihn lustig gemacht hat."[13]

Im Passus vorher spottet sie:

„Affirmation der hygroskopischen Pfründe der verdauten Dichter – Begegnung mit moralisierenden Fleischfressern, hyperbolisch erstickte Hypnose, hygienische Hymne, und ihr seid allein auf der Welt [...]. Denn ihr könnt nichts allein machen, nicht einmal Liebe. Doch habt keine Angst: Was euch in diesem Augenblick durcheinanderbringt, ist der Schatten eures Nabels."[14]

Und im Schlusssatz ihres Manifests drückt sie klar aus, dass sie keine Kompromisse machen wird: „Ich habe keine Lust, meinen Wohnsitz zu wechseln." Bei Céline Arnauld schließt der Text ebenso radikal und abrupt: „und wenn Sie nicht zufrieden sind ... AB IN DIE TOUR DE NESLE". Klar ist in beiden Fällen: Die Dadaistinnen werden sich nicht anpassen. Im Lauf der späteren Geschichtsschreibung zur Dada-Bewegung sind sowohl diese Texte als auch die Positionen, die darin vertreten werden, in Vergessenheit geraten bzw. marginalisiert worden. Damit wurde jedoch ein wichtiger Aspekt der politisch-kritischen Forderungen ignoriert, den die Dadaistinnen damals vehement formulierten: nicht nur der Anspruch auf gleiche Rechte in der Gesellschaft, sondern die Manifestation einer kreativen Dekonstruktion der Sprache und der Rationalität, die genauso radikal war wie diejenige, die die Dadaisten praktizierten. Während Arp als fast einziger Kollege die intellektuelle Kreativität von Buffet-Picabia anerkannte (Er sprach von ihren „typisch französischen Gaben: dem Verstand, dem Geist, der Urteilskraft, dem Verständnisvermögen, der Scharfsinnigkeit" und schrieb: „Sie war mehr als eine graue Eminenz: eine Eminenz, die in allen Farben des Regenbogens strahlt."[15]), wurde der kritische Beitrag der Dadaistinnen zumeist ausgeklammert.

Historiografische Positionen – ein Meteor am Himmel

Das Ausblenden der Dadaistinnen als „Abenteuerinnen des Geistes"[16], um Arps Worte über Buffet-Picabia wiederaufzunehmen, hat aber weniger mit dem ihnen zuerkannten Platz innerhalb der Bewegung als mit der Geschichtsschreibung als Konstrukt zu tun. Dabei waren sie selbst wichtige Historiografinnen der Dada-Bewegung, und ihre diesbezüglichen Texte drücken wichtige, wenn auch marginalisierte Positionen aus, bei denen eine Parallele zwischen der Auffassung der ‚dadaistischen Kritik' und der Auffassung der Dada-Bewegung selbst gezogen werden kann.

humorous and aggressive, similar to that of their male colleagues, but use it to address gender issues and the distribution of social roles. Arnauld's manifesto begins as follows:

> "You don't like my manifesto? You arrive brimming with enmity, and will jeer at me even before listening to me? That's great!! Go right ahead, the wheel is turning [...]"[12]

She continues with the image of a (phallic) telegraph pole, growing, at first with difficulty, and then ever faster and higher. Buffet-Picabia, by contrast, employs the image of a monster to stage a confrontation between two people, in which the creature represents herself:

> "Approach the monster, it won't bite – [...] it will jump ... it is jumping ... ah! ah! ah! ah! – But really – yes it's just a toy. The old gentleman is offended. – He believed that he was being made fun of."[13]

In the previous passage she scoffs:

> "Affirmation of the hygroscopic sinecures of the digested poets – Encounter with moralising carnivores, hyperbolically suffocated hypnosis, hygienic hymn, and you are alone in the world [...]. For you are unable to do anything alone, not even love. But fear not: what confuses you at the moment, is the shadow of your belly-button."[14]

And in the final sentence of her manifesto she clearly states that she will not compromise: "I have no intention of changing my residence." Céline Arnauld ends her text equally radically and abruptly: "And if you're not satisfied ... OFF TO THE TOUR DE NESLE". In both cases, one thing is clear: these Dadaist women will not conform. In the course of subsequent historiography on the Dada movement, these texts, along with the perspectives they represent, have largely fallen into oblivion or been marginalised. However, this means that a key dimension of the political and critical claims, so ferociously articulated at the time by Dadaist women, is overlooked: not only their demand for social equality, but also a creative deconstruction of language and reason that is as radical as that undertaken by their male counterparts. Although Arp was one of the very few colleagues to acknowledge Buffet-Picabia's intellectual creativity (he mentioned her "typically French talents: intellect, wit, discernment, interpretive ability, perspicacity" and wrote: "She was more than an éminence grise: she was an éminence alive with all the colours of the rainbow"[15]), the critical contributions of Dadaist women were mostly sidelined.

So veröffentlichte Gabrielle Buffet-Picabia fünfzehn Jahre nach dem „Kleinen Manifest" einen Text mit dem Titel „On demande: ‚Pourquoi *391*? Qu'est-ce que *391*?' "in Sophie Taeuber-Arps Zeitschrift *Plastique / Plastic* (*391* war das Dada-Magazin, das von Francis Picabia geführt wurde und zu dem Buffet-Picabia beigetragen hatte). Dieser Aufsatz wurde 1950 in einer neuen Fassung unter dem Titel „Dada" in der Pariser Kunstzeitschrift *Art d'aujourd'hui* publiziert. Darin kommt Buffet-Picabia auf den riesigen Erfolg von Dada in Paris zurück und vertritt die Idee, dass der aufkommende Surrealismus nicht anders konnte als das Ende von Dada herbeizuführen:

> „Dada konnte nicht fixiert werden, ohne dass seine flüchtige, unvorhersehbare, sich wandelnde Kraft unwiederbringlich verloren ging. [...] Eines Tages verblasste Dada so wie ein Meteor am Himmel verschwindet und hinterließ die Erinnerung an seine glitzernde Umlaufbahn sowie das Strahlen der vielen Feuer, die es beim Vorüberziehen entzündet hatte."[17]

Dieses Nichtfixierbare könnte ebenso gut die Dada-Sprache charakterisieren, die Hugo Ball in seinem Manifest proklamierte. Die „flüchtige, unvorhersehbare, sich wandelnde Kraft" trägt der performativen, transitorischen Dimension der Dada-Abende Rechnung, die im Kern der Bewegung lag und womit sie sich einer Institutionalisierung entzieht. Sehr früh also hat Buffet-Picabia die explosive Sprengkraft von Dada erkannt und sich geweigert, die Bewegung als bloße Vorstufe des Surrealismus zu verstehen. Sie benutzte ein Argument, das prinzipiell gegen Dada verwendet wird („Dada war nur eine flüchtige Manifestation"), um Dada zu retten. (Genau aus diesem Grund kann Dada heute noch fortgeführt werden.) Dabei erkannte sie die konzeptuelle Spezifität der Bewegung – die auch die Dada-Kritik an der Sprache und am Rationalen definiert – und zögerte nicht, das Widersprüchliche an Dada zu erklären, was sonst im Nachhinein gerne von den Dadaisten minimiert wurde:

> „Man kann nicht anders als lächeln, wenn man feststellt, dass durch eine erstaunliche Rückkehr zum Leben diese erbitterten Antitraditionalisten eine neue Tradition generiert haben. Diese Verfechter des ‚Instantaneismus' sind in die Geschichte getreten, und bald wird an der Sorbonne eine Doktorarbeit über die Experten der Unvernunft verteidigt."[18]

Anders als bei den meisten alternden Dadaisten ging es Buffet-Picabia nicht darum, Dada in der Retrospektive einen tieferen Sinn zuzuerkennen (wie Arp es zum Beispiel in den von ihm zitierten Textstellen machte) und die Bewegung dadurch zu rehabilitieren, sondern vielmehr – um Arps Formulierung aufzunehmen –, den „Ohne-Sinn"[19]-Charakter von Dada erneut zu behaupten. Insbesondere im französischsprachigen Raum, wo der Surrealismus immer noch eine herrschende Position besetzt, gehört diese Meinung bis heute zu den minorisier-

Historiographic Approaches – a Meteor in the Sky

The dismissal of Dadaist women as "adventuresses of the mind"[16], to return to Arp's remarks on Buffet-Picabia, owes less to their actual place in the movement than to the structures and biases of historiography. They themselves were important historians of the Dada movement, and their texts on the subject articulate significant, if marginalised, approaches, in which parallels can be drawn between the perception of "Dadaist critique" and that of the Dada movement itself.

Fifteen years after her "Small Manifesto" Gabrielle Buffet-Picabia, for example, published a text entitled "On demande: ‚Pourquoi *391*? Qu'est-ce que *391*?' "in Sophie Taeuber-Arp's magazine *Plastique / Plastic* (*391* was the Dada magazine under Francis Picabia's editorship to which Buffet-Picabia contributed). A revised version of this essay was published in 1950 under the title "Dada" in the Parisian art magazine *Art d'aujourd'hui*. In it, Buffet-Picabia revisits the immense success of Dada in Paris and posits that the rise of Surrealism inevitably hastened Dada's demise:

> "[Dada] could not assume any fixed form without irremediably losing its ephemeral, mobile, imponderable virtues.
>
> [...] Dada vanished one fine day as a meteor disappears in the sky, leaving behind it the memory of its brilliant trajectory and the light of the numerous fires it kindled in passing."[17]

The same resistance to fixation could equally well describe the Dada language advanced by Hugo Ball in his manifesto. The "ephemeral, mutable power" acknowledges the performative and transitory dimension of the Dada evenings, central to the movement and fundamental to its resistance to institutionalisation. From the outset, Buffet-Picabia recognised the explosive force of Dada and refused to regard the movement as merely a prelude to Surrealism. She utilised an argument, which is in principle used against Dada ("Dada was merely a fleeting manifestation"), to save Dada. (This explains why Dada retains the capacity to endure into the present.) In doing so, she recognised the conceptual specificity of the movement – along with its critique of language and reason – and openly confronted Dada's inherent contradictions, which its protagonists frequently attempted to minimise retrospectively:

> "One can't help but laugh when noting that, in a remarkable revival, these embittered opponents of tradition ultimately established a new one. These champions of "Instantaneism" have entered history, and soon a doctoral thesis on the experts of the unreasonable will be defended at the Sorbonne."[18]

ten Reflexionen über Dada. Diese radikal kritische Haltung gegenüber der Sprache, verbunden mit der Überzeugung, dass gerade in der Poesie die Befreiung von den sprachlichen Normen liege, kann als Kern des Dada-Projekts in Zürich und in Paris gelten und macht es möglich, dass diese Prinzipien auch heute noch aktualisiert werden.

1 Hugo Ball, Die Flucht aus der Zeit, München 1927, S. 111.
2 Tobias Wilke, *Lost in Transcription*: Hugo Balls Manifest und die Dada-Historiografie, in: Agathe Mareuge und Sandro Zanetti (Hg.), The Return of DADA / Die Wiederkehr von DADA / Le Retour de DADA, Dijon 2022, Bd. 4: Historiographies / Historiografien / Historiographies, S. 89–118, hier S. 108.
3 Ebd., S. 91.
4 Hugo Ball, Typoskript des Dada-Manifests vom 14. Juli 1916, Nachlass Emmy Hennings / Hugo Ball, Bern, Schweizerisches Literaturarchiv, SLA-HEN-D-01-A-02-b-01.
5 Hugo Ball, Manifest zum 1. Dada-Abend in Zürich 1916, in: Literatur-Revolution 1910–1925. Dokumente, Manifeste, Programm, Bd. 2: Zur Begriffsbestimmung der „Ismen", hg. von Paul Pörtner, Darmstadt u. a. 1961, S. 477f.
6 Ferdinand de Saussure, Cours de linguistique générale [Grundfragen der allgemeinen Sprachwissenschaft], Lausanne 1916.
7 Hans Arp, Dadaland (1938), in: On my way, 1948, zit. nach Hans Arp, Unsern täglichen Traum ... Erinnerungen, Dichtungen und Betrachtungen aus den Jahren 1914–1954, Zürich 1955, S. 60f.
8 Patrick Beurard-Valdoye, Le sentiment du collectif : Dada / Monte Verità, in: Isabelle Ewig, Agathe Mareuge und Sandro Zanetti (Hg.), Dada avant / après Dada, Lieux, communautés, réseaux, Bern 2026 [in Vorb.].
9 Hans Arp, Dadaland (wie Anm. 7), S. 60.
10 Gabrielle Buffet-Picabia, Préface pour Jésus-Rastaquouère, in: Dies., Rencontres, Paris 1977, S. 163f. [Übers. d. Verf.].
11 Gabrielle Buffet-Picabia, Kleines Manifest, in: Wolfgang Asholt und Walter Fähnders (Hg.), Manifeste und Proklamationen der europäischen Avantgarde (1909–1938), übers. von Wolfgang Asholt, Stuttgart 1995, S. 165f. Die Übersetzung wurde hier angepasst: „vous" wurde ursprünglich nicht mit der Höflichkeitsform „Sie", sondern mit der zweiten Person Plural „ihr" übersetzt.
12 Céline Arnauld, Dada-Sonnenschirm, in: Asholt/Fähnders 1995 (wie Anm. 11), S. 189f.
13 Buffet-Picabia 1995 (wie Anm. 11).
14 Ebd.
15 Jean Arp, Vorwort zu Gabrielle Buffet-Picabia, Aires abstraites, Genf 1957, S. 9 [Übers. d. Verf.].
16 „Ihr ganzes Leben war dem Abenteuer des Geistes gewidmet", ebd.
17 Gabrielle Buffet-Picabia, Dada, in: Art d'aujourd'hui 78, März 1950, repr. in Buffet-Picabia 1977 (wie Anm. 10), S. 213–219, hier S. 219 [Übers. d. Verf.].
18 Gabrielle Buffet-Picabia, Quelques aperçus sur Dada, in: Art d'aujourd'hui 34, Februar 1952, S. 10, repr. in Buffet-Picabia 1977 (wie Anm. 10), S. 233 [Übers. d. Verf.]. Gemeint ist die Dissertation von Michel Sanouillet, Dada à Paris, Paris 1965.
19 Hans Arp, Dada-Sprüche, in: Arp 1955 (wie Anm. 7), S. 50.

Unlike most ageing Dadaists, Buffet-Picabia was not interested in retrospectively attributing a deeper meaning to Dada – as Arp does in the passages cited above – and thereby rehabilitating the movement. Instead, to echo Arp's formulation, she reaffirmed Dada's "without meaning"[19] [*Ohne-Sinn*] character. Especially in the French-speaking world, where Surrealism still occupies a pre-eminent position, this view remains marginal within reflections on Dada to this day. A radically critical approach to language, coupled with the belief that poetry provides a space of freedom from linguistic norms, lies at the heart of the Dada project in Zurich and Paris and allows its principles to be reactivated in the present.

1 Hugo Ball, Die Flucht aus der Zeit, Munich 1927, p. 111.

2 Tobias Wilke, *Lost in Transcription*: Hugo Balls Manifest und die Dada-Historiografie", in: Agathe Mareuge and Sandro Zanetti (ed.), The Return of DADA / Die Wiederkehr von DADA / Le Retour de DADA, Dijon 2022, vol. 4: Historiographies / Historiografien / Historiographies, pp. 89–118, here p. 108. See also: Tobias Wilke (2016) The Making of a Manifesto: Historiography, Transcription, and the Beginnings of Dada, The Germanic Review: Literature, Culture, Theory, 91:4, pp. 370-391.

3 Ibid., p. 91.

4 Hugo Ball, typescript of the Dada manifesto dated 14 July 1916, the estate of Emmy Hennings / Hugo Ball, Bern, Swiss Literary Archives (SLA - Schweizerische Literaturarchiv), SLA-HEN-D-01-A-02-b-01.

5 Hugo Ball, manifesto for the first Dada evening in Zurich 1916, in: Literatur-Revolution 1910–1925. Dokumente, Manifeste, Programm, vol. 2: Zur Begriffsbestimmung der „Ismen", publ. by Paul Pörtner, Darmstadt a.o. 1961, pp. 477f.

6 Ferdinand de Saussure, Cours de linguistique générale, Lausanne 1916.

7 Jean Arp, "The navel bottle", in Jean Arp, On my way. Poetry and essays 1912-1947, New York 1948, pp. 48-49, translated by Ralph Manheim.

8 Patrick Beurard-Valdoye, Le sentiment du collectif : Dada / Monte Verità, in: Isabelle Ewig, Agathe Mareuge and Sandro Zanetti (ed.), Dada avant / après Dada, Lieux, communautés, réseaux, Bern 2026 [in prep.].

9 Jean Arp, "Dadaland", in Jean Arp, On my way (see footnote 7), pp. 39-40, transl. by Ralph Manheim.

10 Gabrielle Buffet-Picabia, Préface pour Jésus-Rastaquouère, in: Dies., Rencontres, Paris 1977, pp. 163f. [transl. by author]

11 Gabrielle Buffet-Picabia, Petit Manifeste, in: 391, No 8 (1919).

12 Céline Arnauld, Ombrelle Dada, in: Littérature, No 13 (1920).

13 Buffet-Picabia 1919 (see footnote 11).

14 Ibid.

15 Jean Arp, preface to Gabrielle Buffet-Picabia, Aires abstraites, Geneva 1957, p. 9.

16 "Her entire life was dedicated to the adventure of the mind", ibid.

17 Gabrielle Buffet-Picabia, "Some Memories of Pre-Dada: Picabia and Duchamp", in Robert Motherwell (ed.), The Dada Painters and Poets. An Anthology, New York 1949, pp. 266-267, transl. by Ralph Manheim.

18 Gabrielle Buffet-Picabia, Quelques aperçus sur Dada, in: Art d'aujourd'hui 34, February 1952, p. 10, repr. in Buffet-Picabia 1977 (see footnote 10), p. 233. Refers to the dissertation by Michel Sanouillet, Dada à Paris, Paris 1965.

19 Hans Arp, Dada-Sprüche, in: Hans Arp, Unsern täglichen Traum. Erinnerungen, Dichtungen und Betrachtungen aus den Jahren 1914–1954, Zürich 1955, p. 50.

Werkliste List of Works

Nic Aluf, *Sophie Taeuber-Arp mit Dada-Kopf, Zürich,* November 1920, Vintage Print, 20,9 x 16,6 cm, Galerie Berinson, Berlin

Hans Arp, *Der Pyramidenrock,* Erlenbach-Zürich/München 1924, 25 x 19,5 cm, Sammlung Wassermeyer

Johannes Baader, *Der Oberdada Baader vor seiner Bartabnahme,* 1920, gedruckte Postkarte, schwarz auf grauem Karton / printed postcard, black on grey cardboard, 16,3 x 11,2 cm, Galerie Berinson, Berlin

Hugo Ball, *Totentanz,* 1916, moderne Interpretation 2016 (nach der Melodie des Dessauer Marsches, Gesang: Alena Möller, Klavier: Maurice Croissant) / modern interpretation 2016 (after the melody of the Dessauer Marsch, voice: Alena Möller, piano: Maurice Croissant), Hugo-Ball-Sammlung, Pirmasens

Hugo Ball, *Piffalamozza (Der Stier),* Lautgedicht / sound poem, 1916/17, 1 Blatt Typoskript mit 2 von Hugo Ball mit Tinte handgezeichneten Fähnchen und 2 handgezeichneten Halbmonden / 1 sheet of typescript with 2 flags and 2 crescents hand-drawn in ink by Hugo Ball, 21,4 x 13,7 cm, Antiquariat Günter Linke, Berlin

Erwin Blumenfeld, Ohne Titel / untitled (Hitler mit gotischer Schrift / Hitler with gothic writing), 1933, Silbergelatinepapier / silver gelatin paper, 30,5 x 24 cm, BG-FS 140/89, Berlinische Galerie – Landesmuseum für Moderne Kunst, Fotografie und Architektur

Paul Citroen, *Metropolis Selbstporträt,* 1920, Collage und Feder / collage and pen, 13,8 x 11,4 cm, Galerie Berinson, Berlin

Paul Citroen, *Komposition,* 1924, Öl auf Leinwand / oil on canvas, 47 x 61 cm, Galerie Berinson, Berlin

Dada-Almanach, hg. von / edited by Richard Huelsenbeck, Berlin 1920, 18,5 x 13,5 cm, Sammlung Wassermeyer

Dadaisten gegen Weimar, 06.02.1919, Papier, gedruckt / paper, printed, 23,5 x 20,5 cm, BG-HHC D 600/79, Berlinische Galerie – Landesmuseum für Moderne Kunst, Fotografie und Architektur

Dadameter, *Die Schammade,* hg. von Max Ernst und Johannes Baargeld, Nr. 1, Köln 1920, Kunst- und Museumsbibliothek der Stadt Köln

Dada-Sentenzen aus der Ersten Internationalen Dada-Messe, Berlin 1920, moderne Nachdrucke, Archiv Ralph Jentsch, Berlin

Das Gesicht der herrschenden Klasse: *55 politische Zeichnungen von George Grosz,* hg. von / edited by Julian Gumperz, Berlin 1921, 23,5 x 16 cm, Sammlung Wassermeyer

Greta Deses, *Dada,* 1967, Kurzfilm / short film, Autor / author: Marcel Janco, mit / with Gabrielle Buffet-Picabia, Marcel Duchamp, Max Ernst, Man Ray, Hans Richter

Die freie Strasse, *„Präsident Baader",* Nr. 10, hg. von / edited by Johannes Baader, Berlin-Steglitz, Dezember / December 1918, Papier, gedruckt / paper, printed, 31,6 x 22,7 cm, BG-HHC 503/79, Berlinische Galerie – Landesmuseum für Moderne Kunst, Fotografie und Architektur

Otto Dix, *Selbstbildnis im Unterstand,* 1916 (20.03.1916), Bleistift auf Feldpostkarte / pencil on field postcard, 14,2 x 9,2 cm, verso datiert / dated on the back: 20.III.; von fremder Hand / by someone else: „1917?"; bezeichnet von / inscribed by Helene Jakob: „Selbst", Lorenz: WK 1.0.30, Kunstsammlung Gera

Otto Dix, *Laufgraben,* 1916 (22.3.1916), Bleistift auf Feldpostkarte / pencil on field postcard, 14,2 x 9,2 cm, Lorenz: WK 1.0.31, Kunstsammlung Gera

Otto Dix, *Straße,* 1919, Holzschnitt auf Kupferdruckpapier / woodcut on copperplate paper, Bildmaß / image: 24,1 x 17,7 cm, Blattmaß / sheet: 42,5 x 34,3 cm, unten Mitte bezeichnet / inscribed lower centre: „Straße"; signiert und datiert unten rechts / signed and dated lower right: „Dix 20", Karsch 23, Kunstsammlung Gera

Otto Dix, *Fleischerladen,* 1920, Radierung, signiert, datiert, bezeichnet / etching, signed, dated, titled, Bildmaß / image: 29,5 x 25,8 cm, Blattmaß / sheet: 34,5 x 29,2 cm, Sammlung Karsch/Nierendorf

Otto Dix, *Streichholzhändler,* 1920, Radierung (KN + Ae) auf gelblichem Papier / etching (KN + Ae) on yellowish paper, Bildmaß / image: 25,9 x 30 cm, Blattmaß / sheet: 32 x 48,5 cm, nummeriert unten links / numbered lower left: 2/1; unten Mitte bezeichnet / inscribed lower centre: „Streichholzhändler"; signiert und datiert unten rechts / signed and dated lower right: „Dix 20", Karsch: 11/II, Kunstsammlung Gera - Sammlung Niescher

Otto Dix, Ohne Titel / untitled (Bettlerin / beggar), Blatt 1 von 7 zu / sheet 1 of 7 from „Hunger. Hilfe von den Künstlern", 1924, Offsetdruck nach Lithografie / offset printing based on lithography, Bildmaß / image: 28,7 x 18,7 cm, Blattmaß / sheet: 33,8 x 24 cm, LETTER Stiftung, Köln

Otto Dix, *Mahlzeit in der Sappe (Lorettohöhe),* Blatt 1 von 7 der Mappe / sheet 1 of 7 from portfolio „Krieg", 1924, Fotolithografie in Offsetdruck nach einer Radierung / photolithography in offset printing based on an etching, Bildmaß / image: 14,9 x 22 cm, Blattmaß / sheet: 24,1 x 35 cm, LETTER Stiftung, Köln

Otto Dix, *Der Krieg,* 50 Radierungen, Berlin 1924, gebunden / 50 etchings, bound, 24 Offsetdrucke nach den Originalen aus dem Radierwerk von Otto Dix / 24 offset prints based on the originals from Otto Dix's etching workshop, 26 x 18,5 cm, Sammlung Wassermeyer

Marcel Duchamp, *Museum in a Box 1935–1968, de ou par Marcel Duchamp, ou Rrose Sélavy (Boîte en valise),* 37,5 x 37 x 7,5 cm, feste Kartonschachtel mit 80 dreidimensionalen Miniaturrepliken und Reproduktionen, hg. von Mathieu Mercier, 2. verb. Aufl. Köln 2020 / sturdy cardboard box containing 80 three-dimensional miniature replicas and reproductions, edited by Mathieu

Mercier, 2nd revised edition, Cologne 2020, art book cologne, Köln

Angelika Fick-Hoerle, *Vogel (V)*, Linolschnitt zu einem Bilderbuch mit Alphabet / linocut for a picture book with alphabet, 40 x 29,5 cm, Verlag Stupid 1920, Auflage 50, Edition Kölnischer Kunstverein 1982, Nachlass Marta Hegemann

Angelika Fick-Hoerle, *Fisch (f)*, Linolschnitt zu einem Bilderbuch mit Alphabet / linocut for a picture book with alphabet, 40 x 29,5 cm, Verlag Stupid 1920, Auflage 50, Edition Kölnischer Kunstverein 1982, Nachlass Marta Hegemann

Elsa von Freytag-Loringhoven, *Mein Mund ist lüstern; I got lusting palate*, hg. von / edited by Irene Gammel, Berlin 2005, FrauenMediaTurm – Feministisches Archiv und Bibliothek

Otto Griebel, *Der Turm des Regenbogens*, 1920, Collage, 33,5 x 22,8 cm, Galerie Berinson, Berlin

George Grosz, *Schlachtfeld (Rückzugstrasse)*, 1915, Grafit und Kohle auf Papier / graphite and charcoal on paper, 28,5 x 21,1 cm, Sammlung Judin, Berlin

George Grosz, *Tote*, 1915, Grafit und Tusche auf Papier / graphite and ink on paper, 23,1 x 18,5 cm, Sammlung Judin, Berlin

George Grosz, *Deutschland, ein Wintermärchen*, 1917/18, moderne Rekonstruktion / modern reconstruction, ca. / c. 215 x 132 cm, Archiv Ralph Jentsch, Berlin

George Grosz, *Sumpfblumen des Kapitalismus*, 1919, Tusche auf Papier / ink on paper, 50,7 x 35,5 cm, Sammlung Judin, Berlin

George Grosz, *Die Pleite*, Jg. 1, Nr. 5, 15. Dezember 1919 / Vol. 1, № 5, 15 December 1919, 47,5 x 32 cm, Sammlung Wassermeyer

George Grosz, *Brillantenschieber (Tatlinistischer Planriß: Brillantenschieber im Café Kaiserhof)*, 1920, Aquarell und Collage, mit Stempelsignatur / watercolour and collage, with stamp signature, 42 x 30 cm, Sammlung Karsch/ Nierendorf

George Grosz, *Die Räuber*, Mappe mit Illustrationen / portfolio with illustrations, 1922/23, Deckblatt und 9 Blätter / a cover and 9 sheets, je / each 64 x 47,5 cm, Sammlung Wassermeyer

George Grosz, *Ecce Homo*, Berlin 1923, (Vorzugsausgabe), Ausgabe D: 84 Zeichnungen und 18 Aquarelle / (special edition), Edition D: 84 drawings and 18 watercolours, 36 x 26 cm, Sammlung Wassermeyer

George Grosz, Ohne Titel / untitled (Krieg / war), Blatt 2 von 7 der Mappe / sheet 2 of 7 from portfolio „Krieg", 1924, Fotolithografie in Offsetdruck nach einer Zeichnung / photolithography in offset printing based on a drawing, Bildmaß / image: 22 x 17,7 cm, Blattmaß / sheet: 34,9 x 24 cm, LETTER Stiftung, Köln

George Grosz, Ohne Titel / untitled (Hunger I), Blatt 2 von 7 zu / sheet 2 of 7 from „Hunger. Hilfe von den Künstlern", 1924, Offsetdruck nach Lithografie / offset printing based on lithography, Bildmaß / image: 27,9 x 19,1 cm, Blattmaß / sheet: 34 x 24 cm, LETTER Stiftung, Köln

George Grosz, *Der Spießbürger*, ca. / c. 1928, Tusche, Aquarell und Gouache auf Papier / India ink, watercolour and gouache on paper, 59,2 x 45,4 cm, Sammlung Judin, Berlin

George Grosz, *Begräbnis III. Klasse - Ein Engelchen mehr, ein Rekrut weniger*, 1928, Tusche auf Paier / ink on paper, 60,1 x 46,1 cm, Sammlung Judin, Berlin

George Grosz, *Hintergrund. 17 Zeichnungen zur Aufführung des „Schwejk" in der Piscatorbühne*, Berlin 1928, Folge von 17 Tafeln / 17 plates, 17 x 26,5 cm, Sammlung Wassermeyer

George Grosz, *The Menace*, 1934, Aquarell auf Papier / watercolour on paper, 61 x 44,5 cm, Sammlung Judin, Berlin

George Grosz, *Siegfried Hitler*, 1935, Tusche auf Papier / ink on paper, 49,5 x 63,2 cm, Sammlung Judin, Berlin

George Grosz und / and **John Heartfield,** *Der wildgewordene Spiesser Heartfield*, 1920, elektromechanische Tatlin-Plastik, moderne Rekonstruktion / electromechanical tatlin sculpture, modern reconstruction, ca. / c. 40 x 30 x 150 cm, Archiv Ralph Jentsch, Berlin

John Heartfield, *Jedermann sein eigner Fußball*, Jg. 1, Nr. 1, 15. Februar 1919 / Vol. 1, № 1, 15 February 1919, Berlin/ Leipzig, 43 x 29 cm, Sammlung Wassermeyer

John Heartfield, *Der DADA* 3, 1920, Buchdruck, Broschur / letterpress, brochure, 23 x 15,5 cm, Akademie der Künste, Berlin, Kunstsammlung, Inv. JH 1459

John Heartfield, *Adolf, der Übermensch: Schluckt Gold und redet Blech*, Fotomontage aus / photo montage from *Arbeiter-Illustrierte-Zeitung (AIZ)*, Jg. XI, Nr. 29, 17. Juli 1932 / Vol. XI, № 29, 17 July 1932, Kupfertiefdruck / copperplate engraving, 38 x 27 cm, Akademie der Künste, Berlin, Kunstsammlung, Inv. JH 2261

John Heartfield, *Göring, der Henker des Dritten Reichs*, Fotomontage in / photo montage in *Arbeiter-Illustrierten-Zeitung (AIZ)*, Jg. XII, Nr. 36, 14. September 1933 / Vol. XII, № 36, 14 September 1933, Kupfertiefdruck / copperplate engraving, 38 x 27 cm, Akademie der Künste, Berlin, Kunstsammlung, Inv. JH 1261

John Heartfield, *Der alte Wahlspruch im „neuen" Reich: Blut und Eisen*, Originalmontage für / original montage for *Arbeiter-Illustrierte-Zeitung (AIZ)*, Jg. XIII, Nr. 10, 1934 / Vol. XIII, № 10, 1934, Fotomontage, Silbergelatineabzug, Spritzretusche, Pinselretusche / photomontage, silver gelatine print, spray retouching, brush retouching, 37,2 x 32,5 cm, Akademie der Künste, Berlin, Kunstsammlung, Inv. JH 504

John Heartfield, *Das tausendjährige Reich*, Blatt aus / sheet from *Arbeiter-Illustrierte-Zeitung (AIZ)*, Jg. XIII, Nr. 38, 20. September 1934 / Vol. XIII, № 38, 20 September 1934, Kupfertiefdruck / copperplate engraving, 38 x 26,5 cm, Akademie der Künste, Berlin, Kunstsammlung, Inv. JH 87

John Heartfield, *Krieg und Leichen immer noch Hoffnung der Reichen*, 1933/1953, Plakat / poster, 83 x 118 cm, Galerie Berinson, Berlin

John Heartfield, *Zur Gründung der Staatskirche. Das Kreuz war noch nicht schwer genug*, 1933, Silbergelatineabzug um 1964 / silver gelatin print around 1964, 86,5 x 72,5 x 3 cm, Galerie Berinson, Berlin

John Heartfield, *Porträt des Propagandada Marschall G. Grosz*, 1919/20, moderne Rekonstruktion / modern reconstruction, 175,5 x 86 cm, BG-Ar 261308, Berlinische Galerie – Landesmuseum für Moderne Kunst, Fotografie und Architektur

John Heartfield, *Porträt des Monteurdada John Heartfield*, 1919/20, moderne Rekonstruktion / modern reconstruction, 175,5 x 86 cm, BG-Ar 207659, Berlinische Galerie – Landesmuseum für Moderne Kunst, Fotografie und Architektur

John Heartfield und / and **Rudolf Schlichter,** *Preußischer Erzengel*, 1920, moderne Rekonstruktion / modern reconstruction, ca. / c. 50 x 60 x 180 cm, Archiv Ralph Jentsch, Berlin

Emmy Hennings, *Gefängnis*, Berlin 1919, ca. / c. 19 x 13 cm, Antiquariat Günter Linke, Berlin

Marta Hegemann, Ohne Titel / untitled (Tänzerinnen bei Nacht / dancers in the night), 1917, Linoldruck auf Bütten / linocut on handmade paper, ca. / c. 14 x 14 cm, Nachlass Marta Hegemann

Marta Hegemann, *Leuchtschiff*, 1926, Aquarell auf Bleistift / watercolour on pencil, 29 x 23 cm, Nachlass Marta Hegemann

Marta Hegemann, *Hausboot*, 1926, Aquarell auf Tusche / watercolour on ink, 22,5 x 27 cm, Nachlass Marta Hegemann

Marta Hegemann, Ohne Titel (Handzahm), undatiert (1920er-Jahre) / untitled (tame), undated (1920s), Bleistiftzeichnung / pencil drawing, 25 x 20 cm, Nachlass Marta Hegemann

Hannah Höch, *Weiße Wolke*, 1916, Collage, signiert, datiert, bezeichnet / collage, signed, dated, titled, 14,2 x 13,5 cm, Sammlung Karsch/Nierendorf

Hannah Höch, *Ertüchtigung*, 1925, Collage, signiert, datiert, bezeichnet / collage, signed, dated, titled, 28 x 18,7 cm, Sammlung Karsch/Nierendorf

Hannah Höch, fotografisches Selbstporträt / photographic self portrait, 1929, Vintage Print, 11,6 x 8,8 cm, Galerie Berinson, Berlin

Heinrich Hoerle, *Krüppel*, 1920, Mappe mit 13 Lithografien sowie 1 Handzeichnung auf Mappenvorderdeckel / folder containing 13 lithographs and 1 hand drawing on the front cover of the folder, Mappe / folder: 64,5 x 49,6 cm, Blätter / sheets: 59 x 46,2 cm, LETTER Stiftung, Köln

Heinrich Hoerle, ‚Krüppel', 1931/32, Bleistift auf Transparentpapier / pencil on tracing paper, 106 x 35,5 cm, Galerie Berinson, Berlin

Lothar Homeyer, *Gebetsmühle für Anna Blume (Schwitters gewidmet)*, ca. / c. 1920, Tuschfederzeichnung / pen and ink drawing, 33 x 21 cm, Galerie Berinson, Berlin

Richard Huelsenbeck, *Verwandlungen*, München 1918, 19,5 x 13 cm, Sammlung Wassermeyer

Richard Huelsenbeck, *En avant Dada. Die Geschichte des Dadaismus*, Hannover/Leipzig 1920, 23,5 x 15,5 cm, Sammlung Wassermeyer

Richard Huelsenbeck, *Doctor Billig am Ende*, München 1921, mit 8 Zeichnungen von / with 8 drawings by George Grosz, 25 x 19 cm, Bürgerstiftung für verfolgte Künste, Solingen

Franz Jung, *Proletarier*, Berlin 1921, 18,5 x 12,5 cm, Sammlung Wassermeyer

Franz Jung, *Arbeitsfriede*, illustriert von / illustrated by George Grosz, Die Rote Romanserie Bd. / Vol. 4, Berlin 1922, 19 x 13 cm, Bürgerstiftung für verfolgte Künste, Solingen

Franz Jung, *Hausierer*, Berlin 1931, 19,5 x 13 cm, Bürgerstiftung für verfolgte Künste, Solingen

Kleine revolutionäre Bibliothek, Bd. / Vol. 10: *Abrechnung folgt!*, 57 politische Zeichnungen mit Signatur Grosz / 57 political drawings with signature by Grosz, Berlin 1923, 28 x 20 cm, Sammlung Wassermeyer

Walter Mehring, *Das politische Cabaret. Chansons Songs Couplets*, Dresden 1920, 18 x 14,5 cm, Sammlung Wassermeyer

Walter Mehring, *Wedding-Montmerte in zehn Chansons*, Berlin 1922, 17,5 x 12,5 cm, Sammlung Wassermeyer

Walter Mehring, *Nazi-Führer sehen Dich an. 33 Biographien aus dem Dritten Reich*, Paris 1934, Sammlung Wassermeyer

Hans Richter, Studie zu dem Buch von Emmy Hennings *Gefängnis* / study for Emmy Henning's book *Gefängnis*, 1917, Bleistift auf Papier / pencil on paper, 27,7 x 22 cm, Galerie Berinson, Berlin

Christian Schad, *Analyse babylonienne*, 1918, Originalholzschnitt auf Maschinenpapier / original woodcut on machine paper, Bildmaß / image: 12,9 x 8 cm, Blattmaß / sheet: 23 x 15,9 cm, von Christian Schad unten links betitelt und unten rechts voll signiert / titled by Christian Schad at the bottom left and fully signed at the bottom right, Antiquariat Günter Linke, Berlin

Christian Schad, *Porträt des Dr. Serner*, 1921, Lithografie / lithography, 30 x 22,5 cm, Galerie Berinson, Berlin

Rudolf Schlichter, *Schlachtfeld*, Blatt 6 von 7 aus der Mappe / sheet 6 of 7 from portfolio „Krieg", 1924, Fotolithografie in Offsetdruck nach einer Zeichnung / photolithography in offset printing based on a drawing, Bildmaß / image: 22 x 18,4 cm, Blattmaß / sheet: 35 x 23,9 cm, LETTER Stiftung, Köln

Georg Scholz, *Wucherbauernfamilie*, 1920, Originallithografie auf faserigem, chamoisfarbenem Bütten / original lithograph on fibrous, chamois-coloured handmade paper, Bildmaß / image: 26,8 x 36 cm, Blattmaß / sheet: 40,5 x 51,8 cm, am rechten unteren Bildrand vom Künstler voll signiert und auf 1920 datiert, links als Probedruck bezeichnet / fully signed by the artist and dated 1920 on the lower right edge of the image, marked as a proof print on the left, Antiquariat Günter Linke, Berlin

Georg Scholz, *Apotheose des Kriegervereins*, 1921/22, Lithografie / lithography, 40,2 x 29,8 cm, Galerie Berinson, Berlin

Erwin Schulhoff, *Symphonia germanica*, 1919, moderne Interpretation / modern interpretation by Ebony Band Amsterdam 2020

Erwin Schulhoff, *Symphonia germanica*, 1919, Partitur / score, Ebony Band Edition, Amsterdam 2020

Kurt Schwitters, *Die Kathedrale*, Hannover 1920, 8 Lithografien / lithographies, 22,5 x 14,5 cm, Sammlung Wassermeyer

Kurt Schwitters, *Anna Blume*, Hannover 1922, 18,5 x 12,5 cm, Sammlung Wassermeyer

Kurt Schwitters, *Memoiren Anna Blumes in Bleie*, Freiburg 1922, 18,5 x 11,5 cm, Sammlung Wassermeyer

Kurt Schwitters, Ohne Titel / untitled (Scheveningen-Voorburg), 1926, Merzzeichnung, Collage, verschiedene Papiere und Stoff auf leichtem Karton, auf Unterlagekarton montiert / Merz drawing, collage, various papers and fabric on light cardboard, mounted on backing cardboard, 14,7 x 11,2 cm, unten links auf dem Unterlagekarton mit Bleistift signiert und datiert / signed and dated in pencil lower left on the backing cardboard, Antiquariat Günter Linke, Berlin

Kurt Schwitters, *Ursonate* (Auszug / excerpt), Aufnahme vom 05.05.1932 im SDR / recorded on 05.05.1932 on the SDR, Schellackplatten im Nachlass / shellac records from the estate, Kurt und Ernst Schwitters Stiftung

Robert Sennecke, Ohne Titel / untitled (*Erste Internationale Dada-Messe*), Berlin 1920, Faksimile, Inkjetdruck / facsimile, inkjetprint, 11,9 x 16,5 cm, BG-FS 077/94,1 (Faksimile 1), Berlinische Galerie – Landesmuseum für Moderne Kunst, Fotografie und Architektur

Robert Sennecke, Ohne Titel / untitled (*Erste Internationale Dada-Messe*), Berlin 1920, Faksimile, Inkjetdruck / facsimile, inkjetprint, 11,9 x 16,5 cm, BG-FS 077/94,3 (Faksimile 1), Berlinische Galerie – Landesmuseum für Moderne Kunst, Fotografie und Architektur

Robert Sennecke, *Erste Internationale Dada-Messe*, Wand mit Werken von / wall with works by John Heartfield, Berlin 1920, Faksimile, Inkjetdruck / facsimile, inkjetprint, 16,5 x 11,9 cm, BG-FS 077/94,2 (Faksimile 1), Berlinische Galerie – Landesmuseum für Moderne Kunst, Fotografie und Architektur

Robert Sennecke, Hannah Höch und / and Raoul Hausmann auf der / at *Erste Internationale Dada-Messe*, Berlin 1920, 16,5 x 11,9 cm, BG-FS 077/94,4, Berlinische Galerie – Landesmuseum für Moderne Kunst, Fotografie und Architektur

Walter Serner, *Letzte Lockerung*, Berlin (1918) 1927, 18,5 x 12 cm, Sammlung Wassermeyer

Sophie Taeuber-Arp, *König Hirsch*: *Wachen*, 1918, Holz, Metall / wood, metal, 56 x 18 x 18 cm, Kopie von / copy by Hans Keller, Schweizerisches Institut für Kunstwissenschaft, 1981, Zürcher Hochschule der Künste, Museum für Gestaltung Zürich, Kunstgewerbesammlung

Sophie Taeuber-Arp, *König Hirsch*: *Taburett*, 1918, Holz, Acryltiefgrund, Textil / wood, acrylic deep primer, textile, 14,8 x 16,8 x 16,8 cm, Kopie von / copy by Bietenholz + Co AG, Holz- Kunststoffwarenfabrik, Pfäffikon, Drechslerei Germann, Wallisellen, Schweizerisches Institut für Kunstwissenschaft, Atelier für Textilrestaurierung, 1989, Zürcher Hochschule der Künste, Museum für Gestaltung Zürich, Kunstgewerbesammlung

Sophie Taeuber-Arp, *König Hirsch*: *König Deramo*, 1918, Holz, Metall / wood, metal, 58,5 x 14 x 10 cm, Kopie von / copy by Mel Myland, Sabine Gysin 1993, Theater Stadelhofen, Zürich, Mario Beretta, Zürcher Hochschule der Künste, Museum für Gestaltung Zürich, Kunstgewerbesammlung

Sophie Taeuber-Arp, *König Hirsch: Hirsch*, 1918, Holz, Acrylfarbe, Metall / wood, acrylic paint, metal, 56 x 18 x 18 cm, Kopie von / copy by Hannes Piringer, Mel Myland, Andy Stokes 2018/19, Zürcher Hochschule der Künste, Museum für Gestaltung Zürich, Kunstgewerbesammlung

Kurt Tucholsky, *Deutschland, Deutschland über alles*. Ein Bilderbuch von Kurt Tucholsky und vielen Fotografen, montiert von John Heartfield / a picture book by Kurt Tucholsky and many photographers, assembled by John Heartfield, Berlin 1929, 24 x 19 cm, Bürgerstiftung für verfolgte Künste, Solingen

Tristan Tzara, Richard Huelsenbeck, Marcel Janco, *L'amiral cherche une maison a louer*, aufgeführt im Cabaret Voltaire, 31.03.1916, Simultangedicht auf Deutsch, Englisch und Französisch, moderne Interpretation / simultaneous poem in German, English and French, modern interpretation 1975, LTM Records

Unbekannter Fotograf / unknown photographer, Hannah Höch mit Dada-Puppen in Berlin / Hannah Höch with Dada-dolls in Berlin, 1920, Silbergelatinepapier / silver gelatin paper, Bildmaß / image: 13,9 x 10,5 cm, Blattmaß / sheet: 16 x 11,6 cm, BG-HHC F 3/79, Berlinische Galerie – Landesmuseum für Moderne Kunst, Fotografie und Architektur

Unbekannter Fotograf / unknown photographer (Photothek, Berlin), *Das große Plasto-Dio-Dada-Drama: Deutschlands Größe und Untergang durch Lehrer Hagendorf oder Die phantastische Lebensgeschichte des Oberdada*, 1920, Faksimile, Inkjetdruck / facsimile, inkjetprint, 16,3 x 11,7 cm, BG-FS 008/08 (Faksimile), Berlinische Galerie – Landesmuseum für Moderne Kunst, Fotografie und Architektur

Unbekannter Fotograf / unknown photographer, Emmy Hennings-Ball, o. J. / n. d., Vintage Print, 17 x 12,5 cm, Galerie Berinson, Berlin

„Und sie bewegt sich doch!" *Freie Deutsche Dichtung*, hg. von / edited by Verlag Freie Deutsche Jugend, Umschlag von / cover by John Heartfield, London 1941, 18,5 x 12,5 cm, Bürgerstiftung für verfolgte Künste, Solingen

Impressum Colophon

Dieser Katalog erscheint anlässlich der Ausstellung /
This book is published on the occasion of the exhibition

„Sperren Sie endlich Ihren Kopf auf!" – Dada als politische Kunst zwischen den Weltkriegen / "Unlock your heads at last!" – Dada as political art between the World Wars

9.5. – 13.9.2026

Zentrum für verfolgte Künste / Center for Persecuted Arts

Zentrum für verfolgte Künste **Center for Persecuted Arts**

Direktor / Director
Dr. Jürgen Joseph Kaumkötter

Kuratorin / Curator
Dr. Katharina Günther

Bildung, Öffentlichkeitsarbeit /
Education, public relations
Daniela Tobias

Wissenschaftliche Mitarbeiterin /
Research assistent
Dorothea Csitneki

Forschungsvolontariat Kunstmuseen NRW
Charlotte Cremer

Verwaltungsleitung / Head of administration
Anna Schröfel

Assistenz der Geschäftsführung /
Assistent to the manager
Lea Saenz-Achalhi

Ausstellungstechnik / Exhibition technicians
Michael Albers
Sebastian Quitmann
Wulf Tieck

Kuratorin der Ausstellung und Herausgeberin des Katalogs / Curator of the exhibition and editor of the catalogue
Dr. Katharina Günther

Autorinnen der Textbeiträge /
Authors of the catalogue texts
Prof. Dr. Hanne Bergius
Dr. Lucy Byford
Dr. Katharina Günther
Dr. Agathe Mareuge

Kataloggestaltung / Catalogue design
Timon Wißfeld

Lektorat / Copyediting
Susanne Ibisch, Leipzig

Englische Übersetzungen / English translations
Raaf van der Smaan

Projektmanagement Hirmer Verlag /
Project management Hirmer Publishers
Jutta Allekotte
Katja Durchholz

Produktion / Production
Katja Durchholz

Papier / Paper
150 g Gardamatt Art

FSC www.fsc.org MIX Papier | Fördert gute Waldnutzung FSC® C015829

Schriften / Typefaces
Arno Pro, TT Hoves, Gothic Nesbitt, Antique7, ClarendonExtraCond, Futura PT Cond, Cheltenham

Druck und Bindung / Printing and binding
Printer Trento S.p.a., Trento

Printed in Italy

Bibliografische Information der Deutschen Nationalbibliothek: Die Deutsche Nationalbibliothek verzeichnet diese Publikation in der Deutschen Nationalbibliografie; detaillierte bibliografische Daten sind im Internet über https://www.dnb.de abrufbar. / Bibliographic information published by the Deutsche Nationalbibliothek: The Deutsche Nationalbibliothek lists this publication in the Deutsche Nationalbibliografie; detailed bibliographic data are available online at https://www.dnb.de.

ISBN 978-3-7774-4732-2

HIRMER VERLAG
Geschäftsführerin / Managing Director:
Kerstin Ludolph
Bayerstraße 57–59
80335 München / Munich

www.hirmerverlag.de
www.hirmerpublishers.com
www.hirmerpublishers.co.uk

Besonderer Dank gilt den Leihgebern und Förderern dieser Ausstellung / We would like to thank our lenders and sponsors.

Unterstützt wurden Ausstellung und Buch durch / Exhibition and catalogue were sponsored by

GERD KAIMER BÜRGERSTIFTUNG SOLINGEN

Kunststiftung NRW

Das Zentrum für verfolgte Künste ist Teil des LVR-Netzwerks Kulturelles Erbe. / The Center for Persecuted Arts is part of the LVR Network Cultural Heritage.

LVR Qualität für Menschen

Solingen